tu $Sueño$
hecho realidad

Título original: The Hapiness of Pursuit: Finding the Quest That Will Bring Purpose to Your Life
Traducido del inglés por Elsa Gómez Belastegui
Diseño de portada: Editorial Sirio, S.A.

© de la edición original
2014 Chris Guillebeau

La presente traducción ha sido publicada según acuerdo con Harmony Books, sello de Crown
Publishing Group, división de Penguin Random House LLC e International Editors Co.

© de la presente edición
EDITORIAL SIRIO, S.A.

EDITORIAL SIRIO, S.A.	NIRVANA LIBROS S.A. DE C.V.	DISTRIBUCIONES DEL FUTURO
C/ Rosa de los Vientos, 64	Camino a Minas, 501	Paseo Colón 221, piso 6
Pol. Ind. El Viso	Bodega nº 8,	C1063ACC
29006-Málaga	Col. Lomas de Becerra	Buenos Aires
España	Del.: Alvaro Obregón	(Argentina)
	México D.F., 01280	

www.editorialsirio.com
sirio@editorialsirio.com

I.S.B.N.: 978-84-16579-71-6
Depósito Legal: MA-1013-2016

Impreso en Imagraf Impresores, S. A.
c/ Nabucco, 14 D - Pol. Alameda
29006 - Málaga

Impreso en España

Puedes seguirnos en Facebook, Twitter, YouTube e Instagram.

Chris Guillebeau

.

tu Sueño
hecho realidad

EDITORIAL
SIRIO

EN EL CAMINO

Era casi la una de la madrugada cuando bajé del avión y me encontré de pronto en el aeropuerto internacional de Dakar, la capital de Senegal.

Ya había estado allí muchas veces, pero siempre tardaba unos segundos en ubicarme. En cualquier dirección que me volviera, aparecía un tipo que se ofrecía para llevarme las maletas; no es que me hiciera falta, porque siempre viajo ligero de equipaje, pero eran unos maleteros muy persistentes y costaba lo indecible rechazar sus ofrecimientos. Dos de aquellos hombres empezaron a discutir entre ellos. Yo sabía de sobra lo que estaba en juego: aquel que me ayudase se llevaría la propina.

Elegí a uno de ellos completamente al azar y le seguí por unas escaleras hasta un pequeño hueco medio escondido en un rincón, unos metros por encima del bullicioso gentío. Había un par de sillas de plástico clavadas al suelo.

—Aquí —me dijo en francés—. Puede quedarse aquí y dormir.

—Miré las sillas, le di al tipo su propina y me instalé para pasar la larga noche que sabía que tenía por delante.

Mi destino era la diminuta república de Guinea-Bisáu, a solo media hora en avión de Dakar, pero el vuelo no salía hasta las siete de la mañana. ¿Qué hacer durante aquellas seis horas?

Hubiera podido ir al centro de Dakar y buscar un hotel, pero la perspectiva de dormir tres horas y luego tener que hacer de nuevo todo el camino de vuelta hasta el aeropuerto no me tentaba demasiado. Mejor pasar el tiempo como pudiera, hasta alcanzar mi destino y poder meterme finalmente en una cama de verdad.

Tenía una botella de agua, que compré justo al llegar, y una botellilla de 90 mililitros de vodka, adquirida en el vestíbulo del aeropuerto de Fráncfort antes de embarcar con destino a África a primera hora de aquel mismo día. Eso y una manta de avión (gracias, Lufthansa) era cuanto necesitaba para entregarme a unas horas de sueño intermitente.

Cuatro días me encontraba en Nueva York. Bajo la lluvia, pasé por delante de la Estación Central de Manhattan y seguí caminando hacia un diminuto consulado situado en un edificio subarrendado a la ONU. La oficina no tenía horario de atención al público. Por una suma de 100 dólares —que pagué en efectivo, y sin recibo a cambio— obtuve el visado que llevaba meses intentando conseguir por todos los medios.

El viaje me llevaría de Nueva York a Fráncfort, y desde allí a Dakar y finalmente a Bissau, desde donde haría el viaje de vuelta vía Lisboa y Londres unos días más tarde. Era a la vez un viaje y una misión.

Incluso con el agotamiento de un viaje por tres continentes, es francamente difícil dormir en una silla de plástico de la zona de tránsito de un aeropuerto de África occidental. Tuve cuidado de enrollarme a la pierna la correa del maletín del ordenador, pero, aun así, me despertaba sobresaltado a cada momento, inquieto por la posibilidad de que me hicieran una nueva visita aquellos maleteros tan «serviciales». Y cuando por fin conseguía quedarme lo que se dice dormido, llegaba a desvelarme un enjambre de mosquitos, que se encargaban de que no dormitara demasiado tiempo seguido.

Pensé en lo irrisorio de la experiencia. ¿Por qué, después de haber alcanzado un considerable éxito empresarial, de tener numerosos proyectos esperándome en mi país y un extenso grupo de amigos repartidos por todo el mundo, y que disfrutaban de circunstancias de vida bastante agradables, me encontraba allí sentado, haciendo esfuerzos por no caerme de aquella silla de plástico en mitad de la noche senegalesa?

¿En qué consistía aquel viaje, y misión, tan importante?

Mejor empezamos por el principio. Fue en esta zona del mundo donde comenzó todo, hace mucho tiempo. Diez años atrás, había vagado por la región en calidad de cooperante humanitario, trabajando como voluntario para una organización benéfica de asistencia médica. A base de experiencias de todo tipo, aprendí a no tener que recurrir al soborno (bueno, excepto en el caso de los maleteros de aeropuerto) y a salir airoso de las caóticas situaciones que me esperaban a la llegada, como la que acababa de encontrarme esa noche.

¿Que por qué había vuelto?

En realidad, era muy simple. Esta vez tenía una misión diferente. Durante los últimos diez años, había dedicado mucho de mi tiempo, de mi dinero y de mi atención a viajar, de uno en uno, a todos los países del mundo. Recorrer todos y cada uno de los países de cada rincón del planeta, sin saltarme uno solo, era un desafío sobre el que llevaba muchos años cavilando antes de comprometerme finalmente con la aventura, a la que me entregaría de lleno tanto tiempo como hiciera falta.

Esa misión me había hecho tener que salir huyendo de antiguas repúblicas soviéticas e islas remotas del Pacífico Sur. En otra pequeña isla, había visto cómo el único vuelo de la noche despegaba sin mí. Había conseguido llegar a Pakistán y a Arabia Saudita sin visado y, no sé bien cómo, había sido capaz de convencer a las autoridades de inmigración de que me dejaran quedarme. Me habían deportado de un país que todavía trato de olvidar.

A lo largo de los años, pasé en Dakar muchas otras noches como esta, noches en que llegaba también sin otro plan que el de seguir mi viaje, en avión o en un microbús atestado, hasta otro pequeño país africano del que las noticias solo hablaban cuando se desataba en él una guerra civil o se cernía sobre él la amenaza de acabar desapareciendo por el cambio climático.

De un modo peculiar, casi masoquista, estaba contento de volver a Senegal. Era como cerrar el círculo, volver al comienzo…, algo así.

Después de más de ciento noventa países, mi misión estaba muy cerca de tocar a su fin. Pero todavía no. Antes tenía que llegar a Guinea-Bisáu, el último país que me quedaba de África.

El aeropuerto de Dakar jamás ganaría un premio a la comodidad de pernoctar en sus instalaciones, pero cuando el sol sale en África occidental, vale la pena haber madrugado para verlo. Ocurre todo muy rápido: apartas los ojos un instante y ¡te lo has perdido! Un momento, la bruma; el momento siguiente, ahí está el sol, alto y refulgente. ¡Arriba, viajero, espabila! Para entonces, había vuelto a bajar a tropezones hasta la zona de embarque y había pasado el control de seguridad, un control bastante relajado. Compré en una máquina expendedora un café instantáneo y me lo fui bebiendo a pequeños sorbos mientras hacía cola para embarcar.

Lejos de casa, hay algo que uno es capaz de sentir incluso en momentos de agotamiento absoluto. Por muy exhausto que estuviese (¡dieciocho horas de vuelo, dos horas de sueño ligero en una silla de plástico!) y por muy ridícula que fuese la situación (¡estar volando a Guinea-Bisáu sin una razón de mucho peso!), pude, aun así, sentir la emoción de la aventura. Cuando la cafeína hizo efecto y estiré las piernas, me empecé a sentir mejor. Por muy disparatado que pudiera parecerles a algunos, allí estaba, en medio del mundo, haciendo algo que me apasionaba. ¿Se puede pedir más?

El vuelo, de apenas media hora, nos llevó por el litoral a baja altitud. El sol brillaba ya en todo su esplendor, eché una cabezada recostado en el asiento de la ventanilla y, para cuando quise darme cuenta, el avión rodaba por la pista de aterrizaje de la capital.

Una vez que aterrizamos, no había una pasarela de acceso directo a una reluciente zona de llegadas, ni tan siquiera un autobús que trasladara a los pasajeros al edificio. Bajé la escalerilla de la vetusta aeronave y caminé directamente por la pista hasta una edificación descuidada que se veía a poca distancia, donde estaba el control de inmigración.

El comité de bienvenida parecía haberse tomado el día libre. En su lugar, un solitario guarda echó un vistazo a mis papeles y les estampó el sello sin mediar palabra.

Me quedé mirando cómo un empleado lanzaba las maletas a la única cinta transportadora, que se desplazaba con un estridente chirrido. También en esta ocasión los maleteros se peleaban por el derecho a hacerse cargo de los equipajes. La mañana que había sido testigo de aquel bello amanecer se había ido disolviendo, para dar lugar a un día sofocante, y me encontré con un nuevo grupo de hombres que competían por ser el taxista elegido para trasladar al extranjero ocasional al único hotel de la ciudad. Pero sonreí por mi buena suerte, ya que acababa de marcar un hito más en la larga aventura de ir a todos los rincones del planeta. De los cincuenta y cuatro países africanos, Guinea-Bisáu era el último de mi recorrido. Tras diez años de exploración, me faltaban solo dos países más para completar el mundo entero.

ÉRASE UNA VEZ

Al ser humano siempre le han gustado las empresas arriesgadas. Los relatos más antiguos de la historia hablan de viajes épicos y grandes aventuras. Ya se trate de una historia africana, asiática o europea, el argumento es el mismo: un héroe parte en busca de algo muy difícil de encontrar y que tiene el poder de cambiar tanto su vida como el mundo.

En el relato judeocristiano de la creación, Dios expulsa a Adán y Eva del paraíso y los manda a trabajar la tierra con sudor. En el relato budista, se concede más importancia a la práctica y el esfuerzo que a la creación en sí...; los textos sagrados saltan directamente a la búsqueda de la iluminación.

La literatura de mayor relieve en el mundo entero refleja nuestro deseo de oír hablar de los esfuerzos y sacrificios del ser humano por alcanzar una meta. Desde las fábulas de Esopo hasta *Las mil y una noches*, son muchas las narraciones clásicas que tratan sobre la aventura y las búsquedas.

Shakespeare nos dejó embelesados con relatos de aventuras que hablaban de naufragios y errores de identificación. A veces todo salía bien, pero a veces la tragedia era la consecuencia natural de las decisiones desacertadas que tomaba un personaje dominado por sus imperfecciones.

En los tiempos modernos, Hollywood sabe que la búsqueda se vende bien. Fíjate, si no, en sagas tan taquilleras como *Star Wars*, *Star Trek*, *Indiana Jones* e incontables producciones más. Cuanto más difícil sea la empresa y más grandes y arriesgados los desafíos, tanto mejor, pues eso le da al público algo en lo que creer. Tenemos que creer en la misión del héroe, y, una vez que lo hacemos, nos quedamos fielmente a la espera de ver cómo se las arregla para superar cada obstáculo.

Los mejores videojuegos, que en la actualidad recaudan más dinero y atención que los libros o las películas, están programados también en torno a misiones y aventuras. A ti, un alma ordinaria arrancada de la oscuridad, se te ha confiado la misión de defender la Tierra de una invasión alienígena (por supuesto, se te ha dotado para ello de un lanzacohetes y un botiquín de primeros auxilios recargable). Tú, que eres un simple fontanero testarudo y un poco duro de mollera, debes rescatar a la princesa del castillo en que está cautiva. (¡Ah!, ¿que no era este el castillo? Pues nada, tendrás que seguir probando.)

La mayor parte de los relatos de arriesgadas aventuras se cuentan una y otra vez de muy diversas maneras, normalmente con una buena dosis de exageración. Pueden ser historias cautivadoras, pero en su mayor parte no son reales. Nos apasionan porque, por unos momentos, tienen el poder de cambiar la idea que tenemos de lo que es posible. ¡Quizá realmente haya una invasión alienígena! Quizá realmente haya un santo grial en alguna parte, esperando a ser descubierto.

Mientras vagaba por el planeta, dedicando años a viajar a sus casi doscientos países, descubrí algo importante.

Me encantaba el viaje, y cada sitio al que iba tenía algo interesante que ofrecer. Mi visión del mundo se iba ampliando a medida que me encontraba con maneras de vivir diferentes y aprendía de gente de otras culturas. Pero igual de fascinante fue descubrir que yo no era el único que se había embarcado en una misión. En todas las partes del mundo, la gente había descubierto la manera de dar mayor sentido a su vida. Algunos se habían entregado con ahínco a intentar alcanzar una meta sin esperar el menor reconocimiento. Esa búsqueda, de lo que quiera que fuera, era sencillamente algo que para ellos tenía verdadero sentido y que les apasionaba llevar a cabo.

—Quiero hacer que mi vida valga la pena —decía una mujer—. Me considero un instrumento, y si no me pongo al servicio del mayor bien posible, sentiré que he perdido una oportunidad que nunca volverá.

Algunas de las personas con las que iba hablando se habían embarcado en una misión que implicaba largos viajes por todo el mundo, como la mía. Conocí a extraños —pronto nuevos amigos— que recorrían a pie, en bicicleta o por cualquier otro medio países o continentes enteros. En Estambul, por ejemplo, conocí a Matt Krause, un analista financiero de Seattle. Matt había llegado a Turquía con la intención de ir caminando hasta Irán, conociendo a gente por el camino y entrando en contacto con maneras de vivir distintas. Al principio fue solo una idea descabellada, me contó; pero luego había ido consolidándose en él, y supo que lo lamentaría toda su vida si no la hacía realidad. (Lección: atención a las ideas descabelladas.)

Otras empresas nacían de un anhelo de perfeccionamiento, o del coleccionismo. Un *boy scout* había ganado, para los quince años, todas las insignias al mérito que existían (¡ciento cincuenta y cuatro!). Una mujer de mediana edad había decidido dedicar el resto de su vida a ver al natural todas las especies de aves del planeta. Como explicaba en su diario, lo que empezó siendo una afición se convirtió en una obsesión cuando le diagnosticaron un cáncer en fase terminal. La aventura de algunos era de carácter eminentemente privado. Una adolescente neerlandesa se hizo a la mar en un velero, convirtiéndose en la persona más joven de la historia en circunnavegar sola los océanos del mundo. La publicidad que recibió por aquella aventura récord fue con frecuencia extremadamente crítica y poco amable en su mayor parte. Pero ser objeto de atención, positiva o negativa, nunca fue el móvil de su aventura.

—Lo hice por mí —me dijo después de haber terminado—, por nadie más.

Otros habían decidido unir todas sus fuerzas, como por ejemplo una familia de cuatro miembros que se lanzó a recorrer en bicicleta los veintiocho mil kilómetros que hay entre Alaska y Argentina, haciendo así realidad un sueño conjunto con cada pedalada del camino. Con similar pasión viajera, había una pareja joven que recorría Estados Unidos visitando cada basílica, con la esperanza de llegar a comprender mejor su fe.

La mayor parte de las veces, la misión se traducía en algo tangible: una montaña que escalar, un mar abierto que surcar, un departamento de expedición de visados al que convencer... Pero lo que los aventureros intentaban alcanzar trascendía normalmente la tarea en cuestión. Matt Krause, el analista financiero que se lanzó a recorrer a pie la Turquía rural en toda su longitud, reflexionaba sobre la vida que había conocido hasta entonces en Estados Unidos.

No era solo que ahora estuviera en otro país, diría más tarde, sino que tenía la sensación de haberse abierto camino a otra vida. En medio del mundo, solo, cruzando aldeas, avanzando un kilómetro tras otro por los caminos de tierra y encontrándose con desconocidos, que pronto se hacían amigos, se sentía extraordinariamente vivo.

Había algo que destacaba en todas estas personas que conocí. Hablaban con intensidad. Estaban centradas en alcanzar sus metas, incluso aunque, de entrada, para los demás no tuvieran el menor sentido.

Yo deseaba entender por qué habían decidido embarcarse en tan colosales empresas con tal determinación —¿les movían los mismos impulsos que a mí, o eran otros totalmente distintos?— y quería saber qué les hacía seguir adelante en momentos en que otros habrían abandonado. Tenía la fuerte impresión de que aquella gente tendría importantes lecciones que enseñar.

✦

¿Cuáles fueron las lecciones que yo aprendí en los diez años de viaje?

Las primeras versaban sobre los aspectos prácticos de lograr una meta. Si quieres alcanzar lo inimaginable, empiezas por imaginarlo. Antes de comenzar, dedicas un poco de tiempo a calcular el coste. Entender con exactitud lo que es necesario hacer, y encontrar luego una manera de hacerlo, hace que cumplir la misión sea mucho más viable.

Es cierto que el logro nos da valor, pero también el intento. Según me iba abriendo camino por un país tras otro, deteniéndome de tanto en tanto para reorganizarme en alguna de las muchas paradas habituales del camino que eran ya como un segundo hogar, contemplaba con mirada cada vez más optimista las posibilidades que tenía de lograrlo. El último año de viaje, me sentía imparable. «¡Puedo hacerlo de verdad!», comprendí; y comprenderlo me dio fuerza y resistencia.

Como descubrió don Quijote hace muchos años, una misión no siempre resulta ser como se había planeado. Los viajeros sufren contratiempos inesperados o se pierden porque alguien los ha orientado mal, y algunas situaciones que ha de afrontar son un auténtico reto. Sin embargo, por extraño que parezca, las desventuras (y a veces hasta los desastres) generan confianza.

Cuando me encontré pasando la noche entera en una terminal de aeropuerto totalmente desierta esperando otro vuelo que también se había cancelado, o sin dinero en un rincón remoto del mundo, aprendí que las cosas normalmente acababan por resolverse. Aprendí a reírme de mis desventuras, o al menos a no dejar que el miedo se apoderara de mí cuando ocurría algún contratiempo.

Las lecciones siguientes tuvieron más que ver con el trabajo interior que representa un viaje prolongado. Muchas búsquedas provocan una transformación de tipo alquímico, ya sea en lo referente a la búsqueda en sí o a la persona que la ha emprendido. Una vez que pones el pie en el camino a la aventura, no siempre sabes dónde acabarás.

Y llegar al final de la aventura nos enseña también algunas lecciones. El cuento no siempre acaba como quisiéramos. Cuando algo ha sido una parte importantísima de nuestra vida durante años y de pronto deja de existir, puede dejarnos un sentimiento de desconcierto y de vacío. Es el momento de pensar en lo que vendrá a continuación, y en si seremos capaces de recrear los intensos sentimientos que experimentamos durante el tiempo en que avanzábamos hacia nuestra meta.

Cuando mi viaje estaba a punto de tocar a su fin, me pregunté qué podría aprender hablando con la gente. La curiosidad que despertaba en mí el hecho de que alguien emprendiera una aventura o misión se convirtió en una misión en sí misma…, una misión que, como luego he descubierto, me permite darles algunas indicaciones a aquellas personas que a su vez están comprometidas con la búsqueda de algo que les dé un sentido más profundo a sus vidas.

PARTE I
LOS COMIENZOS

CAPÍTULO 1
DESPERTAR

Es peligroso, Frodo, cruzar la puerta. Pones un pie en el camino y, si no vigilas tus pasos, nunca sabes adónde te pueden llevar.

J. R. R. TOLKIEN

LECCIÓN: TODOS ESTAMOS HECHOS PARA LA AVENTURA

Vivimos en tiempos muy interesantes, una era excepcional que nos ofrece incontables oportunidades para el desarrollo y avance personal. A pesar de lo ocupados que estamos todos, la mayoría disponemos de suficiente tiempo libre como para poder dedicarnos además a nuestras aficiones y a desarrollar habilidades de carácter no esencial. Por lo que cuesta un billete de avión, podemos salir disparados a tierras remotas. Cualquier cosa que pudiéramos querer aprender, la tenemos a nuestro alcance.

Al mismo tiempo, disponer de todas estas oportunidades puede resultar también abrumador. Una vez satisfechas las necesidades básicas, ¿cómo elegimos en qué centrarnos?

Para muchos de nosotros, la respuesta es asombrosamente simple: elegimos comprometernos con una misión, y elegimos vivir para la aventura.

En tertulias y cafeterías de los cinco continentes, busqué a gente que se hubiera embarcado en alguna aventurada empresa y escuché la historia de cada una de aquellas personas. En una serie de entrevistas y encuestas, las asediaba a preguntas sobre por qué habían elegido alcanzar una determinada meta a largo plazo, qué habían aprendido y cómo les había ido cambiando el camino.

Independientemente del tipo de proyecto que fuera, vi que la gente que se comprometía con una misión tenía por lo general unas cuantas cosas en común. Por ejemplo, hablé con bastantes personas que a pie, en bicicleta o a vela habían recorrido o se disponían a recorrer miles de kilómetros solas. Yo no quería caminar, pedalear ni navegar miles de kilómetros (prefería los aviones), y probablemente quienes habían sentido el impulso irresistible de hacer aquellos viajes tampoco tuvieran ningún interés en vivir el tipo de experiencias que yo iba encontrándome en los míos (es de suponer que no querían pasar incontables noches intentando dormir en el suelo de los aeropuertos, o incontables días tratando con funcionarios corruptos en situaciones de máxima tensión). Pero el reto en sí —la ambición de la empresa y el deseo de hacer lo que quiera que hiciera falta para seguir adelante— era el hilo común.

Para encontrar respuestas, tomé prestado además un método que había usado en mi libro anterior, *The $100 Startup*. Para aquel trabajo, un pequeño equipo de colaboradores y yo lanzamos una extensa red en busca de relatos de todo el mundo. Una cosa llevó a la otra y los relatos para el libro fueron sucediéndose con facilidad: cada persona interesante que aparecía nos conducía a otra igual de interesante.

Esta vez, sin embargo, me enfrentaba a un reto mayor. Si se buscan historias de gente que haya montado un negocio sin disponer de mucho dinero ni conocimientos, los criterios de búsqueda son claros. Pero ¿qué tipo de relatos se deben buscar cuando se trata de una aventura como la que aquí nos ocupa?

Acompañado de otro pequeño equipo de colaboradores y grandes cantidades de café, empecé por echar de nuevo una gran red, esta vez en busca de cualquiera que hubiera emprendido un largo viaje o una aventura con una intención concreta. Confiábamos en que, dejando abierta la convocatoria inicial, recibiríamos relatos que hablaran de toda una diversidad de temas. Como la gente que está embarcada en una gran aventura no siempre tiene acceso a Internet (y porque hay a quienes no les gusta hablar de sus proyectos), animamos a los lectores a que nos enviaran también relatos de gente que conocieran.

Realizar una convocatoria abierta fue un buen punto de partida, pero pronto nos dimos cuenta de que era necesario aplicar algún tipo de criterio más estricto. Entre las respuestas iniciales, recibimos un extenso grupo de escritos relacionados con una mejora general de vida: ponerse en forma, por ejemplo, o crear una pequeña empresa, o escribir un libro. Todos estos proyectos están muy bien, pensamos, pero no son lo que se dice una misión. Por mucho sentido que tenga a nivel personal tomar la decisión de mejorar nuestra vida, no es una misión en sí misma. Dejar de fumar, bajar de peso o saldar nuestras deudas son metas por las que vale la pena esforzarse, pero no deberían ser el objetivo central de toda una vida.

UNA MISIÓN, CONCLUIMOS, ES ALGO DE UNA MAYOR MAGNITUD. Conlleva más tiempo y exige un compromiso mucho mayor que la decisión de mejorar la vida en general. Aun así, ¿qué es exactamente una misión? ¿Cómo definirla?

Decidimos dejar que los relatos marcaran la pauta. ¿Cruzar de punta a punta un continente y no hablar durante una década? Sí, este vale. ¿Dejar un trabajo bien remunerado para irse a Bangladesh a defender los derechos de las mujeres..., como voluntaria, sin recibir el menor reconocimiento por ello en veinte años? Sí, este también. Tras mucha deliberación, estos son los criterios que acordamos:

- UNA MISIÓN TIENE UNA META CLARA Y UN PUNTO FINAL CONCRETO. Toda misión tiene un principio y, tarde o temprano, tocará a su fin. (No todo el mundo entenderá por qué la has emprendido, pero esa es otra cuestión).
- UNA MISIÓN SE PUEDE EXPLICAR CON CLARIDAD EN UNA O DOS FRASES.
- UNA MISIÓN SUPONE CLARAMENTE UN RETO. Por su propia naturaleza, una misión implica superar algo. No toda misión tiene por qué ser peligrosa o prácticamente imposible de realizar, pero tampoco debería ser fácil.
- UNA MISIÓN CONLLEVA ALGÚN TIPO DE SACRIFICIO. No es posible «tenerlo todo» cuando se trata de una misión; para hacer realidad un gran sueño, siempre hay algo que se ha de abandonar por el camino. A veces el sacrificio es obvio desde el principio; a veces no resulta obvio hasta al cabo de un tiempo.
- UNA MISIÓN SUELE ESTAR GUIADA POR UNA VOCACIÓN, UNA LLAMADA O EL SENTIMIENTO DE TENER ALGO QUE CUMPLIR.

Una llamada no tiene por qué ser alguna clase de inspiración divina. En la mayoría de las veces, se expresa simplemente como un profundo sentimiento de estar cumpliendo una misión vital. Tome la forma que tome, la gente que se lanza a hacer realidad esa misión se siente guiada, empujada o, cuando menos, altamente motivada para seguir adelante.

• UNA MISIÓN CONLLEVA UNA SERIE DE PEQUEÑOS PASOS Y UN PROGRESO GRADUAL HACIA LA META. Como veremos, muchas misiones están compuestas de una marcha lenta y constante hacia algo, con contados y espaciados momentos de gloria y alegría. No se encuentra el Santo Grial al día siguiente de haber salido en su busca. (Si es así, probablemente no sea el Santo Grial, e indudablemente no será una misión.)

Resumiendo, una misión es un viaje hacia algo determinado, y el camino está sembrado de desafíos. La mayoría de las misiones conllevan además una serie de pasos logísticos y algún tipo de evolución personal.

Antes de poder hacer nada, hay que atender a los numerosos detalles prácticos y obstáculos ineludibles. En mi caso, tuve que conseguir visados y definir los medios de transporte. Tuve que idear cómo entrar en países hostiles que, por descontado, no tenían un departamento de turismo a disposición del viajero para responder a sus preguntas o enviarle folletos turísticos. Cuando tenía problemas, solo podía retirarme y reorganizarme, y luego planear otro tipo de acción.

Pero en una verdadera misión, una misión que nos cambie la vida, los aspectos prácticos no son lo único que se ha de tener en cuenta. En el transcurso, debemos hacernos personas mejores de lo que éramos antes de empezar. Debemos mejorar durante el viaje.

Ah, y hay una cosa más que aprendí: la mayor parte del tiempo, ocurre por el camino mucho más de lo previsto.

POR QUÉ PODRÍA HABER UNA MISIÓN HECHA EXPRESAMENTE PARA TI

Este libro te dará la oportunidad de examinar docenas de misiones, proyectos y aventuras. Si ya estás empezando a pensar en cómo aplicar a tu vida esas lecciones y relatos, plantéate estas preguntas. Cuanto más tiendas a responder «sí», más probabilidades tienes de disfrutar de una misión propia.

- ¿Te gusta hacer listas e ir tachando cosas?
- ¿Te ha gustado siempre marcarte metas?
- ¿Te motiva el hecho de ir avanzando hacia una meta?
- ¿Te gusta planificar?*
- ¿Tienes una afición o una pasión que no todo el mundo entienda?
- ¿Alguna vez te sorprendes soñando o imaginando una clase de vida distinta?
- ¿Pasas mucho tiempo pensando en tu afición o tu pasión?

---

* Los estudios muestran que disfrutamos planeando unas vacaciones tanto como yéndonos luego de vacaciones. La anticipación es una fuerza muy poderosa.

TAXONOMÍA DE LA AVENTURA

En los mitos antiguos, la mayoría de las misiones eran de descubrimiento o de enfrentamiento. Un reino sufría un asedio, y por tanto era necesario defenderlo. En tierras remotas un minotauro custodiaba un cáliz mágico, y solo el héroe podía enfrentarse al monstruo y recuperarlo.

Afortunadamente, las misiones del mundo real ofrecen más posibilidades que la de asaltar castillos y rescatar princesas, y, con alguna que otra excepción, las misiones y búsquedas de nuestro tiempo pueden clasificarse en unas pocas categorías generales. El viaje es un punto de partida obvio. Buscando relatos para el libro y leyendo las historias que me enviaban los lectores, supe de mucha gente que se había lanzado a circunnavegar el planeta de maneras muy diversas o a ser la primera persona en lograr una meta arriesgada lejos de su país.

Además de la categoría de los viajes, aparecían también bastante definidas la del aprendizaje, la documentación y el atletismo. Cuando un estudiante canadiense decidió preparar por libre todas las asignaturas de la carrera de ciencias informáticas del Instituto Tecnológico de Massachusetts (MIT, por sus siglas en inglés) en un solo año —publicando además sobre la marcha las notas obtenidas—, se trataba sin duda de un compromiso orientado al aprendizaje y el logro. Cuando una joven que competía en torneos internacionales decidió adoptar y entrenar a un caballo particularmente difícil —que se colocó finalmente casi a la cabeza de un importante campeonato europeo—, se trataba claramente de una meta deportiva.

Más interesante quizá que las categorías temáticas en sí es la cuestión general de por qué se embarca la gente en misiones o aventuras. Las respuestas pueden clasificarse también en categorías, pero no tan estrictamente definidas. Mientras recorría el mundo y la lista de mensajes de mi buzón de entrada, había varios conceptos esenciales que se repetían una y otra vez:

- AUTODESCUBRIMIENTO. De la misma manera que los héroes de antaño se lanzaban a realizar sus sueños y a lomos de un caballo se adentraban en bosques encantados, muchas personas siguen recorriendo un camino para «encontrarse» a sí mismos. Nate Damm, que cruzó Estados Unidos a pie, y Tom Allen, que salió de su Inglaterra natal dispuesto a recorrer todo el planeta en bicicleta, en principio se lanzaron a la aventura simplemente porque podían hacerlo. Querían ponerse a prueba y superarse a sí mismos aprendiendo más sobre el mundo. Algunos de sus amigos y familiares entendieron aquel deseo de emprender un largo viaje —lo mismo Nate que Tom dejaron su trabajo para hacerlo—, pero a otros les pareció una locura. «Necesito hacer este viaje, es así de simple», decía Nate. Y Tom explicaba que la razón principal de hacer el suyo era «dejar entrar un poco de riesgo» en su vida.
- RECLAMAR. Hace cientos o miles de años, el reclamar se refería a recuperar un territorio. Acuérdate de cómo Mel Gibson, en su actuación ya clásica en *Braveheart*, desde lo alto de un cerro grita «¡libertad!» en su lucha por defender Escocia de la tiranía impuesta por los ingleses llegados del sur.

Son muchos los que hoy en día siguen reclamando lo que para ellos es importante, aunque normalmente no con espadas y escudos. Sasha Martin, una mujer de Oklahoma dedicada a la crianza de sus hijos, de niña había vivido en el extranjero, y quería que su familia conociera otras culturas. No podía viajar a otros países, al menos en aquel momento, así que decidió preparar cada día una comida de un país distinto, acompañada de una pequeña celebración propia de cada país.

Desde las fronteras de Alaska, Howard Weaver, con un pequeño equipo de combativos colaboradores, se hizo cargo de un periódico hasta entonces bastante conservador. En una batalla épica que se prolongó durante años, Howard y el resto del personal lucharon por hacer oír «la voz del pueblo» en vez de limitarse a publicar un periódico que, por encima de todo, contara con una buena financiación y fuera un negocio lucrativo.

- RESPUESTA FRENTE A LOS ACONTECIMIENTOS EXTERNOS. A Sandi Wheaton, empleada cualificada de General Motors, la despidieron en 2009, en plena crisis de la industria automovilística. En vez de adoptar la estrategia habitual (aterrarse, y luego hacer todo lo posible por encontrar otro trabajo), emprendió un largo viaje, haciendo fotos y documentándolo mientras iba de un lugar a otro. Mi propia resolución de viajar a todos los países del planeta nació a raíz de lo que sentí tras los atentados del 11 de septiembre en Nueva York. Quise encontrar una manera de prestar ayuda sustancial a mis semejantes, y aquel período de intensa introspección me llevó a pasar cuatro años en un buque hospital en África occidental, experiencia que desencadenó todo lo que vendría después.
- SER DUEÑOS DE LA PROPIA VIDA Y REIVINDICAR EL DERECHO A DECIDIR SOBRE ELLA. Julie Johnson, una mujer ciega que adiestró personalmente a su perro guía, contaba que lo que la había motivado, al menos en parte, era la

insistencia de los demás en que no lo hiciera a su manera. «Probablemente la razón de más peso es que me parecía lo natural —me dijo—. Sentía la necesidad de hacer aquella gran obra. Entonces no sabía que fuera una gran obra, solo sabía que era algo que necesitaba hacer yo sola. De no haberlo hecho, siempre me habría preguntado lo que hubiera podido ser». Este punto de vista —«si no lo hubiera intentado, me habría preguntado siempre qué habría ocurrido»— aparecía una y otra vez en los relatos que me llegaban.

- TOMAR CARTAS EN EL ASUNTO. Algunas de las personas que conocí eran misioneros o cruzados por sus respectivas causas, que compartían su historia con todo aquel que quisiera escucharla e iban creando alianzas por el camino. Miranda Gibson, por ejemplo, se pasó más de un año viviendo en lo alto de un árbol en Tasmania protestando por la tala ilegal de árboles. Otros dedicaban sus vidas a algo en lo que creían, sacrificando tiempo e ingresos (y a veces más cosas) para poder dar cuanto estaba en su mano.

HAY UNA AVENTURA ESPERÁNDOTE TAMBIÉN A TI

La aventura de la vida real no consiste solo en recorrer el mundo (aunque muchos de los relatos de este libro traten de viajes) ni es una empresa que necesariamente signifique irse de casa (aunque con frecuencia suponga abandonar lo que nos resulta familiar y cómodo).

En las más de trescientas páginas que siguen, leerás docenas de relatos asombrosos, conocerás a las personas que ya he mencionado y a muchas más, y descubrirás que la gran mayoría de esos relatos tratan de gente normal que hace cosas extraordinarias.

Hay excepciones, claro: se me viene a la mente el relato de John *Maddog* Wallace. Wallace realizó la proeza de correr doscientos cincuenta maratones en un año, haciendo caso omiso de la legión de médicos deportivos y atletas que le decían que era imposible. Quizá te interese saber por qué lo hizo, o incluso cómo lo hizo..., aunque no es muy probable que vayas a intentar hacer lo mismo. ¡Calma, no pasa nada! Como te decía, el «elenco de personajes» está compuesto en su mayor parte de gente común y corriente; quiero decir, de gente que no tiene dones o capacidades especiales. Sus aventuras, y en muchos casos sus logros, fueron extraordinarios, pero, principalmente, estos individuos lograron sus metas no porque tuvieran un talento innato, sino por las decisiones que tomaron y por su dedicación.

En muchos casos, las metas fueron alcanzando proporciones mayores con el tiempo y la experiencia. Aquellos a quienes entrevisté solían hablar de lo frágiles que se sentían en muchos momentos, o de que creían que «cualquiera» podía hacer lo que ellos hacían, pero, como verás, poca gente tiene la resolución necesaria para perseverar como ellos lo hicieron.

Además de para satisfacer mi curiosidad, escribí este libro para inspirarte a que te atrevas a hacer algo extraordinario por iniciativa propia. Abre bien los ojos y verás un camino que puedes recorrer, da igual cuál sea la meta. Quien emprende una búsqueda o misión aprende muchas lecciones por el camino. Algunas tienen que ver con el logro, la desilusión, la alegría y el sacrificio; otras, con la empresa en sí que hayamos acometido. Pero ¿qué te parecería poder aprender esas lecciones de antemano? ¿Te apetecería poder estudiar con personas que han invertido años —a veces décadas— en seguir incansablemente el camino que las llevaría a hacer realidad sus sueños?

Sobre esa oportunidad de aprender trata este libro. Vas a sentarte en compañía de hombres y mujeres que iniciaron grandes aventuras y dieron un propósito a sus vidas trabajando en pos de algo que para ellos tenía un profundo sentido. Encontrarás aquí sus relatos y las lecciones que aprendieron. Sabrás lo que les ocurrió por el camino, pero, sobre todo, sabrás por qué ocurrió y por qué importa. Como autor, es responsabilidad mía ofrecerte un contexto y plantear un reto. La tuya es decidir cuáles serán los pasos siguientes.

Quizá leer los relatos de otra gente te haga pensar en tu vida. ¿Qué te anima? ¿Qué te preocupa? Si pudieras hacer cualquier cosa que quisieras, sin importar el tiempo ni el dinero, ¿qué harías?

Al ir avanzando en la lectura del libro, verás que presenta un argumento muy claro: la búsqueda da sentido y plenitud a nuestra vida. Si alguna vez te has preguntado si la vida puede ser algo más que aquello con lo que habitualmente nos conformamos, tal vez descubras que hay un sinfín de oportunidades y desafíos esperándote. Pero haz que la lectura de este libro sea tu primera empresa y aventura. Tiene una meta clara (terminar el libro) y un punto final concreto (la última página). Para llegar a la meta se necesitan tiempo y compromiso. Es de esperar que no sea un sacrificio inmenso, pero lo importante es que, en este instante, podrías estar haciendo otra cosa en lugar de leer.

ATRÉVETE A DAR ESE PRIMER PASO

Es difícil de explicar el entusiasmo que nos inunda cuando nos rebelamos contra la rutina y empezamos a hacer algo que de verdad tiene que ver con nosotros. Me acuerdo de la primera parada de seis meses que realizamos cuando trabajé como voluntario a bordo de un buque hospital en África occidental. Cuando me asomé al mar de caras en Sierra Leona, me sentí extraordinariamente vivo. Sobre el muelle se alzaban las colinas de Freetown, un lugar de abundante belleza natural devastado por ocho años de una guerra civil que casi acababa de terminar.

Me zambullí de cabeza en la vida del occidente africano, y durante la zambullida aprendí mucho sobre los transportes. La versión local era fascinante. Los taxis compartidos avanzaban con lentitud por las calles de Freetown recogiendo hasta a doce pasajeros en un solo vehículo. Una vez vi pasar un taxi a mi lado y el asiento de atrás estaba vacío… salvo por una vaca muerta, la cual no sé cómo habían conseguido meter allí para transportarla de una punta a otra de la ciudad.

Viajar por la región fue también interesante. Debido a la escasez de vuelos y las malas conexiones aéreas, muchas veces tenía que hacer tres escalas o más en los países vecinos para recorrer una distancia equivalente a la que hay entre Nueva York y Chicago. Los gobiernos de aquellos países no siempre simpatizaban unos con otros, así que a los pasajeros recién llegados se los trataba con desconfianza, incluso cuando resultaba obvio que estaban allí de paso, en ruta hacia su destino en otro país.

Todo era nuevo y emocionante. A primera hora del día corría por los muelles, antes de que el sol calentara demasiado.

Durante el día, descargaba mercancías médicas y coordinaba la logística, y por la noche me sentaba en la cubierta de paseo para reflexionar sobre lo que me rodeaba.

Para cuando terminaron los cuatro años acordados, estaba deseando afrontar un nuevo reto. Había estado viajando por África y Europa, explorando un país tras otro cada vez que tenía ocasión. En un viaje, volé de noche de París a Johannesburgo, totalmente despierto y soñando todo el camino, memorizando la ruta trazada en el mapa de Air France y dándome cuenta de la cantidad de ciudades en las que todavía no había visitado.

No estaba seguro de cómo hacerlo, pero me seducía el concepto de los viajes frecuentes, y me pareció buena idea conectarla con una meta. Para entonces, no paraba de hacer listas de los sitios a los que quería ir. Había visto muchos, es cierto, pero había muchos más que no conocía.

A pesar de haber empezado mis aventuras viviendo y recorriendo una región conflictiva, donde los tanques patrullaban las ciudades y las farolas estaban llenas de agujeros de bala, algunas partes del viaje me intimidaban. No se me daban bien los idiomas, y no me consideraba particularmente valiente. Cuando miré el mapa y vi lo que significaba el mundo entero, me sobrecogí. Sin embargo, me atraía extraña y poderosamente la idea de ir a todas partes, y algo de aquello me recordaba a jugar a los videojuegos.

Desde pequeño, siempre me han gustado. Mis juegos favoritos eran aquellos en los que había que superar múltiples etapas y un sinfín de obstáculos. El objetivo de muchos de ellos era llegar a la meta y salir victorioso, pero, a mí, era el juego en sí lo que me gustaba. Etapa a etapa, nivel a nivel, una lucha triunfante tras otra, lo que más me apasionaba era cuando el juego planteaba retos que podían superarse con repetidos esfuerzos y aplicando la lógica.

Algo relacionado con aquellos juegos y su concepto de ir a todas partes me habló. Si hacía una lista y atendía a los pormenores reflejados en ella, lograr una gran meta –incluso una inmensa meta– se me antojaba factible. País a país, haría frente a los desafíos y los superaría. No me importaba solo el resultado final, sino cada esfuerzo. Disfruté paso a paso haciendo frente al mundo, yendo cada vez más lejos, a lugares de los que sabía muy poco antes de empezar..., o de los que no sabía nada en absoluto. Con el tiempo, llegué a la etapa final, pero había sido el juego en sí lo que me había apasionado.

¿Por qué deberías plantearte tú emprender una misión? Porque tu vida está bien, pero no sientes una satisfacción plena. Sueñas con un reto que te obligue a desarrollar nuevos músculos y a adquirir nuevos conocimientos, y si estás dispuesto a trabajar por ello, puedes encontrarlo... o quizá mejor aún, puedes crearlo tú.

RECUERDA

- *Una misión tiene unos cuantos aspectos o requisitos fundamentales; entre ellos, una meta clara, un auténtico reto y una serie de etapas a lo largo del camino.*
- *Presta atención a las ideas que despiertan tu interés, sobre todo a aquellas en las que no puedes dejar de pensar.*
- *Este libro no es solo un estudio de lo que otros han hecho. También tú puedes descubrir y emprender una aventura.*

CAPÍTULO 2

EL GRAN DESCONTENTO

El descontento es el primer requisito para progresar.

THOMAS ALVA EDISON

LECCIÓN: LA INFELICIDAD PUEDE DAR LUGAR A NUEVOS COMIENZOS

Si alguna vez has soñado con escapar a una nueva vida, si alguna vez has pensado en cambiar el mundo, si alguna vez te has dicho: «La vida tiene que ser algo más que esto», no eres el único.

Si alguna vez has tenido un extraño sentimiento de alienación, una frustración difícil de precisar, sabes lo que es el descontento. Cuando nos invade el descontento, es hora de hacer algunos cambios. En un mundo donde tanto es posible, hay sin embargo tanta gente infeliz... Tiene que haber otra manera.

Cinco días a la semana durante doce años, Sandi Wheaton intercambió sus horas más productivas por un sueldo fijo. Trabajaba en la central de General Motors, en Detroit, haciendo programas formativos. Como trabajo, era bueno, y le dejaba a Sandi tiempo libre para dedicarse a la fotografía, su verdadera pasión.

Un día, se los convocó a ella y a otros seis colegas suyos a una reunión fuera de las oficinas, en un hotel cercano, donde se les dio a todos la noticia:

—Lo sentimos y os deseamos lo mejor... en el próximo trabajo que encontréis.

A pesar de que la industria automovilística estaba en crisis, la noticia los sorprendió totalmente. Sandi siempre se había enorgullecido de ser responsable y diligente en el trabajo. Se acercaba a la mediana edad y nunca antes había estado desempleada. Se sentía furiosa, decepcionada y asustada.

La primera reacción que tuvo fue seguir el ejemplo de sus antiguos colegas. A todos se los había despedido el día que entre los empleados de General Motors se conocía como «viernes negro», y la mayoría se afanaban en retocar sus currículum vitae, en poner al día sus conocimientos y en preguntar a todo el que conocían por posibles ofertas de trabajo.

—Se había apoderado de todos la sensación de que, si no conseguíamos otro trabajo pronto, los pocos puestos interesantes que pudiera haber disponibles habrían dejado de estarlo para cuando nos llegara la vez a cada uno de nosotros— contaba Sandi.

Luego contempló la situación con más detenimiento.

Durante los últimos doce años, aquel trabajo bueno y seguro en Detroit había tenido un grave y constante efecto en ella a nivel psíquico. Disfrutaba en el trabajo, pero sentía a la vez que se estaba sacrificando, que dedicaba casi toda su energía a aquel estudio del mundo empresarial estadounidense en vez de a la aventura que le palpitaba en el corazón.

—Cuando me despidieron –decía–, me di cuenta de que tal vez aquella fuera la última oportunidad que tenía de hacer algo de verdad diferente.

Lo que Sandi realmente quería era viajar y conocer a la vez la vida rural de un modo que le permitiera crear una memoria indeleble de todo ello. Deseaba encontrarse a sí misma, y la búsqueda adoptó forma concreta cuando empezó a pensar en un sueño que siempre había tenido y nunca se había decidido a hacer realidad. Decidió que sería un viaje lento y reflexivo por la ya clásica autopista estadounidense conocida por el nombre de Ruta 66, documentando el viaje sobre la marcha.

Cuanto más reflexionaba sobre su sueño, más fuerza cobraba en ella el deseo de hacerlo realidad. En un viaje de reinvención, se lanzó a contemplar Norteamérica a cámara lenta. En el mes y medio siguiente, hizo sesenta mil fotografías, a intervalos de unos pocos segundos, con una cámara que montó en el salpicadero de la autocaravana. Dormía en los *campings* y se levantaba temprano para volver a la autopista. Después de años de afanarse día tras día en la misma actividad rutinaria de una oficina de empresa, su nueva forma de vida le resultaba apasionante. Se dio cuenta de lo que se había estado perdiendo, y la carretera parecía extenderse rebosante de posibilidades según se abría camino por los cambiantes paisajes.

Más o menos por la misma época en que Sandi se quedaba sin trabajo y tenía la gran idea, en Inglaterra un joven universitario recién licenciado se sentía hundido y atrapado y no sabía cómo salir de ello. A Tom Allen todo le iba bien, o eso parecía. Sin embargo, lo mismo que otra gente que emprende una aventura, se enfrentaba a un sentimiento de insatisfacción y unas enormes ganas de romper con lo que había acabado convirtiéndose en un estilo de vida tradicional.

—Estaba harto de no poder tomar decisiones —contaba—. Tenía ese sentimiento horrible de que eran otros los que dirigían mi vida.

La inspiración del viaje le llegó a Tom a raíz de un proceso de selección de personal por el que pasó tras acabar la carrera. Había aprobado con facilidad los exámenes de la compañía, y el representante de recursos humanos que lo entrevistó estaba impresionado.

Nos gusta invertir en nuestros empleados —le dijo el representante, lo cual a Tom le sonó bien—. Queremos que la gente que trabaja para nosotros se comprometa a largo plazo —siguió diciendo el representante, lo cual ya no le sonó tan bien.

Cuando el hombre que lo había entrevistado volvió a llamarlo para ofrecerle oficialmente un contrato de trabajo, Tom se sorprendió al oírse contestar que necesitaba un poco de tiempo para pensarlo. Había superado a los demás candidatos, y el trabajo estaba relacionado precisamente con la especialidad que había estudiado. La verdad es que no era un trabajo apasionante, pero iba a tener un buen sueldo y estabilidad laboral, así que ¿cuál era el problema?

El problema era que Tom tenía otra idea en mente, que no le dejaba ni a sol ni a sombra. Cuando finalmente rechazó el trabajo y explicó que antes quería conocer mejor el mundo, podía imaginarse al representante de recursos humanos de la empresa sacudiendo la cabeza con incredulidad al otro lado del teléfono.

—Pues lo mejor será que se lo quite de encima cuanto antes –contestó su interlocutor–. Es una lástima dejar pasar de largo un buen trabajo.

Lo mejor será que se lo quite de encima cuanto antes. Tom no estaba seguro de que aquellas ganas de explorar el mundo fueran algo que tuviera que quitarse de encima, pero sabía que era un sentimiento constante. Un viaje alrededor del mundo en bicicleta era el tipo de idea extravagante que tenía sentido para un tipo joven que quería hacer algo diferente. Consiguió que se le sumaran un par de amigos, Mark y Andy, y los tres emprendieron un viaje que calculaban que duraría como mínimo un año.

Si la idea era extravagante, la planificación fue casi nula. Tom era el líder de facto de la expedición, y sin embargo contaba con muy poca experiencia como ciclista. Tenía el antecedente de una excursión a la región de las Highlands escocesas, que le había dado confianza, pero no demasiados conocimientos de lo que era viajar en condiciones difíciles por países de los que no hablaba el idioma. No sabía nada sobre el equipamiento que necesitaría. Había viajado al extranjero en unas cuantas ocasiones, pero siempre a países que no planteaban serias dificultades. En sus propias palabras, era «un principiante absoluto y absolutamente ingenuo». Con todo, el grupo de amigos salió de su pequeño pueblo inglés y viajó por carreteras rurales hacia el sur, de allí a los Países Bajos, y luego a Turquía y a destinos mucho más comprometidos.

La alegría de estos ciclistas inexpertos que viajaban con poco dinero a través de regiones desconocidas y diferentes pronto dio paso al cansancio. Mark echaba de menos a su novia, y se volvió a Inglaterra, mientras que Tom y Andy siguieron su viaje. Andy encontró un refugio en Tiflis (Georgia), donde pasar el frío invierno y se quedó, y Tom continuó solo.

En un documental que hizo al acabar el viaje, se le ve pedaleando a través del desierto de Sudán, con la cámara montada en el manillar de la bici. No lleva mapa, y va viajando de pueblo en pueblo, con aspecto demacrado.

Empieza a sentirse mal, y en una de aquellas aldeas acaba dejándose aplicar el tratamiento habitual, que consiste en una sangría. Pero el tratamiento fracasa, y en otra aldea vecina se entera de que tiene malaria. Las cosas se ponen difíciles pero, a pesar de todo, vemos a Tom crecer en confianza y en experiencia.

Le costó lo indecible, pero al cabo de un año de vivir intencionadamente sin techo fijo, se había adaptado a los retos y dificultades de la vida en la carretera. Aquellos momentos de cansancio y desaliento, cuando le flaqueaban las fuerzas ascendiendo por una pista de montaña o pedaleando por los inmensos desiertos, se compensaban con la alegría que le invadía al darse cuenta de lo lejos de Inglaterra que había llegado. Al verlo pasar, había quienes le hacían señas para que se parara a tomar con ellos una cerveza. Se quedaba contemplando los sinuosos caminos que ascendían hasta las cumbres nevadas, descubriendo cada día nuevas partes del mundo con ojos de viajero experimentado.

Atrás había quedado aquel joven ingenuo que había salido de casa por capricho. Tom Allen estaba ahora a prueba de carreteras y volando alto sobre el sillín de su bici mientras pedaleaba de país en país.

—Nada hay tan importante como hacer lo que el corazón te dice —se le oye decirle a la cámara que sostiene en la mano. La aventura estaba en curso.

«LA SENSACIÓN DE HABER TOMADO LAS RIENDAS DE MI VIDA»

Cuando Sandi hablaba del momento en que decidió suspender la búsqueda de trabajo y lanzarse a una gran aventura, lo definía como «la sensación de haber tomado las riendas de mi vida». Tomar las riendas formaba parte de una misión de vida de mayores proporciones: la de reinventarse a sí misma. Habían transcurrido doce años desde que empezó a trabajar en General Motors, y se daba cuenta de que, si no se hubiera producido aquel cambio, habrían podido pasar otros doce en las mismas circunstancias.

—No tenía ni la más remota idea de cómo hacerlo —me contó en Toronto—, pero me impulsaba el deseo de no tener que mirar atrás años después y llamarme «gallina» por no haber aprovechado la oportunidad de hacer algo.

Emprendió el viaje como un proyecto de autodescubrimiento y documentación, pero la mayor sorpresa fue que de aquello naciera una nueva profesión. A su vuelta a Canadá, empezaron a lloverle ofertas para dar charlas y enviar sus fotografías a exposiciones de prestigio. Una de aquellas fotos acabó en la cubierta de una destacada revista de arte. Al mismo tiempo, se le presentó la oportunidad de trabajar de guía turística, y empezó a hacer de guía de grupos por las Provincias Marítimas, donde se había criado. Esto le permitía trabajar a media jornada durante la estación del año en que había más turismo, y todavía le dejaba mucho tiempo libre para dedicarse a sus creaciones artísticas y a los viajes. La reinvención de Sandi había dado la vuelta completa, de una manera totalmente distinta a la esperada.

Ahora, al mirar atrás, lo único que siente es satisfacción por haber hecho aquel cambio de sentido y haberse lanzado a la aventura, en vez de ponerse a buscar inmediatamente otro trabajo.

—Solo se nos concede un viaje en el tiovivo de la vida —dice—. ¡Estoy tan contenta de lo que hice!

MIRADA INTERIOR

Mirada interior

Ya estés tratando de decidir cuál será el siguiente paso en tu vida, filtrando las voces disonantes o simplemente siguiendo el camino trazado dándote ánimos para continuar, conviene que consultes de vez en cuando la brújula interior. Las siguientes preguntas pueden ayudarte a hacer una reflexión básica sobre tu situación actual.

¿Cómo me siento?

La decisión que tomes finalmente tal vez no esté basada por entero en los sentimientos, pero los sentimientos pueden ser un buen exponente del estado general. ¿Qué te hace feliz, qué te entristece? ¿Estás deseando progresar, o estás intentando posponer la siguiente parte de la tarea?

¿Qué quiero de verdad?

En mi caso, muchas veces quiero resolver lo que sea necesario y seguir avanzando en mis proyectos. En esos casos, la respuesta a la pregunta «¿qué quiero?» conlleva hacer una

44

lista de lo que espero llevar a cabo. Baso la lista en los dos o tres proyectos principales que tenga ese día en la cabeza, y sé que si consigo completarlos o al menos progresar considerablemente en ellos a lo largo del día, luego me sentiré mejor. A veces lo que quiero hacer es algo totalmente distinto, y, al reflexionar sobre estas preguntas, quizá me dé cuenta de que no me siento muy productivo. Tal vez necesite descansar, hacer ejercicio o sencillamente irme a una cafetería a leer durante unas horas. ¿Cuál es mi identidad?

¿Quién eres? ¿Qué es lo que quieres hacer, en definitiva? Tu identidad moldea todo lo que te concierne: a qué dedicas el tiempo, tu trabajo, tus prioridades y todo lo demás. Si ya tienes una idea certera de quién eres, empieza por recordarte esa imagen que tienes de ti al planear los siguientes pasos. Si eres capaz de centrarte en lo que de verdad te importa cuando las cosas van mal, y esa imagen te reconforta, sabes que estás haciendo algo bien.

¿Puedo cambiar las condiciones de esta situación?

Hay dos tipos de situaciones problemáticas: aquellas en las que puedes hacer algo para remediar la situación y aquellas en las que eres relativamente incapaz. Conviene saber siempre a cuál de los dos tipos de reto te enfrentas. Si tienes posibilidad de influir en la situación para mejorarla, puedes planear el cambio. Si no tienes posibilidad, puedes pasar a un plan de aceptación de esa situación que te incomoda.

No siempre tendrás la respuesta a todo. Pero cuando sigues el camino que te indica la brújula interior, puedes hacer frente a las circunstancias externas a medida que se presentan.

EMPIEZA PREGUNTÁNDOTE POR QUÉ

Cuando hablaba con Sandi, con Tom y con muchos otros que habían dejado atrás la vida convencional en busca de algo distinto, quería entender por qué. En algunos casos, las decisiones que tomaba la gente eran serias y consecuentes; tenían que abandonar algo para poder vivir las experiencias que deseaban. ¿Qué le hace a alguien emprender una gran aventura por muy poca recompensa..., en muchos casos con una considerable posibilidad de fracaso o al menos de gran sacrificio?

Normalmente recibía evasivas. Cuando le formulaba la pregunta a gente de todo el mundo, me daba cuenta de que sus respuestas acababan devolviéndonos al punto de partida, no aportaban nada, eran incluso inaceptables. «En aquel momento tenía sentido», decían algunos, respuesta que igualmente hubiera podido ser: «Quería hacerlo y lo hice».

Encontré la verdadera respuesta cuando empecé a indagar en la mezcla de frustración e inspiración que impulsa a la acción. La mayoría de la gente con la que hablé, por uno u otro motivo, se había sentido insatisfecha con su vida normal. Querían algo que tuviera un sentido más esencial que lo que hasta entonces habían conocido o experimentado, y bien lo encontraron o bien lo crearon.

«No podía más»

Sasha Martin, una madre joven de unos treinta años que vivía en Tulsa (Oklahoma), explicaba los comienzos de su ambicioso proyecto culinario como un gran medio de combatir la complacencia.

—No podía más —dijo—. Me había ido instalando en la cómoda rutina de hacer de madre y esposa, pero a cambio había perdido el sentimiento de aventura.

Perder algo —en este caso el sentimiento aventurero— y retroceder, en un esfuerzo por recuperarlo, una característica común del comienzo de la misión. En las misiones y búsquedas de antaño, el héroe tenía que viajar a tierras lejanas para recuperar un grial o una llave. En la actualidad, a menudo tenemos que recuperar algo más intangible, pero no menos importante. Muchos emprendemos una aventura para redescubrir el sentimiento de ser quienes somos, nuestra verdadera identidad.

«Una idea descabellada que no iba a dejarme en paz»

Nate Damm era un joven de veinte años proveniente de Portland (Maine) que no podía sacarse una idea de la cabeza.

—Al principio –me dijo–, no era más que una idea descabellada que no iba a dejarme en paz hasta que la hiciera realidad. Me importunó a diario durante casi dos años antes de que finalmente decidiera ponerla en práctica.

Un día emprendió viaje para convertir la idea en acción, paso a paso desde Maine hasta California. Durante los siete meses siguientes, cruzó Estados Unidos de punta a punta.

«Simplemente, no podía seguir viviendo de aquella manera»

Travis Eneix, que pesaba 180 kilos y se comprometió a hacer taichí y a anotar todo lo que comía durante mil días seguidos, cuenta cómo acabó llegando a un punto en el que por fuerza tenía que cambiar.

—No podía seguir viviendo de aquella manera –dijo–. No bastaba con hacer algún pequeño ajuste; tenía que cambiar completamente de dirección para encontrar una nueva forma de vivir.

Lección: cuando percibas descontento, presta atención. La respuesta no siempre será «adelante» (aunque a menudo lo es), pero nunca deberías ignorar el desasosiego. Cuando se examinan debidamente, los sentimientos de malestar pueden abrir la puerta a una nueva vida con verdadero sentido.

ADVERTENCIA: ES NECESARIO ACTUAR («¿Y SI FUERA POSIBLE... ?»)

El descontento es una chispa muy potente. Cuando te invade un sentimiento de insatisfacción que no consigues hacer desaparecer, quizá empieces a pensar en hacer algún cambio. Pero, por sí solo, el descontento no es suficiente para encender una hoguera... o inspirar una aventura.

Mucha gente se siente infeliz día tras día y, sin embargo, en su mayoría no hace un cambio de vida drástico, al menos no hasta el punto de emprender una misión. El descontento puede ser el instigador, pero ¿cuál es el motivador? ¿Qué es lo que le empuja a alguien a actuar?

Si quieres ver avivarse las brasas, tienes que combinar la insatisfacción con la inspiración, y luego conectar la insatisfacción a un propósito más trascendente:

> Insatisfacción + gran idea + voluntad de emprender la acción = **nueva aventura**

Cuando la despidieron, Sandi no estaba ni mucho menos entusiasmada con la perspectiva de tener que empezar enseguida a competir por encontrar un nuevo trabajo. Pero eso no era todo: había además una idea que le rondaba la cabeza. El sueño de hacer la mítica Ruta 66 la llamaba con insistencia, y respondió a esa llamada comprándose una autocaravana y anunciando a los cuatro vientos sus planes de viaje.

Otros se lanzaron a materializar un sueño tras preguntarse: «¿Y si fuera posible...?» y poner los medios necesarios para que lo descabellado se hiciera realidad.

- ¿Y SI PUDIERA CRUZAR A PIE UN PAÍS ENTERO?
- ¿SERÍA REALMENTE POSIBLE PRODUCIR UNA SINFONÍA PARA LA QUE SE NECESITE UNA ORQUESTA DE MIL CONCERTISTAS?
- ¿PODRÍA DETENER LA TALA ILEGAL DE ÁRBOLES SUBIÉNDOME A LO ALTO DE UN EUCALIPTO... Y QUEDÁNDOME ALLÍ UN AÑO?

¿Por qué se fue Tom Allen de Inglaterra, y rechazó la posibilidad real de un buen trabajo y una vida fácil, para vivir en la carretera? Él usa la palabra malestar.

—Me producía un profundo malestar la vida que se me había prescrito. Tenía desde siempre algunos intereses y deseos, y al ver que otros habían dado ese mismo paso, lo dejé todo y me lancé a hacer realidad mi propio sueño.

Insatisfacción: afirmativo.

Reexaminar los intereses personales: afirmativo.

Inspirado por el comportamiento de afines: afirmativo.

Y por último, el paso más decisivo: Tom pasó a la acción.

Plan de acción de Tom

- DESENCADENANTE: la licenciatura, y una oferta de trabajo que no deseaba.
- VALOR INTRÍNSECO: el anhelo de algo nuevo («Tiene que ver con dejar entrar un poco de riesgo en mi vida»).
- GRAN IDEA: ¡recorrer y ver el mundo en bicicleta!
- ACCIÓN: salir de Inglaterra en dirección a los Países Bajos y más allá.

Plan de acción de Sandi

- DESENCADENANTE: desempleo.
- VALOR INTRÍNSECO: miedo a tener que lamentarse y entusiasmo ante la perspectiva del viaje por carretera («La sensación de haber tomado las riendas de mi vida»).
- GRAN IDEA: ¡fotografiar la mítica Ruta 66!
- ACCIÓN: Comprarse una autocaravana, planear el viaje y echarse a la carretera.

«¿POR QUÉ NO PODEMOS SER TODOS FELICES?»

Juno Kim tenía veintisiete años cuando dejó su trabajo fijo de ingeniera en Corea del Sur para recorrer el mundo. Por pertenecer a una cultura en la que son prioritarios el conformismo y la adhesión a las normas, no le fue fácil explicarle a su familia –a su padre en particular– los motivos que la impulsaban. La primera vez que expuso que su trabajo de ingeniera no le hacía feliz y que quería hacer algo distinto, la respuesta fue tajante:

—Tú no eres especial. Solo la gente especial puede dedicarse a materializar sus sueños, y tú no estás entre esa gente.

No dejó que aquello la desanimara. Se fue de todos modos, y viajó a otros países de Asia y después más lejos aún. Había conocido veinticuatro países en los tres primeros años.

—Para muchos coreanos –me explicaba cuando estuve en Seúl–, buscar la manera de ser felices no es una prioridad; les parece cosa de *hippies*. Trabajan para vivir y viven para trabajar. Yo quería reclamar inspiración, creatividad y felicidad. ¿Por qué no podía ser yo una de aquellas personas especiales? ¿Y por qué no podemos ser todos felices?»

Años más tarde, sigue en el camino, trabajando como escritora y fotógrafa independiente. Aunque su padre sigue desaprobando sus viajes, su madre y su hermano han acabado por apoyarla. Por otra parte, Juno recibe en la actualidad mensajes de correo electrónico y cartas de personas a las que les gustaría seguir sus pasos, sobre todo de mujeres asiáticas a las que les sirve de inspiración la idea de que no todos los mochileros son de países occidentales. Juno les dice que la felicidad es una elección, y que no hace falta ser especial para decidirse a hacer realidad un sueño.

Si alguna vez has tenido un extraño sentimiento de alienación o tristeza, hay una manera posible de salir de la confusión: basta con dar un giro a ese sentimiento y orientarlo hacia un propósito.

La felicidad no es lo único importante, aunque suela proporcionárnoslo aquello que nos apasiona. Lo realmente importante en la vida son los retos y la satisfacción verdadera, el dar con la combinación perfecta entre esfuerzo y logro que nace de alcanzar una gran meta.

Metafóricamente hablando, el descontento es la cerilla, y la inspiración, las brasas. Cuando el descontento se transforma en entusiasmo, sabemos que hemos encontrado nuestro camino. Como veremos en el capítulo siguiente, podemos incluso sentirlo como una vocación, una llamada.

Acuérdate de las palabras de Sandi Wheaton, que definió el momento en que se propuso decidir su propio rumbo como «la sensación de haber tomado las riendas de mi vida». Hasta entonces, su destino había estado en manos de otros, pero ya no. Ahora era ella la que tomaba todas las decisiones.

RECUERDA

- *Muchas búsquedas y aventuras nacen de un sentimiento de descontento o alienación. Si sientes ese descontento, presta atención para averiguar las razones.*
- *Añade acción al descontento: encuentra la manera de hacer algo respecto a la incertidumbre que sientes.*
- *Hacerte una serie de preguntas («¿Qué quiero?», «¿Cómo me siento?», etcétera) puede ayudarte a saber qué pasos dar a continuación.*

CAPÍTULO 3

LA LLAMADA

Esta es la prueba para saber si tu misión en la vida está completa: si estás vivo, no lo está.

LAUREN BACALL

LECCIÓN: TODO EL MUNDO TIENE UNA VOCACIÓN.
DEJA QUE TU PASIÓN TE GUÍE

Hay un relato en la Torá sobre doce espías a los que se ha enviado al desierto para investigar la tierra de Canaán. Cuando acuden a su misión, lo que encuentran los deja fascinados. Corren por la tierra arroyos de leche y miel, hay cobertura telefónica hasta en los túneles. Es un lugar fabuloso, mágico, mejor aún que Disneylandia. Los espías llevan esta información al campamento.

—¡Magníficas noticias!—exclaman los ancianos.

Pero el informe sigue diciendo que, además de los arroyos de leche y miel, hay gigantes y ciudades fortificadas. Es cierto que la vida en el desierto no es demasiado divertida, pero llegar a Canaán podría ser peligroso. Diez de los doce espías terminan su informe de asesoramiento con una ominosa recomendación: ir a la tierra prometida es sencillamente demasiado difícil; mejor apostar por lo seguro y no luchar por la tierra de sus sueños.

Los otros dos, en cambio, disienten en su informe:

—Sí, es cierto que no será fácil. Esas ciudades, esos gigantes...; habremos de afrontar los retos, de eso no hay duda. ¡Pero podemos hacerlo! —les dicen a los demás—. ¡Hagámoslo!

Por desgracia, las posibilidades de peligro eclipsan la esperanza de que la promesa se haga realidad. Es la gente la que elige creer a los pesimistas, y pierde así durante otros cuarenta años la oportunidad de vivir en Disneylandia. Los diez espías que advirtieron del fracaso que les esperaba murieron a consecuencia de una plaga. De los doce, solo los dos disidentes consiguieron finalmente llegar.

Hannah Pasternak me refirió este relato cuando hablábamos de su inminente traslado a Israel. Esta joven norteamericana de ascendencia israelí sentía desde hacía mucho un gran afecto por la lejana tierra natal de sus ancestros. Un día, cuando leyendo la Torá se encontró con el relato, se dio cuenta de que ella era exactamente igual que los espías que habían visto la tierra prometida pero habían encontrado razones para no acercarse a ella.

Hannah decidió entonces darle un poco de emoción a su vida. No solo se trasladaría a Israel, donde nunca había vivido, sino que iniciaría su nueva vida recorriendo el Sendero

Nacional, una ruta de mil kilómetros que tardaría unos dos meses en completar.

Al igual que la insatisfacción general no suele ser suficiente para impulsar la acción, tal vez el impacto emocional que nos causa algún hecho significativo tampoco baste. Tenemos que decidir, además, responder a ese hecho. Hannah dedicó los meses previos al viaje a informarse a fondo sobre la historia familiar; empezó a recibir clases de hebreo y a ponerse en forma para la larga y dura caminata.

Prepararse para el viaje le había sido de ayuda, comentaría después, pero la decisión de emprenderlo fue mucho más importante. Hannah no era como los diez espías a los que les dio miedo la nueva oportunidad. Como los dos espías que se opusieron a la opinión mayoritaria, y cuyos antecesores habían demostrado una mayor tolerancia al riesgo, Hannah haría frente a sus miedos y aceptaría el desafío. En vez de incertidumbre, tenía un sentimiento de paz.

Una vez que se le ocurrió la idea de trasladarse a Israel y recorrer a pie el sendero, no pudo ya quitársela de la cabeza. La vida en Estados Unidos estaba bien, pero cada vez que pensaba en trasladarse a una tierra extranjera y descubrir una nueva forma de vida, sentía una atracción que no podía ignorar.

Otras de las personas con las que hablé habían sentido una atracción parecida. Tenían una vida relativamente satisfactoria, pero fuera de los confines de lo conocido y de lo cómodo les esperaba algo mejor. Scott Harrison, un amigo que fundó la organización *Charity: Water*, llegó en principio a África occidental en busca de una penitencia. Después de haber vivido años de desenfreno, trabajando como promotor de un club nocturno en la ciudad de Nueva York, un día sintió la llamada mientras daba botes en un Land Rover por los embarrados caminos de Monrovia, la capital de Liberia. Se dio cuenta de que había todo un mundo que carecía de agua potable, y quiso encontrar la manera de proporcionársela a aquella gente.

Vi a Scott devanarse la cabeza tratando de elaborar el mensaje inicial. Un día nos contó un sueño que había tenido, en el que vio un estadio lleno de gente. No sabía cómo explicarlo, pero creía de verdad que su vida estaba misteriosamente conectada a aquella gente y que tenía que hacer cuanto estuviera en su mano por prestarle ayuda. Dedicó los diez años siguientes a poner en marcha una organización con un presupuesto de 100 millones de dólares, cuyo objetivo era el suministro de agua potable a Etiopía y otros países. El trabajo fue un todo un éxito; les cambió la vida a millones de personas —mucho más que suficientes para llenar el estadio que había visto en su sueño—, pero todo lo había iniciado simplemente por haber respondido a aquella llamada.

No toda llamada ha de ser religiosa ni explícitamente de tipo moral. También gente que no es religiosa, o cuya práctica es de carácter más personal, al tratar a las metas que se han propuesto hablan de haber sentido esa llamada. Ya sea escribiendo, construyendo o salvando el mundo, entregarnos a un propósito que trascienda nuestra vida personal puede procurarnos auténtica satisfacción. Es una combinación de destino y valiente expresión de la voluntad. Da igual en cuál de los dos creas —y tal vez al final sea un poco de ambos—; quienes atienden a esa llamada tienen un fuerte sentimiento de misión.

En algunos casos, ese sentimiento puede llevar a una vida entera de sacrificio y descubrimiento.

SABOR A LIBERTAD

John Francis era ecologista antes de saber lo que significaba la palabra. Este afroamericano criado en Filadelfia, y que posteriormente había migrado hacia el oeste, a California, había sido sensible al mundo natural desde que tenía memoria. En 1971, dos petroleros colisionaron en la bahía de San Francisco, por lo que se derramaron casi dos millones de litros de crudo en las aguas próximas al puente Golden Gate. John estaba furioso y triste por el vertido, pero se sentía además frustrado. ¿Qué podía hacer una persona sola?

La idea se le ocurrió de una forma bastante parecida a como se me ocurrió a mí visitar todos los países del mundo: una idea que parecía en principio irracional, pero que no me abandonaba ni a sol ni a sombra. Afectado todavía por el desastre un año después, una noche, mientras tomaba una copa con su amigo Jean le soltó su idea.

—Podríamos dejar de conducir coches, y de montarnos en coche también —le dijo.

Jean estaba de acuerdo, pero había que tener en cuenta el lado práctico.

—Estaría muy bien hacerlo, pero cuando tengamos más dinero.

—Sí —asintió John—. Probablemente no sea realista.

Pero aquello no se le iba de la cabeza, y, como muchas otras ideas disparatadas, tenía algo.

Unas semanas más tarde, le habían invitado a una fiesta que se celebraba en la discoteca de un pueblo que quedaba a treinta y tantos kilómetros del suyo, y en vez de ir en coche decidió ir a pie. Dejó las llaves del coche en casa, se echó una pequeña mochila a la espalda y se encaminó hacia la fiesta.

Como ya imaginarás, se tarda un buen rato en recorrer a pie más de treinta kilómetros. Después de haber rechazado amablemente por el camino a varios conductores que se ofrecieron a llevarle, a eso de la medianoche John paró al final en un restaurante de comida rápida, donde el joven que atendía la barra no quiso cobrarle cuando supo desde dónde venía andando. Para cuando llegó a la discoteca era la una de la madrugada y el grupo estaba tocando el bis que ponía fin al concierto. No importaba. Lo había conseguido.

Al día siguiente, encontró una habitación en un pequeño hotel, se dio una ducha de agua caliente y pasó la tarde reponiendo fuerzas al lado de la piscina... antes de ponerse en marcha para recorrer los treinta y tantos kilómetros de vuelta a casa. A nivel físico, la caminata le costó más que a la ida; no tenía los músculos preparados para tal esfuerzo. Pero a nivel mental, fue acostumbrándose con facilidad a la idea de los viajes largos a ritmo lento. Como no ocurre todos los días que alguien decida recorrer sesenta y cinco kilómetros a pie en un viaje de ida y vuelta a una discoteca, sus amigos le habían preparado una fiesta de bienvenida para celebrar su proeza. Se sirvió champán, y luego los amigos insistieron en que les explicara cómo se le había ocurrido aquella descabellada expedición.

Fue entonces cuando John dijo algo que hasta a él mismo le sorprendió:

—Fue un sabor a libertad. Hubo un rato en que hubiera deseado no tener que volver a casa.

El sabor a libertad era muy tentador.

—He dado el primer paso de un viaje que moldeará mi vida —escribió en un diario que se convertiría en sus memorias—. Ahora no puedo detenerme.

Tras la experiencia de haber caminado sesenta y cinco kilómetros para ir a aquella discoteca, a John le costó readaptarse a la vida normal. Un día decidió seguir caminando indefinidamente. Allí adonde tuviera que ir y fuera lo que fuese lo que tuviera que hacer, encontraba la manera de llegar a pie.

Aprender a llegar andando a todas partes le resultó de lo más fácil, pero adaptarse a una vida sin coches le costó un poco más. El trabajo que tenía de promotor de conciertos le duró poco. Sus relaciones cambiaron, porque ya no podía hacer planes de última hora. Cuando sus amigos iban a ver una película a un cine que estaba a cuarenta kilómetros, John tenía que planearlo la víspera para poder ir andando y encontrarse allí con ellos.

A algunos, aquella decisión suya de prescindir por completo de los coches les resultó inspiradora, pero hubo también quien se sintió confundido e incluso ofendido. Había conductores que paraban en la carretera y le ofrecían llevarle, pero John rechazaba la oferta y les hablaba de su protesta contra los vertidos de petróleo, y los conductores se sentían ofendidos.

—¿Se cree usted mejor que yo? —le preguntaban algunos.

John contaba en su diario las impresiones que en los comienzos le iba causando la experiencia: «He tomado una postura que pone en entredicho una forma de vida —escribió—. No debería sorprenderme que la gente me hable en tono desafiante. Me estoy desafiando a mí mismo».

La mayor frustración, sin embargo, no era la gente que no le entendía; era el hecho de no saber explicar lo que estaba haciendo.

—Soy incapaz de extenderme más allá de una simple frase sobre por qué ando... Empiezo a sentir que cada paso que doy forma parte de un viaje invisible para el que no hay mapa y en el que las señales son pocas. No estoy seguro de estar preparado para ello.

Mientras John asimilaba aquella nueva forma de vida, su madre le dijo algo de improviso que le hizo contemplarlo todo desde una nueva perspectiva. La había llamado por teléfono a Filadelfia para contarle lo feliz que estaba de ir andando a todas partes. Pero algo en su voz hacía que las palabras sonaran a discurso vano, y, perceptiva como era su madre, lo captó al instante.

—Mira, Johnny —le dijo—, cuando una persona es de verdad feliz no necesita contarlo. Se le nota.

Aunque ella no lo supiera en aquel momento, esta conversación iniciaría una fase completamente nueva en la búsqueda de sentido que había emprendido John.

El día que cumplió veintisiete años, decidió permanecer en silencio el día entero..., como regalo a todos los que llevaban tiempo oyéndole pregonar y defender acaloradamente aquella fase nueva de su vida. Se fue caminando hasta la playa, a cinco horas de distancia. Pasó el día escribiendo y pintando en su diario, se durmió tumbado en la arena y se quedó hasta el día siguiente, y luego hasta el siguiente. Al cabo de tres días, emprendió el camino de vuelta a casa, pero algo había cambiado. Pasaron varias semanas más, sin que John dijera una palabra. Ahora sabía cuál era el verdadero reto: no solamente iba a renunciar a montarse en coche, sino que además iba a vivir su vida en silencio absoluto.

No todo el mundo entendió la fase nueva de silencio, y, lo mismo que cuando había empezado a ir andando a todas partes, hubo quien se sintió ofendido y se enfadó con él. Pero como no podía responder, al menos no de la manera habitual, vivió la nueva fase como una forma de protesta distinta a aquella en la que se había limitado a no montar en coche. Como veremos un poco más adelante, vivir de este modo, evitando el transporte mecánico y en silencio, acabaría constituyendo de por sí una misión que duraría diecisiete años... Pero, por el momento, John intentaba simplemente adoptar una forma de vida original enraizada en sus creencias sobre el medio ambiente. «No hablar me impide discutir —escribió en su diario—, y el silencio me ordena escuchar.»

APUNTA ALTO (O LO QUE ES LO MISMO, «CIRUGÍA CARDÍACA POCO CONVENCIONAL»)

Cuando escribí mi primer libro sobre ideas poco convencionales, cometí el error de matizar un pasaje diciendo: «De todos modos, probablemente no querrías que te operara un cardiólogo poco convencional». Desde entonces, he tenido noticias de cinco cardiólogos distintos que me escribieron por separado diciéndome: «¡Un momento, ese soy yo!».

Uno de ellos era el doctor Mani Sivasubramanian, que vive en la India. Su tarjeta de visita decía: «Cirujano pediátrico y emprendedor social». El doctor Sivasubramanian había creado una fundación para procurar asistencia médica a niños sin recursos. Por su parte, los demás cirujanos poco convencionales me dijeron que, en su profesión, los avances han sido resultado de plantearse de forma diferente cómo atender a los pacientes.

Lección aprendida: nunca digas nunca jamás. Si correr una maratón, crear una organización benéfica o cualquier otra acción que se mencione en este libro te parece un poco anodino, prueba a poner el listón un poco más alto.

- **Encuentra la cura para alguna enfermedad.** Steven Kirsch, al que se le ha diagnosticado una rara enfermedad de la sangre, está tratando de encontrar la cura para sí mismo y para todos aquellos que están afectados de la misma dolencia.
- **Conviértete en un ninja.** El joven de veintinueve años Izzi Arkin dejó su trabajo y se mudó a Kioto para estudiar artes marciales a jornada completa. Su objetivo no es solo llegar a dominar el karate; quiere ser un auténtico ninja, como soñaba cuando tenía ocho años (es un proyecto en curso.)
- **Ingresa en un monasterio.** Rasanath Dasa, que en un tiempo fue banquero de Wall Street, dejó su profesión, desilusionado del mundo empresarial y con el sentimiento de haber perdido el alma. Ingresó en un monasterio del East Village neoyorquino y se hizo monje urbano.

Con esto quiero decirte que, por favor, no te limites a lo que encuentres en estas páginas. Si tienes una idea mejor y de mayor alcance, ¡adelante! Enséñanos a los demás una lección.

DEJA QUE TU PASIÓN TE GUÍE

En una entrevista concedida a la revista *Rolling Stone*, se le preguntó a Bob Dylan por la palabra *vocación*: «Todo el mundo tiene una —contestó—. Algunos tienen una vocación elevada y otros, una vocación modesta. "Muchos son los llamados y pocos los elegidos". Se nos ofrecen muchas distracciones, para impedirnos descubrir quiénes somos en realidad. Mucha gente no lo descubre nunca». Cuando se le pidió que describiera su vocación, respondió lo siguiente:

¿La mía? No es distinta de la de cualquier otra persona. Hay quien está llamado a ser un buen marinero; quien siente la llamada de la tierra y tiene la vocación de ser un buen agricultor. Hay quien está llamado a ser un buen amigo. Lo importante es ser el mejor en aquella que sea tu vocación. Hagas lo que hagas, deberías ser el mejor en lo que haces..., aspirar a la máxima destreza. Es una cuestión de confianza en ti mismo, no de arrogancia. Tienes que saber que eres el mejor, independientemente de que nadie te lo diga o no.

Abrazar una vocación consiste en ser el mejor o la mejor en algo, o en hacer algo que tienes la impresión de que nadie más puede hacer, no necesariamente de un modo competitivo que suponga derrotar a alguien, sino de acuerdo con tu propio criterio de lo que sabes que es verdad.

Algunos descubrimos la aventura que es nuestra vocación, y a veces es la aventura la que nos descubre a nosotros. Sea cual sea tu caso, una vez que identifiques tu vocación, no la pierdas de vista.

Jiro Ono vive en Tokio y regenta el restaurante Sukiyabashi Jiro, que cuenta con tres estrellas Michelín. Tiene más de setenta años y ha pasado su vida de adulto preparando y sirviendo *sushi* con pasión inalterable. Está entregado en cuerpo y alma a su trabajo. Se tarda apenas quince minutos en dar cuenta de sus comidas, servidas en un sencillo mostrador. Hay un menú fijo de *sushi* (¡sin entrantes!, ¡sin carta de la que elegir!) y hay que reservar mesa con un año de antelación. El precio de la comida es aproximadamente de 300 dólares por persona, y no se aceptan tarjetas de crédito.

En gran parte de un documental que presenta a su familia y el restaurante, Jiro expresa su dedicación absoluta a su trabajo, la prioridad que este arte tiene en su vida, etcétera: un trabajo noble pero un poco monótono. Luego, le vemos cobrar vida cuando habla de lo que de verdad le mueve: el pescado.

—Cuando conseguimos un buen atún, es una auténtica alegría —dice con una sonrisa—, ¡me siento victorioso!

Me reí a carcajadas cuando le oí hablar de ese sentimiento de victoria por haber conseguido un buen atún. Pero también capté el mensaje: a este hombre le apasiona lo que hace.

Hay en Internet un vídeo ya famoso sobre un entusiasta de los trenes que ve cómo una locomotora particularmente interesante avanza por la vía en dirección a él.

—¡Dios mío! —grita—. Llevo meses esperando este momento, y finalmente está aquí. ¡Al fin voy a poder hacerle una foto a la Heritage Unit! ¡Qué alegría!

¿No te dice nada su entusiasmo? ¿No sabes lo que es una Heritage Unit? Eso es porque no eres un entusiasta de los trenes como Mark McDonough, el tipo que hizo el vídeo original de «Pasión por los trenes».[1]

Lo que trato de decirte es que quizá no sientas que se te sale el corazón del pecho al ver una locomotora de época, y tal vez no te apasionen los atunes, pero así es como te sentirás cuando encuentres tu vocación. Será arrolladora, apasionante, y quizá incluso un poco intimidante o abrumadora. En lo

---

1. El vídeo más famoso de *Pasión por los trenes* es en realidad un homenaje al original, mucho menos conocido. Si quieres verlos ambos, teclea en Google: «excited train guy».

más hondo, te verás arrastrado hacia ella de un modo que sabrás que es auténtico y duradero.

DE VUELTA A TI

Puede que tu llamada no te exija recorrer la Tierra en silencio durante diecisiete años, y puede que no te haga señas desde Tokio para que vayas en busca de un atún insuperable. Puede que tampoco tengas que hacer las maletas y poner rumbo a Israel ni a ninguna tierra lejana. Sin embargo, en algún lugar hay una misión esperándote que es mucho más trascendente que tú. Lo consideres o no en términos espirituales, si es una auténtica llamada, te desafiará y te hará estremecerte.

Una auténtica llamada conlleva tener que ceder algo para conseguir algo. Si tu sueño es tener una hora más al mediodía para poder pasear por el parque después del almuerzo, se trata más de una tarea que de una misión. El verdadero sueño exige una inversión, y con frecuencia un sacrificio; no obstante, cuando hay algo que de verdad te entusiasma, incluso aunque los demás no le encuentren sentido, ten por seguro que el viaje para materializarlo te reportará sus propias recompensas.

Es posible que la aviadora Amelia Earhart, cuando hace muchos años desafió, exultante de alegría, los conceptos de lo que le estaba permitido hacer a una mujer en un mundo dominado por los hombres, lo expresara inmejorablemente: «Cuando a una le ofrecen una gran aventura, no la rechaza».

RECUERDA

- *Para Hannah fue todo un desafío leer sobre los espías de Canaán. Cuando la inspiración que tuvo entonces finalmente se consolidó, supo cuál era el siguiente paso.*

- *El «sabor a libertad» que descubrió John Francis fue seductor y aparentemente adictivo. Una vez que lo probó, no pudo volver a su forma de vida anterior.*
- *Si no te entusiasman ni el atún ni los trenes, ¿qué te entusiasma? Presta atención a lo que sucede cuando te fundes con el momento.*

VALOR

La primera vez que fui a Dubai, aterricé ya entrada la noche. Llegué al aeropuerto tras un largo viaje que me había llevado de Estados Unidos a Dinamarca, luego a Atenas y finalmente al golfo Pérsico. Era mi primer contacto con la región, y solo el segundo gran viaje que hacía después de decidirme a recorrer todos los países del mundo.

En la mayoría de los aeropuertos, los aviones aterrizan y despegan exclusivamente durante el día y las primeras horas del anochecer. Después de la medianoche, las luces de las terminales se apagan en gran parte del mundo. Pero en Dubai ocurre lo contrario: llegar a aquella ciudad a la una de la madrugada parecía de lo más normal, pues a lo lejos se veía descender de los aviones a multitudes de pasajeros llegados de Bangladesh y Filipinas a los que se conducía en autobuses al control de inmigración.

Salí de la terminal y me encontré en un vestíbulo rodeado de mostradores de empresas de alquiler de vehículos. Había quedado en alquilar un coche para los cinco días siguientes, pero no veía por ningún lado el nombre de la empresa que aparecía indicado en el correo electrónico de confirmación. Tras una búsqueda infructuosa, encontré a un tipo que conocía a otro que a su vez conocía a otro que podía alquilarme un coche de una empresa distinta. Sonaba un poco complicado pero le seguí hasta otro mostrador que había en el aparcamiento exterior, sorteando para ello a la multitud de pasajeros que hacían cola a la espera de un taxi y de trabajadores inmigrantes que esperaban el autobús.

Aunque dimos muchas vueltas para llegar hasta allí, el papeleo fue sorprendentemente sencillo. Luego, mi agente se despidió y yo respiré hondo. «¿Listo para la aventura?», me pregunté. Quería ir hacia Deira, un distrito comercial que por lo visto tenía bastantes hoteles relativamente baratos. Estudié el mapa que me habían dado en el aeropuerto y giré la llave. Eran casi las tres de la madrugada y llovía, pero la calle estaba abarrotada de vehículos. Afortunadamente, encontré el lugar que buscaba –o, al menos, encontré un aparcamiento en una calle en la que había hoteles– y, tras un par de intentos fallidos, encontré una habitación por 40 dólares la noche. ¡Todo un éxito!

A última hora de la mañana siguiente salí del hotel preparado para hacer un largo viaje. Debía buscar la carretera que salía de Dubai en dirección al desierto. Con un mapa y una bolsa de samosas a bordo,[2] dejé atrás la ciudad y tomé la autopista nacional. Dediqué los tres días siguientes a recorrer los siete emiratos, antes de regresar a Dubai. Pasé la noche en un hotel de pescadores en Fujairah y atravesé parte de Omán, un país vecino que conserva además un pequeño enclave dentro de los Emiratos Árabes Unidos.

El coche de alquiler llevaba incorporado un molesto tintineo que empezaba a sonar cada vez que sobrepasaba el límite de velocidad. Nada más salir de la ciudad, se extendía interminablemente una autopista llana de seis carriles.

---

2. N. de la T.: empanadillas típicas de la cocina del sur de Asia, normalmente crujientes, de forma triangular y rellenas de verduras.

Aunque pisé el acelerador al límite de velocidad, los coches me pasaban al lado como relámpagos. Al final, desistí y me uní a ellos, decidido a ignorar el tintineo mientras me lanzaba carretera adelante. Me invadió un sentimiento de libertad estando en medio del desierto. «Esto está pasando de verdad, –pensé–. Puedo hacerlo».

El tercer día de viaje, con el sol a punto de ponerse, me di cuenta de que me había perdido. «¿Y si me quedo sin gasolina? –me pregunté–. ¿Sabré encontrar el camino de vuelta?».

Pero en vez de preocuparme, me sentía sorprendentemente tranquilo. Estaba en el camino, como había planeado. Había conseguido orientarme en un entorno nuevo, y el logro me infundió valor para dar los siguientes pasos. Todo iba a salir bien.

Años después conocí a una chica que estaba haciendo los preparativos para emprender su primer gran viaje.

—En comparación con los tuyos –me dijo–, no es gran cosa.

Luego, una persona me escribió contándome que «solo» había estado en veinte países. ¿Qué? Veinte países es buen número; una gran cantidad de gente no va nunca a ningún sitio.

Abrazar nuevos retos suele hacernos tener que enfrentarnos a nuestros temores, por muy triviales que parezcan. El miedo no se supera fingiendo que no existe, sino no concediéndole autoridad para tomar decisiones. Aventurarse en territorios nuevos por primera vez no es una broma.

CAPÍTULO 4
MOMENTOS DEFINITORIOS

Había decidido vivir para siempre, o morir en el intento.

JOSEPH HELLER

LECCIÓN: CADA DÍA CUENTA. SER EMOCIONALMENTE CONSCIENTES
DE NUESTRA MORTALIDAD PUEDE AYUDARNOS A
MATERIALIZAR NUESTROS SUEÑOS

En el teatro improvisado, lo importante es mantener la historia siempre en marcha. Un actor termina sus líneas y pregunta: «¿Y luego?». El concepto básico es que todo relato se puede extender, a veces con resultados insospechados.

Pero si queremos entender la experiencia que otra persona nos cuenta, no miramos hacia delante; miramos hacia atrás. En vez de preguntar: «¿Y luego?», preguntamos: «Pero, ¿por qué?».

En *The $100 Startup*, presenté unos cuantos relatos sobre personas que habían creado empresas muy productivas después de que las despidieran de sus trabajos. Eran relatos inspiradores, sin duda, pero en cierto sentido yo encontraba mayor inspiración en la historia de aquellos hombres y mujeres que habían creado para sí mismos una vida de libertad sin haber recibido previamente un empujón tan obvio. Cuando todo va sobre ruedas y, sin embargo, alguien siente la necesidad de cambiarlo, se sabe que esa persona va en serio.

Cualquier momento nos puede cambiar la vida. Hay individuos a los que una conversación les abre las puertas de la posibilidad: la oportunidad de un nuevo negocio, tal vez, o de una relación nueva. A otros, es un súbito cambio de perspectiva: «No tengo por qué seguir viviendo así ni un día más». En el caso de Tom Allen, de Inglaterra, el hecho decisivo fue una buena oferta de trabajo, y sentir a la vez una extraña desazón al pensar que a partir de entonces tendría una vida previsible e inamovible en el futuro próximo.

En el caso de Adam Warner, el momento definitorio fue mucho más serio.

Adam conoció a Meghan Baker cuando los dos trabajaban de profesores de inglés en Corea del Sur. Se enamoraron, y empezaron a planear un futuro juntos. Adam era estadounidense y llevaba tiempo disfrutando realmente de aquella vida tan distinta del vivir rutinario que había conocido en su país. Meghan era canadiense y tenía pensado volver a la facultad para hacerse enfermera.

Ella tenía una lista de objetivos que cumplir. Muchos de ellos eran bastante típicos. Entre otras cosas, se había propuesto correr una media maratón, aprender otro idioma, viajar a treinta países, cruzar Canadá en tren y comprarse una casita a la orilla del lago. Otras metas más altruistas eran trabajar, además, como voluntaria en ultramar y apoyar a las organizaciones locales.

Tristemente, al año de conocer a Adam, a Meghan le diagnosticaron, a los veintiséis, un cáncer de mama. La pareja volvió a Norteamérica, Adam a Washington D. C., su ciudad natal, y Meghan a Ontario para ponerse en tratamiento. Siempre que podía, él viajaba a Canadá para estar con ella, y acabó mudándose a Detroit para poder simplemente cruzar la frontera e ir a verla con más facilidad.

El cáncer se extendía con rapidez y, a pesar de los numerosos ciclos de tratamiento, un año más tarde el diagnóstico era de cáncer terminal, y Meghan fue trasladada a la unidad de cuidados paliativos. Una de las metas que había anotado en la lista era: «Casarme», junto a la que había escrito entre paréntesis: «No te sientas presionado, Adam».

No hizo falta convencerle. Adam y Meghan se casaron. La ceremonia se celebró en su casa de Ontario el 28 de marzo de 2010. Un mes más tarde, Meghan murió.

No hay atajos para superar el dolor por la pérdida de un ser querido, ni siquiera cuando es una muerte que de alguna manera se espera. A edad tan temprana, Adam había perdido el amor de su vida. Sin embargo, a pesar de la tristeza, ahora tenía un propósito. Se había apropiado de la lista de objetivos de Meghan y había hecho de ella su aventura personal, resuelto a completar tantas empresas como pudiera y a decidir los siguientes pasos basándose en los sueños de su joven esposa.

No se trató de una revelación que fuera abriéndose paso en él con el tiempo; lo supo de inmediato. «La idea me reconfortó un instante después de su muerte —me dijo—. Cuando salía del hospital, supe que tenía que adoptar sus metas y hacerlas mías. Ese sería mi proyecto y mi prioridad durante el tiempo que hiciera falta.»

Dos semanas después de morir Meghan, Adam creó una página de Facebook donde publicó sus metas acompañadas de los progresos que él iba haciendo. Seis meses más tarde, se ofrecía para trabajar como voluntario en una escuela de la India. Sentía como si Meghan estuviera con él, compartiendo su sorpresa ante el ordenado caos que era la vida en Nueva Delhi y haciéndole compañía en los interminables viajes en tren por todo el país. Lloraba su muerte todos los días, y sin embargo sentía que hacer realidad lo que ella había escrito en aquella lista le infundía valor y daba sentido a su vida en aquel momento.

Supe de la historia de Adam por uno de los lectores de mi blog, que me escribió para contarme que había sido la vida de Meghan, no su muerte, la que había inspirado aquella aventura. Sus amigos coinciden en que asumir la misión de alcanzar los objetivos de Meghan dio sentido a la vida de Adam y la transformó positivamente. Es él quien se encarga ahora de poner al día el blog que originariamente creó Meghan. Fue a un partido de béisbol en Toronto para ver jugar a los Blue Jays, algo que Meghan no había tenido ocasión de hacer antes de que la enfermedad avanzara a pasos agigantados. Se tomó más en serio salir a correr y completó la media maratón. Ahora está aprendiendo —lentamente— a coser y a hacer punto.

Leyendo el blog, hubo un episodio que me llamó la atención especialmente. Un día, antes de que la enviasen a la unidad de cuidados paliativos, Meghan acababa de completar el tratamiento de radioterapia y quería salir a que le diera el aire. Para ella, dar un paseo por la ciudad no podía considerarse estar al aire libre, de modo que Adam la llevó a un lago cercano y salieron a remar en canoa.

Se alejaron más de lo que habían previsto, y, cuando llegó la hora de regresar, Meghan estaba muy cansada y Adam tuvo que remar solo prácticamente todo el camino de regreso. «Así era Meghan», escribiría Adam tiempo más tarde. Cuando empezaron a correr juntos hacía un par de años, antes de la enfermedad, lo habitual era que Adam corriera tres kilómetros y Meghan, cinco. Lo daba siempre todo en cada cosa que hacía; no reservaba nada para el futuro. Así es como vivía su vida, y Adam confiaba en poder compartir este mensaje con el resto del mundo.

Cuando tuve ocasión de hablar con él y le mencioné el episodio, sonrió.

—¿Cuándo sientes que vale la pena lo que haces? —le pregunté.

—Cada vez que completo una de sus metas —me dijo—. Yo creo que, sin proponérselo, Meghan eligió metas que convertirían a cualquiera en la mejor versión de sí mismo. Tengo la sensación de madurar con cada obstáculo que supero.

SER EMOCIONALMENTE CONSCIENTES DE NUESTRA MORTALIDAD

Es un hecho que todos moriremos un día; sin embargo, no todos vivimos plena y activamente conscientes de esta realidad. Como dice esa gran canción de Bob Dylan: «Quien no está ocupado en vivir está ocupado en morir», y quizá unos estemos más ocupados que otros.

Kathleen Taylor lleva casi veinte años trabajando en cuidados paliativos. Empezó como acompañante y asesora psicológica y espiritual, haciendo lo posible por consolar a la gente en el capítulo final de sus vidas. Aunque pueda sonar deprimente, no lo es, asegura Kathleen, que encuentra en su trabajo plenitud y una motivación con sentido. Cuando le preguntan qué le gusta de su trabajo, tiene una respuesta genial:

—Al final de sus vidas, la gente no está para tonterías. Las distracciones habituales caen por su propio peso, y no podemos hacer otra cosa que ser quienes de verdad somos.

Muchos de los hombres y mujeres con los que hablé para escribir este libro parecían tener una temprana conciencia del final de la vida. No esperaban a que la muerte estuviera a la vuelta de la esquina para reflexionar sobre lo importante; al contrario, habían elegido tomar las riendas de la vida en cuanto habían podido. Por más que suene a perogrullada hablar de «vivir como si estuviéramos a punto de morir» o «vivir cada día como si fuera el último», eso es exactamente lo que hace mucha gente que está obsesionada con una misión o aventura. Cambiar la consciencia intelectual de que un día moriremos por una consciencia emocional puede ser una luz que nos lleve a descubrir qué es lo que de verdad importa.

- Conciencia intelectual de nuestra mortalidad: «Sé que nadie vive para siempre».
- Conciencia emocional de nuestra mortalidad: «Sé que voy a morir un día».

En cuanto empezamos a pensar en nuestra propia mortalidad, las cuestiones insignificantes sencillamente dejan de tener importancia. Puede que esta nueva consciencia sobrevenga en respuesta a algún acontecimiento exterior, como la muerte o la súbita enfermedad de un amigo, o nazca de tener que hacer frente a un problema de salud grave. Otras veces, se produce una agitación en el alma que va haciéndose cada vez más acuciante, hasta que es imposible de ignorar. Sea como fuere, cuanto más conscientes seamos emocionalmente de nuestra mortalidad, más impulsados nos sentiremos a vivir una vida que para nosotros tenga sentido.

John Francis, que luego haría voto de silencio y recorrería la Tierra a pie durante casi veinte años, había sido consciente de la muerte desde que tenía memoria.

A los seis años, había visto un petirrojo al que había atropellado un coche, y la muerte del pajarito le atormentó durante semanas. Al año siguiente, su tía murió de tuberculosis, y recuerda que sus padres lo llevaron a casa en brazos después del funeral. Estaba tan sobrecogido por el dolor que no podía dar ni un solo paso.

Cuando John acababa de iniciar su aventura años después, el médico le descubrió una inflamación de los ganglios linfáticos del cuello. Tras la intervención a la que se sometió, recibió aliviado la noticia de que se trataba de una adenopatía benigna, pero la experiencia fue una auténtica sacudida. Citando una película japonesa sobre un burócrata que descubre una razón para vivir justo cuando se enfrenta a una muerte inminente, John escribió en su diario: «Qué curioso que los seres humanos no descubramos el verdadero valor de la vida hasta que nos encontramos cara a cara con la muerte».

Juno Kim, que dejó su trabajo de ejecutiva en una empresa surcoreana para viajar sola, vio a su padre y a su madre recibir tratamiento para el cáncer, los dos el mismo año, y superar la enfermedad.

—Al ver que habían sobrevivido, empecé a pensar: «ni somos jóvenes ni estamos sanos eternamente». Junto a la insatisfacción que le producía la trayectoria profesional que era habitual en Corea, esta reflexión la impulsó a embarcarse en una odisea que la llevaría a más de veinte países.

«¡CON LA DE COSAS QUE AÚN ME QUEDAN POR HACER!»

Phoebe Snetsinger llevó una vida bastante normal hasta los treinta y cuatro años. Era hija del famoso creador de iconos publicitarios estadounidense Leo Burnett, y se crió en lo que, en los años cuarenta del pasado siglo, se consideraba un hogar tradicional, primero en los suburbios de Chicago y luego en una granja del norte de Illinois. Phoebe estudió posteriormente en la Universidad de Swarthmore, en Pensilvania; tras licenciarse dio clases de ciencias y matemáticas en un colegio femenino y, después, como era costumbre en aquel tiempo, se casó y tuvo hijos, y dejó el trabajo para dedicarse de lleno a cuidar de su familia mientras su marido, Dave, trabajaba.

Poco después de cumplir los treinta, Phoebe y Dave se mudaron a Minnesota con sus cuatro hijos. En su autobiografía, titulada *Birding on Borrowed Time*, Phoebe define el instante en que por primera vez se sintió cautivada por las aves como un «despertar». Un vecino suyo era un apasionado estudioso de las aves, y un día, mientras estaba en el jardín, le pasó los prismáticos a Phoebe y le señaló una «reinita gorjinaranja» macho, con el pecho de un llameante color naranja, como su nombre indica, y le describió sus particularidades.

Ella no había prestado demasiada atención a las aves hasta aquel momento, y nunca había oído hablar de las reinitas, pero desde aquel día se aficionó. Empezó a hacer excursiones con su amigo por los alrededores, y aprendió a mirar las aves de forma totalmente nueva.

Cuenta sobre aquellos comienzos que fueron una «mágica temporada de asombro», una mezcla de emoción y euforia que se apoderaba de ella a medida que crecía aquel apasionado interés por algo, un sentimiento que había estado ausente durante gran parte de su vida. La familia se trasladó a Saint Louis, en Missouri, por el trabajo de Dave, y Phoebe se unió a un grupo de aficionados a las aves que le mostraron el nuevo entorno.

El despertar inicial acabó dando lugar a una dedicación plena. Al cabo de un año, Phoebe había marcado el récord del estado de Missouri, al haber avistado doscientas setenta y cinco especies de aves distintas.

Empezó luego a cruzar de cuando en cuando la frontera con Illinois, decidida a establecer un nuevo récord allí también. A medida que su hijo y sus tres hijas se hacían mayores y necesitaban cada vez menos atención, empezó a explorar nuevas regiones de todo el país.

Le siguieron México, las islas Galápagos y una breve estancia en Ecuador. Eran viajes familiares en los que estaba incluida la observación de las aves, pero después de una prolongada estancia en Kenia, su pasión entró en una nueva fase. Dave la había acompañado durante las dos primeras semanas («¡Días de observación de aves sencillamente anonadante!», escribió en su diario), pero Phoebe se quedó dos semanas más. Cada mañana salía con un guía y estaba fuera hasta el atardecer, anotando listas enteras de nuevas especies y confiando cada vez más en sus dotes para la identificación.

Al terminar el viaje, volvió a casa a regañadientes, con el fuerte deseo de regresar al campo lo antes posible. Incluso una vez de vuelta, la afición a las aves era su pasión a todas horas. En aquellos tiempos en que no estaba aún extendido el uso de ordenadores, Phoebe creó un extenso sistema de documentación compilada a mano en innumerables fichas. Pasaba horas y horas catalogando las seiscientas especies de aves que había visto en Kenia, así como las seiscientas que había descubierto en Norteamérica.

Pasaba cada vez más tiempo encerrada en su estudio, y su familia empezó a quejarse de que dedicaba tanto tiempo a documentar las observaciones de su viaje que lo mismo habría dado que se hubiera quedado en África. Aquel interés incansable acabaría originando toda una serie de problemas, pero, por el momento, no había vuelta atrás: Phoebe estaba decidida a dedicar el resto de su vida a ver con sus propios ojos más especies de aves que nadie en el mundo.

Tras aquel primer gran viaje al extranjero en el que pasó un mes en África observando las aves de la mañana a la noche sin parar, se hizo adicta a aquella afición. A su vuelta, planeó rápidamente nuevas expediciones, dentro de Estados Unidos y también en otros países. Dave estaba ocupado acomodándose a las nuevas funciones que le habían asignado en el trabajo, y su hijo y sus tres hijas eran ya casi todos independientes. Como dice Phoebe en su autobiografía: «Las aves y los viajes eran cada vez más el interés central de mi vida». Hasta que un diagnóstico de melanoma puso en peligro sus planes, puesto que es un tipo de cáncer de piel casi siempre terminal. Visitó a tres oncólogos distintos que emitieron el mismo veredicto: probablemente habría muerto en el plazo de un año.[1]

Por fortuna, la sentencia de muerte había sido prematura. Tras decidirse por un tratamiento experimental que animaba al paciente a seguir llevando una vida activa mientras le fuera posible, Phoebe recibió una noticia inesperada: los médicos le dijeron que estaba perfectamente. Tres oncólogos distintos le habían pronosticado un rápido declive después de tres meses de buena salud, pero al cabo de un año Phoebe seguía rebosante de salud y energía. Era todavía muy pronto para saber si realmente había vencido al cáncer, pero no iba a quedarse sentada esperando a averiguarlo. Un año antes, su respuesta al diagnóstico había sido: «¡No, con la de cosas que aún me quedan por hacer, y ya ni siquiera tendré la oportunidad de saber cuáles eran!», así que cuando al final acabó teniendo otra oportunidad, no iba a desperdiciarla.

Decidió que no había razón para no seguir organizando viajes mientras se encontrara bien, por lo que el número de desplazamientos aumentó. El año siguiente a haber recibido el diagnóstico, planificó expediciones a Perú, Surinam y Nepal. No se trataba de excursiones fáciles; al contrario, eran viajes que conllevaban una serie de vuelos dentro del país, trayectos de tres horas en canoa y caminatas a grandes altitudes. Phoebe no tenía más remedio que hacer las reservas de vuelos interiores en compañías aéreas poco fiables (puesto que no había otras), y con frecuencia los vuelos se cancelaban en el

---

1. Apunta Olivia Gentile en su extensa biografía de Phoebe Snetsinger que la mayoría de los médicos en la actualidad no se aventurarían a establecer así de categóricamente un plazo estimado de vida para tal diagnóstico, sino que darían una diversidad de respuestas típicas en relación con la enfermedad, acompañadas del comentario de que los resultados pueden variar.

último momento o sufrían retrasos de varias horas. Muchas de las localidades con mayor abundancia de aves eran selvas tropicales plagadas de mosquitos transmisores de la malaria y otras condiciones poco agradables. A pesar de ello, sin haber completado aún los viajes que tenía previstos, estaba tan animada que se apuntó también a una expedición a Brasil.

Estableció un plan de trabajo. Viajaba a regiones remotas y durante el día se adentraba en bosques y pantanos en busca de aves; por la noche, volvía a la cabaña o pensión en que se alojara y trabajaba ordenando las anotaciones del día, a veces a la luz de una vela. Los viajes duraban diez días, dos semanas o a veces un mes entero. Atrás quedaba la idea de hacer «un par de grandes viajes al año». Proyectó aventuras en Australia y la Antártida. A su regreso a Estados Unidos, establecía una detallada taxonomía de las aves que había visto por todo el mundo. Era una metodología, una dinámica de trabajo y una forma de vida.

Al cabo de varios años de vagar a lo largo y ancho del planeta para ver aves de todas las especies, Phoebe Snetsinger era una auténtica maestra en la observación y clasificación de las aves. Las cifras iban constantemente en aumento. En los primeros años de estudio, había clasificado seiscientas especies de aves... pero en la actualidad eran ya casi cinco mil. En un solo año de frenético ir y venir, vio más de mil nuevas especies, y luego se estabilizó en un promedio de unas quinientas especies nuevas por año. Ahora estaba en posesión del récord mundial femenino de mayor número de aves identificadas, pero aspiraba a conseguir el récord absoluto. Iba a por todas.

De repente, la competición le importaba. Anota este cambio en sus memorias: «No tenía duda de que podría llegar a los cinco mil [avistamientos totales] en el curso del año siguiente. Varios estudiosos varones habían superado ya esta cifra, pero yo podía ser la primera mujer en hacerlo, y me sedujo la idea». Phoebe se alarmó nuevamente al saber que el cáncer había resurgido, pero también en esta ocasión lo superó y experimentó una recuperación total. Sabía que tenía los días contados, le explicó a un reportero que estaba escribiendo para su periódico un artículo sobre la aventura de Phoebe, pero estaba decidida a vivir bien.

UN MILLÓN DE FOTOS

Thomas Hawk tiene un trabajo que le ocupa buena parte del día, una esposa y cuatro hijos todavía pequeños. Como fotógrafo que ha sido toda su vida, tiene además una meta de lo más audaz: hacer y llegar a publicar un millón de fotos. Como él mismo explica, prácticamente todo su tiempo libre lo pasa haciendo fotos, editando fotos, compartiendo fotos o pensando en fotos.

Lleva la cámara fotográfica consigo allá adonde va, y va a muchos sitios. Dedica los fines de semana a viajar en avión a las cien ciudades más grandes de Estados Unidos, un proyecto que calcula que tardará unos diez años en completar. Cuando se encuentra en la calle con gente que pide limosna, les ofrece un par de dólares a cambio de que le dejen hacerles una foto, y va compilando así toda una colección de auténticos retratos de vida callejera.

Yo hago cantidad de fotos con el teléfono móvil mientras deambulo por el mundo, pero para eso no se necesita mucha técnica. El caso de Thomas es distinto: su objetivo no es solo llegar al millón de instantáneas, sino al millón de fotografías retocadas y publicadas. Es un fotógrafo aficionado cuya atención al detalle supera la de algunos profesionales. Para alcanzar la cifra récord del millón de fotos, calcula que tendrá que presionar el botón del obturador al menos diez veces más. En cuanto a los pasos finales, no son ya de carácter personal y aislado, sino que cada foto terminada se publica en Internet y recibe miles de visitas, así como abundantes comentarios de otros fotógrafos. En un correo electrónico que me escribió desde su residencia de San Francisco me decía:

> Lo que alcanzar este objetivo significa para mí, por encima de todo, es que dedicaré una gran parte de mi vida a crear arte —me decía en un correo electrónico que me escribió desde su residencia de San Francisco—. Significa que la fotografía estará entretejida en mi vida sustancial y manifiestamente hasta que me muera. Es una disciplina asegurarme de que vivo la vida de tal manera que el arte desempeñe en ella un papel significativo y destacado.

Como Martín Lutero, que clavó sus famosas tesis en la puerta de la iglesia de Wittenberg, Thomas Hawk colocó su manifiesto en una página web para que el mundo lo viera. Así es como empieza:

> El tiempo que pasamos en esta tierra es más bien breve. Aunque a veces el tiempo transcurre con parsimonia, a veces también pasa rápido, raudo, con furia y con fuerza, y luego termina. Jack Kerouac está muerto. Están muertos Andy Warhol y Garry Winogrand. Lee Friedlander, Stephen Shore y William Eggleston no están muertos todavía, pero probablemente lo

estarán en un momento u otro. Charles Bukowski dijo en una ocasión que la perseverancia era más importante que la verdad. Charles Bukowski ahora está muerto. Cuando no estoy haciendo o retocando fotografías, normalmente estoy pensando en fotografías.

Como descubrí mientras viajaba a todos los países del mundo, una vez que nos proponemos alcanzar una meta importante suele ser más fácil avanzar en pos de ella de lo que hubiéramos imaginado en un principio.

En el caso de Thomas, el objetivo fue originariamente capturar quinientas mil imágenes. Luego, al ir acercándose a la meta, se dio cuenta de que un millón de fotos supondría un reto mayor, pero aun así factible. Thomas no se echa atrás: «Cuando estoy cansado, sigo disparando», dice, como si esto lo explicara todo.

La pregunta que muchos le hacen es cómo es capaz de abarcar tantas cosas, cómo saca tiempo para todo. Yo también me lo preguntaba, porque suelo mantenerme activo pero no hasta el punto de Thomas. Esto es lo que me contestó:

La mejor respuesta que puedo ofrecerte es que no tengo tiempo para todo. Lo que hago tiene sus repercusiones. Duermo menos de lo que debería. Mi esposa te diría que no dedico suficiente tiempo a la familia. Justo ahora, estoy fotografiando las cien ciudades más grandes de Estados Unidos. Tengo ya hechas unas veinticuatro... Quisiera tener terminadas las demás en los próximos tres años. Es un constante tira y afloja entre los intereses predominantes que tengo en la vida. Lo llevo lo mejor que puedo e intento ser todo lo tolerante que puedo.

Allá adonde va, esta máquina documental humana llamada Thomas Hawk sigue avanzando con eficacia hacia la meta, foto a foto. La estructura en sí es una ayuda. Las cifras en aumento son una ayuda. Y, por encima de todo, es una ayuda el hecho de ser consciente de que tiene que vivir momento a momento.

¿AFICIÓN O MISIÓN?

¿Qué diferencia hay entre una afición y una misión? En la afición, podemos dejar de pensar, mientras que la misión acaba convirtiéndose en una fascinación absoluta. Jugar al golf los fines de semana es una afición. Decidirnos a jugar en el campo de St. Andrews o a bajar el número de golpes es una meta. Decidirnos a jugar en todos los campos de golf de Escocia en un plazo establecido es una misión.

Phoebe Snetsinger engrosó por poco tiempo las filas de los aficionados. La meta de ver tantas aves como le fuera posible y de ser la primera mujer en establecer un nuevo récord mundial era un serio compromiso. Thomas Hawk, comprometido a crear un millón de fotos procesadas y publicadas, es esencialmente un profesional de la fotografía a tiempo completo..., a pesar de tener además un trabajo de oficina que le ocupa buena parte del día.

Muchas misiones tienen algo de obsesivas. Cuando te despiertas por la noche consumido por una idea, es que has encontrado tu misión.

Recuerda las palabras de Kathleen Taylor, que trabajaba con enfermos terminales durante sus últimos días de vida: cuando se está aproximando el fin, no hay tiempo para tonterías. Pero ¿y si decidieras que no hay tiempo para tonterías —o lamentaciones— mucho antes de que se acerque el fin? ¿Qué pasaría si juraras vivir tu vida de la forma que quieres en este momento, independientemente de la etapa de vida en que te encuentres?

Para vivir de verdad sin lamentaciones, presta atención. Hazte preguntas comprometidas y averigua adónde te llevan. ¿De verdad quiero trabajar en lo que trabajo? ¿Es esta la relación de pareja que quiero? Si pudiera hacer lo que quisiera, ¿sería lo que estoy haciendo hoy... o sería algo distinto?

Quienes viven su vida comprometidos con hacer realidad un sueño o entregados por entero a una aventura han entendido que es necesario tomar la decisión de hacer aquello que nos importa. Cada día, Adam aspira a honrar la memoria de su joven esposa, Meghan, completando la lista de objetivos que se había propuesto cumplir antes de morir. Cada día, Thomas les dedica a sus fotos cada minuto libre que tiene.

En el teatro improvisado, lo importante es que el relato fluya, que avance. ¡No está permitido pararse ni echarse atrás! ¿Y qué me dices de ti..., cuál es el siguiente capítulo de tu relato?

RECUERDA

- *Meghan siempre fue a por todas, incluso estando enferma. No quería dejar nada para después.*
- *Ser conscientes de nuestra mortalidad puede ayudarnos a prestar la atención a lo importante, ¡a poner la mirada en el objetivo final!*
- *Cuando Phoebe vio la muerte cerca, pensó: «¡Con la de cosas que aún me quedan por hacer!». ¿Qué hay escrito en tu lista?*

PARTE II
EL VIAJE

CAPÍTULO 5
AUTOSUFICIENCIA

El acto más valeroso es pensar por una misma. En voz alta.

Coco Chanel

Lección: no hace falta que todo el mundo crea en tu sueño, pero tú sí

¿Qué significa hacer algo por uno mismo? ¿Elegir confiar en ti o ser independiente, plantarle cara a un miedo y superar un reto? Pregúntaselo a Dekker, una muchacha holandesa de dieciséis años que exigió permiso al Gobierno de su país para emprender una travesía en solitario después de que los servicios sociales intentaran impedírselo.

La vida en el mar era para Laura lo más natural del mundo. Había nacido en un velero cerca de la costa de Nueva Zelanda y había navegado toda su vida, empezando por un primer viaje sola alrededor del puerto a los seis años. Desde que cumplió los diez, había tenido una intención muy clara: planeaba convertirse en la persona más joven en circunnavegar la

Tierra totalmente en solitario. Solo había un único obstáculo, y no era el peligro obvio que suponían los piratas, las tormentas o la posibilidad de perderse. El obstáculo era el Gobierno holandés, que impuso una medida cautelar por la cual le prohibía zarpar sola de su país.

Después de un viaje de ida y vuelta a Inglaterra en solitario a la edad de trece años, cuando anunció sus planes de emprender un viaje alrededor del mundo el año siguiente, el Gobierno la puso bajo tutela estatal. Laura se escapó a St. Martin, pero las autoridades la encontraron y la devolvieron a Holanda. Finalmente, presentó una demanda legal contra el Gobierno y ganó. El viaje se haría según lo previsto.

Tras el revuelo que el caso había provocado en su país, hacerse a la mar resultaba arriesgado. El proceso judicial y la presión mediática habían supuesto un gran desgaste para Laura, pero una vez que estuvo en el agua disponía de tiempo ilimitado. No estaría sometida a lo que se dice un programa establecido. Tenía un sinfín de tareas de las que ocuparse, y un gran libro de actividades escolares que completar, pero difícilmente se puede estar más aislado que en un pequeño barco en medio del océano. Sin duda, habría de hacer frente a desafíos insospechados, pero sentía que ahora tenía la situación bajo control. Los días se extendían ante ella. El tiempo era suyo, como lo era su viaje.

Laura nunca había tenido ningún interés en hacerse famosa. Una vez completado su periplo, no fue fácil localizarla para incluir su aventura en este libro. Cuando por fin la encontré, viviendo otra vez en Nueva Zelanda, intercambiamos varios mensajes de correo electrónico hablando sobre por qué lo hizo. «No quería ser el centro de atención —escribió—. No pretendía convertirme en una celebridad. Simplemente me encantaba el mar y quería hacer esto por mí».

UNA VIDA A LA CARRERA

Bryon Powell corría en ultramaratones desde hacía casi diez años cuando hizo un súbito cambio para situar el deporte en el centro de su vida. Antes de dejar su trabajo, vender su casa y reinstalarse (¡todo a la vez!), había corrido la Maratón des Sables, una carrera de siete días, en seis etapas, con una distancia total de doscientos cuarenta kilómetros a través del Sahara, en la que los propios participantes cargan con todos los alimentos y artículos necesarios, exceptuando el agua y una tienda de campaña. Pese al desafío tan imponente que suponía, mucho mayores fueron las dificultades a la hora de crear una comunidad, un negocio y una carrera de escritor en torno a lo que en principio había sido solo una pasión.

Las motivaciones para cambiar de vida eran parecidas a las de muchos otros empleados insatisfechos. Bryon, un abogado que había terminado la carrera de derecho con matrícula de honor a la vez que se entrenaba para correr distancias de ochenta kilómetros, me contó que su trabajo consistía en «ofrecer asesoramiento técnico sobre proyectos intrascendentes, sin jamás saber luego si aquellos consejos se habían tenido en cuenta». Era un burócrata que ganaba un sueldo más que bueno, y que tenía una necesidad imperiosa de estar al aire libre y muchas ganas de contribuir a algo más sustancial.

En las pistas, había entablado amistad con muchos atletas. Eran relaciones que se establecían de un modo natural en torno a las carreras: quién iba a dónde, qué plan de entrenamiento era el adecuado para correr en determinada competición, etcétera. Fuera de las carreras propiamente dichas, sin embargo, no había un lugar para que los atletas se reuniesen y compartieran sus experiencias. Los ultramaratonianos eran solitarios por naturaleza, pero, como la mayoría de la gente, también estaban deseando comunicarse y compartir. Incluso aquellos que contaban con el apoyo de sus familias echaban de menos una mayor conexión con sus compañeros, a quienes les unía un entusiasmo común y que eran quienes de verdad entendían las singulares dificultades y beneficios de entrenar hora tras hora cada fin de semana. Bryon tuvo una idea para poder reunir a toda aquella gente en una comunidad virtual que operaría en todas las zonas horarias y estaría siempre a disposición de sus miembros, vivieran donde viviesen. Para hacerlo bien, se dio cuenta de que necesitaría comprometerse de lleno y dedicar al proyecto todos sus recursos durante bastante tiempo.

En el vuelo de regreso de Marruecos a Estados Unidos, tomó la decisión: había llegado el momento de poner el plan en marcha; era ahora o nunca. El mismo día que llegó, le pidió a una agencia inmobiliaria que tasara su casa. El objetivo era hacer una serie de recortes en su vida a la par que cambiaba de profesión. Le daba miedo, me dijo, pero se planteó qué era lo peor que podía ocurrir:

—Cabía la posibilidad de que fuera un fracaso, pero sabía que nunca me perdonaría no haberlo intentado.

Bryon no quería fracasar. Trabajó en el nuevo proyecto de diez a catorce horas diarias todos los días de la semana durante más de un año. Suele decirle a la gente que cuando se encuentra algo en lo que se cree de verdad, se debe poner en ello cuanto se tiene.

Y una vez dado el salto, tienes que ser paciente..., muy paciente y persistente. Déjate la piel en ello durante un par de años, si es lo que hace falta para llegar adonde quieres. Los proyectos fáciles no son una auténtica misión ni una aventura; son vacaciones que nos tomamos de la vida real. Cualquier prueba que de verdad lo sea te hará tambalearte hasta lo más hondo. Admite que será así, ¡y lucha contra viento y marea para llevar a cabo lo que quieres!

«Luchar contra viento y marea» era precisamente la actitud que sustentaba el espíritu de un hombre capaz de correr más de ciento sesenta kilómetros en un día, pero era también difícil de mantener en su nuevo papel. En una ocasión, de camino hacia una carrera en la que iba a participar, se dio cuenta de que se había olvidado un trípode en casa. No era el fin del mundo —estaba solo a media hora de casa cuando se dio cuenta—, pero el descubrimiento estuvo a punto de provocarle una crisis nerviosa.

—Quise dejarlo todo en ese momento —dice, acordándose del peso del último año, que se le vino encima de golpe en la gasolinera en la que había parado para repostar. Al reflexionar luego sobre la reacción que había tenido, se dio cuenta de que lo único que necesitaba era organizarse mejor. Podía seguir comprometido de lleno con su trabajo, pero tenía que aprender a hacerlo de un modo más inteligente.

Bryon se recuperó, se tomó un respiro para reorganizarse, y luego volvió a enfocar la mirada en la comunidad mundial a la que había decidido dedicar su tiempo y su energía durante al menos cinco años.

ACOGER EL RECHAZO

Si estás pensando en hacer algo nuevo, quizá te inquiete no saber cómo dar el primer paso, o te preocupe que no todo el mundo acepte tu idea. Una manera de «superarlo» es aprender a aceptar con tranquilidad el fracaso. Jason Comely creó un juego que simula la vida real llamado terapia del rechazo, que anima a los jugadores a participar en experimentos sociales. El juego consiste en pedir algo y que la petición sea rechazada, y el objetivo es ampliar el marco de circunstancias en el que nos sentimos seguros por creer que lo tenemos todo bajo control.[1] Si pides algo y lo consigues, estupendo..., pero la ronda diaria de terapia del rechazo no ha terminado, puesto que, al final, se te tiene que rechazar para que puedas avanzar en el juego. Desde que lo creó, Jason ha visto practicarlo a admiradores y adeptos para ser más atrevidos a la hora de pedir lo que quieren.

Tal vez el proyecto de rechazo más ambicioso haya sido el del joven de treinta años Jia Jiang en Austin (Texas). Antes de poner en marcha el proyecto, Jia (pronunciado «Tsiah») había visto rechazada su presentación de inversiones para un negocio que intentaba montar. El rechazo fue una auténtica punzada, y quería insensibilizarse contra cualquier dolor similar que pudiera llegarle en el futuro.

Había oído hablar del concepto que servía de base a la terapia del rechazo creada por Jason, y decidió hacerlo suyo, pero dándole un giro. Iba a lanzar un proyecto de «cien días de rechazo público», en el que pensaba hacer una serie de

---

1. Aunque, como dice Jason: «Es posible que ese marco sea más una jaula de la que no podemos escapar que un lugar seguro al que poder retirarnos».

atrevidas peticiones a varias personas desconocidas y tomar nota de los resultados.

Jia grabó las peticiones con la cámara de su teléfono móvil y las subió a YouTube, transmitiendo con ello implícitamente que asumía la responsabilidad del proyecto. Una vez que empezó, ya no podía parar; sabía que si lo hacía, decepcionaría a los seguidores. Empezó por tareas relativamente sencillas: por ejemplo, pedir permiso a Domino's para repartir sus pizzas, o pedir en una cadena de comida rápida que «volvieran a rellenar el bollo de la hamburguesa».

Una de sus primeras peticiones se convirtió en un popular éxito en Internet. Jia entró en la tienda de dónuts Krispy Kreme y pidió una caja de dónuts en forma de anillos olímpicos. Para su sorpresa, la cajera se tomó en serio su petición:

—¿Cómo están enlazados entre sí? –le preguntó–. No he prestado mucha atención a los juegos olímpicos este año.

Jackie, la cajera, tomó una hoja del bloc de facturas y empezó a esbozar la idea.

—¿Qué le parece rojo, amarillo, azul, verde y blanco? ¿Cree que así queda bien?

Para ahora, Jia se preguntaba si no habría sido mejor elegir un experimento distinto, pero se sentó, obediente, a esperar a que Jackie volviera con la caja. Cuando apareció, con los dónuts enlazados igual que los anillos olímpicos, le tenía reservada aún otra sorpresa.

—¿Cuánto le debo? –preguntó.

—No se preocupe –contestó Jackie–. Esta vez, invito.[2]

---

2. «¡Me ha devuelto la fe en la humanidad», escribió alguien después de ver el vídeo. «Esta mujer se merece un ascenso», comentó otro lector.

Las peticiones de Jia iban siendo cada vez más descabelladas y complicadas. Acudió a la Asociación Humanitaria de Austin y preguntó si podía tomar prestado un perro para llevarlo de excursión.

—Quiero hacerle el perro más feliz del mundo durante un día –le dijo al encargado, un hombre educado pero firme en su resolución de no prestarle un perro para sacarlo a retozar por el parque. Fue a la estación de bomberos y quiso saber si podía deslizarse por la barra de metal, y le preguntó a un policía si le dejaba sentarse en el coche patrulla. Para el decimoquinto día, Jia iba viento en popa con su proyecto de rechazo, recogiendo sugerencias de la gente que veía sus vídeos y de desconocidos a los que se iba encontrando mientras ponía en práctica el proyecto.

Tanto si tenía suerte con su petición como si fracasaba, Jia aprendía una lección de cada experiencia. Le pidió a un desconocido que «se asociara con él» para comprar un boleto de lotería, y al analizar luego el intercambio verbal se dio cuenta de la cantidad de costes ocultos que entrañaba semejante interacción. Otro día entró en un asador de Austin y pidió que le dejaran asarse él mismo su filete. Al tipo que atendía el mostrador le pareció de lo más divertido, pero el encargado dijo que no..., de lo cual aprendió que es importante canalizar las peticiones hacia la portería correcta. (Archivar bajo el epígrafe: «Si me enfrento a la autoridad, la autoridad siempre gana».)

Jia aprendió que el rechazo, lo mismo que la experiencia, genera confianza. El hecho de seguir avanzando, de continuar haciendo peticiones a pesar de cierto número de fracasos, era fortalecedor.

¿QUÉ SIGNIFICA PARA TI SER AUTOSUFICIENTE?

Estas son algunas respuestas de lectores de diversos países:

Saber que puedo confiar en que me ocuparé de lo que sea necesario.

@AvalonMel

Saber que soy responsable de mis éxitos y mis fracasos, que antes que nada busco en mi interior la solución a los problemas.

@JackPenner

La capacidad de amarse a uno mismo y de saber que, pase lo que pase, uno estará bien. La capacidad de llevar incorporado el silencio igual que un zapato viejo.

@QCTravelWriter

Es mi camino, no el tuyo.

@Bsoist

Conocerse a una misma y tener un propósito en la vida.

@MichelleDavella

Que sé cómo salir prácticamente de cualquier situación y vivir una vida que para mí tenga sentido.

@CC_Chapman

La combinación de confianza en mí mismo e independencia me da más autonomía. Yo defino «lo que es necesario hacer».

@SethGetz

Autosuficiencia: aprender a detectar cuándo me he estancado. Independencia: aprender a mi propio ritmo.

@ParthPareek

Confiar en que haré lo que digo que voy a hacer. Si yo no puedo confiar en mí, no puede confiar en mí nadie.

@PhotoMktMentor

«SI NO LO HUBIERA HECHO, SIEMPRE ME HABRÍA PREGUNTADO...»

¿Cómo es ser ciego? Según Julie Johnson, la persona dotada de una vista de tipo medio no tiene ni idea. Quizá hayas jugado alguna vez a cerrar los ojos e intentar llegar por el pasillo hasta el cuarto de baño. Es posible que te dieras un golpe contra la pared o que te asustaras y te rindiera pensando que nunca podrías arreglártelas por tu cuenta si perdieras la vista. Como explicaba Julie, «la gente ciega acaba teniendo mucha práctica en ser ciega». Al principio es muy difícil; hay mucho que aprender, desde leer con el sistema braille hasta saber cuándo está debidamente cocinada la comida que nos sirven, e incontables detalles más. Se tarda tiempo en adquirir estas facultades, mucho más que en conseguir llegar hasta el cuarto de baño con los ojos cerrados. Pero luego, porque se acaba teniendo mucha práctica en ser ciego, uno aprende. Va mejorando, y la mayoría de las veces, la gente ciega acaba siendo en buena medida autosuficiente.

Julie nació con glaucoma, una enfermedad degenerativa del ojo y que con frecuencia desemboca en la ceguera. Cuando necesitó un perro guía, primero consultó los numerosos programas de adiestramiento de animales de compañía, pero finalmente decidió hacerlo a su manera. En algunas escuelas caninas, el perro sigue siendo de su propiedad y lo adiestran usando métodos de tipo correctivo. En su larga experiencia con los animales, Julie había acabado estando a favor de métodos de carácter menos correctivo, de modo que decidió hacerlo por su cuenta. En su caso, al menos parte de la motivación fue que tantas personas lo consideraran una idea descabellada. Me contó:

Cantidad de gente me decía que no sería capaz de hacerlo —me contó—. Me decían que era peligroso, que estaba loca, que era innecesario, cuando había organizaciones benéficas que pondrían a mi disposición un perro guía ya entrenado. Cuanto más intentaban sacármelo de la cabeza, más me atraía la idea. Constantemente pensaba: «¿Por qué no?» Sabía que no sería fácil y sabía que surgirían contratiempos, pero sentía de verdad que podía hacerlo.

Julie no se quedó oficialmente ciega hasta los veinte años, y antes de eso había trabajado con perros. Aunque fuera difícil, lo tenía que hacer.

—Tenía la necesidad de cumplir esta gran meta —dijo—. En su momento yo no sabía que fuera una gran meta; simplemente era un camino que me atraía poderosamente. Sabía que era algo que tenía que hacer por mí. Si no lo hacía, siempre me preguntaría cómo habría sido.

Esta última frase, «si no lo hacía, siempre me preguntaría cómo habría sido», la repetía una y otra vez, en muy diversos contextos, las distintas personas con las que hablaba. Yo entendía bien a lo que se referían, porque era exactamente eso mismo lo que sentía cuando empecé a plantearme el objetivo de viajar a todos los países del mundo. ¡Tenía que hacerlo! Era una idea tan ridícula que sabía que siempre me preguntaría cómo habría sido, si no lo intentaba.

Para ser una persona que ha estado en todos los países del mundo, admito que tengo muy mal sentido de la orientación.

No estoy oficialmente ciego, como Julie, pero casi en cada sitio al que voy me pierdo al menos una vez —y aquí está incluida la ciudad en la que vivo, a pesar de estar representada en una cuadrícula, para comodidad del ciudadano—. Sin embargo, pese a esa facilidad constante para olvidar si he doblado a la izquierda o a la derecha, me encanta salir a correr en un país desconocido sin mapa y sin teléfono.

Es emocionante hacer algo que nos resulte nuevo y nos desoriente; cuando me he limitado a correr sobre la cinta móvil en el gimnasio de un hotel, o me he dedicado a ir y venir por la acera, delante de la pensión en la que me alojaba, no ha sido lo mismo.

Es inigualable la sensación de estar solo al aire libre y de depender únicamente de uno mismo para correr quince kilómetros o más en una ciudad desconocida y aun así conseguir regresar antes de que acabe la hora del «2 x 1» en el bar de la esquina.

TIENES QUE CREER

Hablando con la joven navegante Laura Dekker y muchas otras personas, me impresionó un importante principio que era común a todas ellas: tienes que creer que tu aventura puede tener éxito, aunque nadie más lo crea. Podrás hacer frente a los percances, las adversidades e incluso los desastres mientras tengas la convicción de que eres capaz de superar cualquier dificultad y abrirte paso hasta alcanzar la meta.

Si nadie más lo cree, puede resultar difícil conseguirlo..., pero aun así es posible.

Tanto en tierra como en altamar, Laura se encontró con muchas dificultades; tuvo que batallar con la soledad y con los servicios sociales holandeses..., pero nunca dudó de su capacidad para completar el viaje. Sea cual sea tu empresa, tú también debes creer en ella.

En el caso de Laura, el sueño de ser una navegante autosuficiente significó pasar quinientos dieciocho días en el mar. Para Bryon, significó dejar un trabajo un estilo de vida estables para crear una comunidad en torno a su pasión por las ultradistancias. Para Julie, significó adiestrar por sí misma a su propio perro guía.

El deseo de ser dueños de nosotros mismos y de lograr lo que de verdad queremos, el fiero deseo de tomar las riendas de nuestra vida... son fuerzas muy poderosas. Que alguien dude de que seamos capaces de hacer lo que nos hemos propuesto es extraordinariamente motivador. Es una auténtica alegría compartir aquí lo que distintas personas me contaron en su día. En determinado momento de mi búsqueda de relatos para el libro, hablé con un hombre que había corrido cincuenta maratones en un año.

—Atendiendo a la opinión generalizada –me contó–, es impensable correr una maratón a la semana. ¡Pero por eso precisamente es una satisfacción tan grande!

En Corea del Sur, participé en una mesa redonda en la que había un hombre que se había hecho empresario a los dieciséis años. En los quince años siguientes, creó una serie de empresas y dio trabajo a numerosos empleados.

—La gente se reía de mí –dijo a través del traductor–. Ahora ya no se ríen.

Sea cual sea tu aventura o tu misión, ¡tienes que creer en ella!

LA VIDA ES ARRIESGADA

Laura continuó su viaje de costa a costa, y acabó pasando más de un año en el mar antes de completar el periplo que había planeado. Intercambiamos mensajes de correo electrónico mientras yo viajaba por Asia y ella estaba en su nueva residencia de Nueva Zelanda, estudiando para obtener el título de submarinista. Me dijo que lo más costoso había sido vencer las objeciones del Gobierno holandés a dejarla emprender su viaje. Estaba sorprendida también de la cantidad de gente que había metido baza con sus comentarios negativos cuando la causa judicial atrajo la atención mundial. A consecuencia de todo aquello, la organización de los récords Guinness dejó de publicar los logros de los navegantes más jóvenes del mundo.

El padre de Laura siempre la apoyó, pero fueron muchos los que no. Me decía en su correo: «Sé navegar a vela. Sé qué hacer si se desata una tormenta. La gente en cambio es un misterio, mucho más inescrutable y temible que altamar».

Se lamentaba de lo que a su entender era un proteccionismo asfixiante por parte del Gobierno holandés, firme en su empeño de impedirle circunnavegar el mundo a vela por ser adolescente. Un portavoz del Servicio Neerlandés de Atención a Menores repuso que si el viaje hubiera sido un fracaso —y en especial si Laura hubiera resultado herida o hubiera muerto en la travesía—, la gente se habría quejado de que se le hubiera permitido hacerlo sin demostrar la menor oposición.

—Si Laura se hubiera ahogado –dijo–, se nos habría acusado de no haber hecho cuanto estaba en nuestra mano por protegerla. Gracias a Dios que está bien, y creo que en parte se debe a las medidas de seguridad que impusimos como una de las condiciones para dejarla zarpar.

Vivo en Oregón, cerca de unos excelentes senderos para correr y laderas montañosas que intentan escalar miles de personas al año. Hay algunos tramos difíciles, pero la mayoría de las escaladas se completan sin que nadie sufra ningún tipo de lesión.

Un fin de semana no muy lejano, sin embargo, ocurrió una tragedia. Tres excursionistas murieron en un inusitado accidente. A pesar de que los tres eran escaladores con experiencia y de que habían emprendido la marcha con condiciones atmosféricas buenas, algunos testigos culparon del accidente a la «conducta arriesgada» de los escaladores y sugirieron varias reformas, que en este caso no habrían cambiado nada.

Ambas respuestas —tanto al viaje de Laura como a la tragedia de Oregón— se basan en el desenlace de la situación. El mundo exterior juzga nuestros actos basándose exclusivamente en los resultados..., aunque los resultados no siempre dependan de nosotros.

Cuando estuve en el territorio iraní de la isla de Kish, llegué en un vuelo procedente de Dubai. Casi todos los demás pasajeros eran trabajadores inmigrantes que intentaban renovar su permiso de trabajo en Dubai. Yo era el único occidental, y el supervisor me sacó de la fila de inmigración y me condujo a un pequeño despacho.

—Espere aquí —me dijo, y luego desapareció con mi pasaporte y no volvió hasta al cabo de más de veinte minutos.

Para entonces había empezado a preocuparme. Aunque la isla de Kish es una zona para la que no se necesita visado, lo cual quiere decir que cualquiera debería poder entrar en ella, en aquellos momentos las relaciones entre Irán y Estados Unidos estabas bastante tensas.

Durante mi estancia, otros tres viajeros estadounidenses fueron encarcelados en territorio continental iraní acusados de entrada ilegal al país, aunque sus familias insistieran en que los jóvenes no habían cometido tal transgresión.

El supervisor volvió acompañado de otro agente.

—Huellas —dijo sin rodeos el nuevo agente al tiempo que me ponía delante una almohadilla de tinta.

Yo sonreía continuamente y hacía vagos comentarios sobre lo emocionado que estaba por encontrarme por fin en la isla de Kish. Me hizo varias preguntas sobre a qué me dedicaba, otro tema espinoso, pues no quería mencionar que era escritor (en muchos países, *escritor* significa «periodista», y a los periodistas se los trata con desconfianza en aquellos lugares en los que no hay libertad de prensa).

Le dije que era un pequeño empresario y editor, algo que era verdad y que además me pareció lo bastante genérico como para evitar que se me hicieran más preguntas. Finalmente, dijo las palabras mágicas:

—De acuerdo, aquí tiene su pasaporte. Se le concede permiso para entrar en el país.

¡Había logrado entrar en Irán! Y luego, lo que era igual o más importante, conseguí salir sin dificultades cuando llegó el momento de regresar a Dubai. Pero ¿y si no hubiera conseguido marcharme? ¿Y si me hubieran detenido, o incluso encarcelado, como les sucedió a aquellos otros tres estadounidenses? No me cabe duda de que algunos de mis amigos y lectores alrededor de todo el mundo se habrían preocupado y entristecido, pero estoy también casi seguro de que otros habrían dicho: «¿En qué estaba pensando este hombre? ¡Hace falta ser idiota!».

Dar la vuelta al mundo en solitario a bordo de un velero, escalar montañas o viajar a Irán siendo ciudadano de un país al que el Gobierno iraní llama «el gran Satán» son acciones que conllevan sus riesgos. Pero al final, cualquiera de estas aventuras se juzgará atendiendo al desenlace. Míralo así:

Lo que la gente dice de una aventura o una misión que conllevan un riesgo obvio:

- Cuando el resultado es un éxito: valiente, heroica, realizada con aplomo.
- Cuando el resultado es un fracaso: ridícula, temeraria, ingenua, arrogante.

Los juicios sobre si una empresa es intrépida o estúpida tienden a ser relativos. Aunque las autoridades pueden intervenir y establecer condiciones a una determinada aventura para proteger de sí mismos a los aventureros temerarios, en última instancia las valoraciones de si esa empresa ha valido o no la pena dependen de los resultados.

A veces la vida es arriesgada de por sí. Hay pocas metas que valga la pena intentar alcanzar que no entrañen absolutamente ningún riesgo.

Chris McCandless consiguió fama y notoriedad al intentar vivir en la Alaska salvaje, intento que acabaría por llevarle a una muerte prematura. Pero no pretendía hacerse famoso, ni había planeado morir. Buscaba dentro de sí algo difícil de definir. Antes de morir, escribió una carta que tiempo después citaría Jon Krakauer en el libro *Hacia rutas salvajes*.[3] El fragmento que transcribo a continuación hizo a mucha gente reflexionar sobre sus hábitos y sus vidas:

> Quiero repetirte los consejos que te di, en el sentido de que deberías cambiar radicalmente de estilo de vida y empezar a hacer cosas que antes ni siquiera imaginabas o que nunca te habías atrevido a intentar. Sé audaz. Son demasiadas las personas que se sienten infelices y que no toman la iniciativa de cambiar su situación porque se las ha condicionado para que acepten una vida basada en la estabilidad, las convenciones y el conformismo. Tal vez parezca que todo eso nos proporciona serenidad, pero en realidad no hay nada más perjudicial para el espíritu aventurero del hombre que la idea de un futuro estable. El núcleo esencial del alma humana es la pasión por la aventura. La dicha de vivir proviene de nuestros encuentros con experiencias nuevas, y de ahí que no haya mayor dicha que vivir con unos horizontes que cambian sin cesar, con un sol que es nuevo y distinto cada día.

Qué causó la muerte de McCandless continuó siendo un misterio durante años. En *Hacia rutas salvajes*, Krakauer especuló que había muerto por el envenenamiento paulatino que le había provocado ingerir semillas tóxicas de patata. Se criticó la teoría con el argumento de que las semillas no eran venenosas y la premisa, comúnmente aceptada, de que McCandless se había suicidado. Krakauer estaba convencido de que no había sido así —aseguraba que «quería ponerse a prueba,

---

3. N. de la T.: título original, *Into the Wild*.

no matarse»—, pero durante más de quince años no tuvo forma de demostrarlo.

Más tarde, un día, aparecieron nuevas pruebas. Otro escritor, que trabajaba con un laboratorio de la Universidad de Indiana, apuntó que las semillas de patata en cuestión no siempre eran venenosas, pero sí lo serían para alguien que estuviera débil y desnutrido. Krakauer hizo que verificaran la hipótesis distintos laboratorios independientes, que examinaron los mismos tipos de semillas que Chris McCandless contaba en su diario que había ingerido. La hipótesis se confirmó y se resolvió el misterio: McCandless cometió un error al comer las semillas que no debía, pero no era un insensato autodestructivo como habían asegurado los críticos.

Bryon corrió un riesgo al dejar su trabajo y centrarse de lleno en las carreras ultramaratonianas, un deporte que no era precisamente famoso por su lucrativo aspecto comercial. Pero él sabía que el auténtico riesgo era quedarse inmóvil. Por eso, eligió el camino seguro, el que le conduciría a las pistas y senderos y a las casi cien carreras al año.

Jia aprendió a correr pequeños riesgos diarios, preguntando en los restaurantes si podía cocinarse él mismo su comida y a los agentes de policía si podía sentarse en sus coches patrulla. Al principio le costaba hacer incluso pequeñas peticiones como estas, pero poco a poco fue aprendiendo a disfrutar de lo que hacía.

Para Laura fue todo un riesgo todavía mayor navegar sola alrededor del mundo, dependiendo solo de su propio criterio para hacer frente a las difíciles situaciones que casi con seguridad se le presentarían. Pero, como dijo, tenía que hacerlo por sí misma. Tras haber completado su épica travesía, se trasladó a Nueva Zelanda, su país natal, y empezó a estudiar para obtener el título de submarinista. Después de haber pasado la mayor parte de su vida en el agua, no estaba dispuesta a cambiar.

RECUERDA

- *Tienes que creer en tu aventura, incluso aunque nadie más crea en ella.*
- *Solemos juzgar el riesgo basándonos en los resultados..., pero los resultados no siempre dependen de nosotros.*
- *La vida en sí es arriesgada. Elige el nivel de riesgo que quieras para la tuya.*

CAPÍTULO 6
LA AVENTURA DE CADA DÍA

Haz cada día algo que te dé miedo.

ELEANOR ROOSEVELT

LECCIÓN: PUEDES TENER LA VIDA QUE QUIERAS, SEAS QUIEN SEAS

¿Y qué pasa si no estás preparado para tomarte diecisiete años de excedencia e ir andando a todas partes, para correr cientos de maratones en un mismo año o para surcar los mares en solitario?

Relájate. O no te relajes, porque una aventura muy rara vez tiene que ver con acomodarse. Tiene que ver con afrontar desafíos, los que sean, con aprender cosas nuevas y explorar horizontes fuera del medio que conocemos..., incluso sin salir de casa.

Puedes hacerlo vivas donde vivas y tengas los años que tengas. Si quieres convertir cada día en una aventura, lo único que tienes que hacer es darle prioridad a esa aventura. Tiene que ser para ti más importante que la rutina.

TODOS LOS PAÍSES, PREPARADOS EN TU PLATO

A Tulsa (Oklahoma), no se la conoce precisamente por ser la meca de la gastronomía. Cuando estuve allí en una gira de presentación de un libro, me costó mucho encontrar un restaurante que no perteneciera a alguna gran cadena norteamericana. Cuando pedí un café en la cafetería de la librería, tuve que explicarle a la camarera la diferencia entre la leche entera y la descremada…, y luego me cobró un suplemento por haber sustituido una leche por otra.

Sin embargo, por debajo de aquella superficie sembrada de asadores, restaurantes de comida mexicana y hamburgueserías a elegir, vive allí gente de todo tipo. Como la mayoría de las ciudades estadounidenses, Tulsa está cada vez más diversificada. Se encuentra actualmente afincada en esta ciudad una significativa población procedente de más de cincuenta países, y esto incluye a inmigrantes de lugares tan remotos como Burma, China y las islas del Pacífico. La industria petrolera, que hasta hace poco había sido la principal fuente de empleo, se ha echado a un lado para dejar sitio a varias compañías aeroespaciales y financieras que se han instalado en el lugar. Y con ellas, ha llegado una diversidad de trabajadores procedentes del resto del país y también de ultramar.

Al mismo tiempo que iba enriqueciéndose poco a poco la demografía de la ciudad, una madre de treinta y tres años llamada Sasha Martin estaba decidida a cambiar los ya arraigados hábitos de su familia. Tres años antes, había sido como muchas otras personas que buscan una motivación antes de proponerse alcanzar una meta concreta. Su hija Ava tenía seis meses, y Sasha se sentía firmemente enraizada en la vida de Oklahoma…, tal vez demasiado.

Había pasado su infancia en el extranjero porque su padre adoptivo estaba destinado en Europa como director financiero. De joven, a Sasha le había resultado fácil volar a Grecia para pasar un fin de semana o ir a la península escandinava de vacaciones. Pero ahora que vivía en Oklahoma y tenía una hija, las oportunidades de ver el mundo se habían reducido mucho.

La gran idea en la que se concentró fue abrazar distintas culturas por medio de la cocina. «Stovetop Travel»[1] fue el proyecto de Sasha para introducir en su cocina comidas de todo el mundo. Si te parece que no tiene demasiado misterio, debes entender que no se trataba simplemente de «comprar un wok y pasarse una semana aprendiendo a hacer salteados». De joven, Sasha se había diplomado en artes culinarias a su regreso a Estados Unidos, y ahora estaba decidida a poner en práctica lo que había aprendido. El proyecto culinario duraría casi cuatro años y sería auténticamente global. Toda meta que se precie de serlo tiene una fecha límite (presta atención: este es un tema recurrente de muchos relatos), y Sasha se propuso cocinar cada semana una comida completa tradicional de cada país, siguiendo el orden alfabético de la A a la Z, durante un total de ciento noventa y cinco semanas.[2]

Empezó por Afganistán, cocinando al vapor arroz basmati y aprendiendo a hacer *sabse borani*, una salsa de espinacas y yogur. Le siguió Albania, con platos como el *turli perimesh*, una variedad de hortalizas mezcladas. Para la comida de cada semana,

---

1. N. de la T.: Viaje desde los fogones.
2. Los lectores avezados quizá hayan advertido que Sasha, al planear cocinar una comida de cada país, tiene en la lista dos países más de los que había en la mía cuando emprendí el viaje alrededor del mundo. Se debe a que ella ha incluido las repúblicas de Taiwán y Kosovo. Ninguna de las dos es estado miembro de la ONU, pero, de todos modos, he estado en ambas.

Sasha se afanaba en una detallada investigación, consultando libros de cocina y recetas colgadas en Internet y preguntando a un creciente grupo de internautas que seguían con atención su andadura culinaria de Angola hacia Brunei. Todas eran comidas completas, que constaban al menos de un plato principal (a veces varios) y una generosa ración de entrantes y guarniciones. Siempre que le era posible, acompañaba la comida de música del país e invitaba a comer a los amigos.

¿Cómo se llevaba esto en casa? Bueno, hizo falta un poco de tiempo. Al principio, a Keith, el marido de Sasha, no puede decirse que le entusiasmara la idea. Era —según sus propias palabras— un tipo quisquilloso que habría estado encantado de comer hamburguesas y patatas fritas a diario el resto de su vida. Antes de conocer a Sasha, nunca había visto una berenjena ni había probado las espinacas frescas.

Por fortuna, Keith accedió a apoyar la idea, e incluso ofreció ayuda para documentar todo el proceso con fotografías. A medida que el menú de una semana daba paso al de la semana siguiente y Ava iba creciendo, Keith fue haciendo un reportaje de las impresiones que le causaba a la pequeña la comida de cada país.

Después de que Sasha finalizará los países de la letra «A» (Afganistán, Albania, Argelia, Andorra, Angola, etcétera) y pasara a los de la letra B, estaba un día sentada delante de la mesa del comedor hojeando recetarios de cocina en busca de platos de Bulgaria cuando oyó que llamaban a la puerta y, al abrir, se encontró a un joven que trabajaba durante el verano vendiendo libros infantiles.

El joven tenía un acento particular, y resultó ser búlgaro. Sasha lo invitó a pasar y le hizo un montón de preguntas sobre las recetas que había estado leyendo. (En agradecimiento, le compró un libro antes de que se fuera.)

Algo parecido le ocurrió cuando le tocó el turno a Finlandia. Sasha estaba en un grupo infantil de juegos y conoció allí a una mujer que acabó acompañándola a casa para ayudarla a preparar *pulla*, un pan dulce hecho con cardamomo y pasas.

Cuando Sasha empezó a trabajar en el proyecto, sus motivaciones habían sido mejorar la dieta familiar y hacer algo que la sacara de la rutina. Echaba de menos las experiencias viajeras de su juventud y confiaba en poder reavivar el sentimiento de conexión con nuevos países troceando pimientos y elaborando recetas de repostería. Pero el mensaje caló más hondo de lo esperado: ahora Sasha anhelaba promover una ofrenda de paz reuniendo a gente que compartiera el pan y se abriera a comprender distintas culturas.

Tres años después de poner en marcha aquel proyecto, su perspectiva se había expandido. Se le pedía que impartiera charlas en colegios y otros diversos foros. Habían empezado a emular su proyecto por doquier otras familias que compartían su idea de aprender a entender la cultura a través de la comida.

De hecho, cuando me escribió, estaba preparándose para una experiencia gastronómica colectiva a la que había dado el nombre de «La mesa de doscientos pies»: «Esperaba que la aventura cambiara nuestros hábitos alimentarios —me decía en su mensaje de correo—, pero no me imaginaba que influiría en todos los demás aspectos de mi vida como lo ha hecho».

Entretanto, el primer alimento sólido que comió Ava fue el pollo afgano. Ya a los tres años, usaba con la misma soltura unos cubiertos de plata que unos palillos. Para cuando cumpla cinco, habrá probado la comida de todos los países del mundo.

LA RECETA PARA UNA AVENTURA DIARIA

Me gustó la historia de Sasha porque es ejemplo de aventura e ingenuidad. Lo que la motivó fue la pasión por los viajes, y ella le añadió su arte culinario. No solo eso, sino que, en vez de contentarse con «cocinar una serie de comidas distintas», hizo de su idea una misión, con una meta clara y una serie de objetivos intermedios bien definidos.

¿Qué tenía de especial aquel proyecto culinario de Sasha? ¿Por qué no se había limitado a «hacer comida extranjera» de tarde en tarde, en vez de emprender la tarea de preparar la comida típica de cada país?

Su proyecto adquirió tales dimensiones porque era una misión. Escogió una labor específica a la que dedicarse de forma continuada..., una aventura divertida, desafiante y con sentido. Recuerda las características de otras misiones y aventuras que hemos examinado anteriormente:

- UNA META CLARA: en el caso del proyecto de Sasha (¡y del mío!), hay un número muy determinado de países. Yo planeé viajar a cada uno de ellos, y ella planeó investigar y preparar una comida completa de cada país. Suponía mucho trabajo, pero los dos sabíamos en pos de qué trabajábamos y lo que definiría el éxito.
- UN PROGRESO MENSURABLE: cada semana, Sasha y su familia podían ir viendo el progreso conseguido. Además de ir descontando países de la lista, coloreaban todas las semanas un nuevo país en el mapa que colgaba de la pared del comedor. Aunque no tenían prisa por terminar, era divertido ver cuánto habían avanzado. Podían además hacer preparativos para futuros «viajes» a uno

u otro país, algo que despertaba en ellos gran expectación por la comida de cada semana.

- UN SENTIMIENTO DE VOCACIÓN O DE MISIÓN: Sasha empleó sus dotes culinarias con un propósito que iba más allá de hacer una salsa de vino tinto o saber diferenciar un boniato de un ñame silvestre. Se trataba esencialmente de formar parte del mundo que existía más allá de Oklahoma. La añoranza de la vida que había conocido cuando era niña le hizo encontrar la manera de llevarla a la mesa. Con el tiempo, la idea original se expandió: empezó a dar charlas en aulas y centros comunitarios. La meta era difundir un mensaje de paz aprendiendo a comprender las distintas culturas.

- SACRIFICIO... O AL MENOS ESFUERZO: ¿supone un sacrificio la aventura de Sasha? Tal vez no..., sobre todo si no se tienen en cuenta los ajustes que tuvo que hacer Keith mientras aprendía a desarrollar el paladar. Pero sin duda supuso un esfuerzo concentrado y continuo. Si decides seguir un orden de países de la A a la Z, no puedes hacer demasiadas alteraciones. Si de repente Sasha se veía metida en un atolladero o se encontraba con una serie de países para los que era difícil hacer los preparativos necesarios, tenía que arreglárselas como fuera. ¡Sin excusas!

OTRAS AVENTURAS COTIDIANAS

Indagando en busca de material para este libro, supe de gente que había emprendido todo tipo de aventuras semejantes a la de Sasha..., es decir, que habían viajado figurada o literalmente a gran cantidad de lugares. Marc Ankenbauer, que

TU SUEÑO HECHO REALIDAD

se autoproclamó «explorador glacial», dedicó casi diez años a zambullirse en cada lago del Parque Nacional de los Glaciares y el de los Lagos Waterton, situados a uno y otro lado de la frontera entre Estados Unidos y Canadá. Entre ambos, contienen un total de ciento sesenta y ocho lagos, y para acceder a muchos de ellos es necesario dejar atrás los senderos y abrirse paso a través de una densa vegetación o un abrupto terreno montañoso. Marc tuvo la idea de poner a prueba su forma física a la vez que recaudaba dinero para el Campamento Mak-A-Dream, organización benéfica que ofrece de modo gratuito a niños y adolescentes con cáncer la posibilidad de vivir experiencias al aire libre.

Otras dos de las aventuras que más me agradaron dentro de esta categoría consistían en localizar determinados edificios en una serie de viajes de estudio, realizados a una distancia cada vez mayor a medida que se desarrollaba el proyecto.

Caso número uno: todas las basílicas

Allie Terrell, que anteriormente era atea, se convirtió al catolicismo a los veintitrés años después de leer un libro de C. S. Lewis. Cuando quiso encontrar una iglesia a la que asistir, una búsqueda en Google la dirigió a una basílica, palabra que había oído alguna vez pero que no sabía muy bien lo que significaba. Indagando luego, supo que una basílica era un tipo particular de iglesia, y que en aquellos momentos había un total de sesenta y ocho en Estados Unidos.

Allie tenía interés en saber por qué algunas iglesias habían recibido aquel estatus especial. En su estado natal de Wisconsin había una iglesia en cada esquina, pero era necesario recorrer muchos kilómetros para encontrar una basílica. Después de haber estado en una de ellas, Allie y su novio, Jason, sintieron verdadera curiosidad. Las basílicas solían tener características arquitectónicas particulares, en unos casos manteniendo la coherencia con el diseño del edificio eclesiástico previo, pero en otros incorporando un estilo contemporáneo. Algunas eran particularmente bellas, y otras se habían convertido en lugares de peregrinación por razones históricas. Allie y Jason decidieron hacer de su curiosidad un proyecto: se dedicarían a visitar cada una de las basílicas de Estados Unidos, contando su historia sobre la marcha.

Allie trabaja como ingeniera informática, y naturalmente está más que habituada a manejar información. En Internet hay muy poca documentación sobre la mayoría de estos edificios históricos.

Muchos católicos ni siquiera saben lo que es una basílica, y los guardas, ya ancianos, de estos edificios no suelen pasar el tiempo editando los artículos de la Wikipedia. Cuando Jason y Allie se dieron cuenta de que existía aquella laguna, decidieron subsanarla documentando sus experiencias con fotografías y narraciones.

La búsqueda se ha expandido geográficamente hasta el punto de que han empezado a viajar bastante lejos de su base de operaciones situada en Wisconsin. Una dificultad es que el número de basílicas va en aumento debido a que los líderes eclesiásticos otorgan ese estatus especial cada vez a más edificios. Allie y Jason planean salvar el obstáculo «deteniendo el proceso de diseño» en algún momento, y centrándose exclusivamente en aquellos que en ese momento tengan el estatus de basílica.

Caso número dos: todos los estadios de béisbol

A los cinco años, Josh Jackson participó en un ritual que muchos niños han vivido: su padre le llevó a un gran estadio deportivo por primera vez. En el caso de Josh, el estadio era el Houston Astrodome, y se trataba ni más ni menos que de un partido de la Liga Nacional de Béisbol. Quizá lo vivió como un importante rito de paso, o quizá es que sencillamente la caja de cacahuetes y palomitas caramelizados llevaba un premio escondido, pero, fuera por lo que fuese, Josh estaba embelesado.

Durante el resto de su niñez, y luego hasta los quince años, Josh y su padre intentaron ir a todos los estadios de la Liga Norteamericana de Béisbol existentes en Estados Unidos y Canadá. Al principio, para ahorrar, solían llevarse sándwiches de crema de cacahuete y gelatina de frutas para la comida y dormían en la parte de atrás de una camioneta Ford Econoline cuando hacían viajes largos, a los estadios del centro y norte del país.

Josh me escribió hablándome del sentimiento mágico de entrar en un gran estadio por primera vez, de salir de la boca de un túnel y encontrarse de pronto entre una comunidad de aficionados como él: «Quería sentir esa misma entrada gloriosa en todos los estadios del país. No hay nada comparable a caminar ese tramo, a entrar en el túnel y salir a un nuevo estadio por vez primera, y ver a los jugadores calentando y a la gente llenar poco a poco las gradas».

Tras el primer partido, Josh y su padre empezaron a hacer con regularidad viajes por carretera. Un verano, su padre le tenía reservada una sorpresa:

—¿Qué te parece si vamos… a Nueva York? —le dijo con una sonrisa.

Josh se emocionó, pero esa no era la sorpresa.

—¿Cómo crees que deberíamos ir? –siguió su padre.

Ahora Josh se quedó confuso.

—Um... ¿En coche?

Fue entonces cuando su padre le dio la verdadera sorpresa con otra sonrisa:

—¿Y qué te parecería si vamos en autoestop?

Josh me contó el resto de la historia en un mensaje de correo electrónico:

Unos meses más tarde, mi madre y mis tres hermanas nos dejaron en un área de descanso para transportistas que había a pocos kilómetros de casa, y al cabo de unas horas estábamos en marcha. Resumiendo, recorrimos en autoestop más de dos mil kilómetros en diez días. Nos montamos en veintidós vehículos distintos, y el viaje nos llevó del oeste de Michigan a los partidos de Pittsburgh, Nueva York, Baltimore y Filadelfia. El tramo más memorable fue el que hicimos en la parte de atrás de una camioneta, sentados uno a cada lado de una Harley Davidson, desde el este de Pensilvania directos a la ciudad de Nueva York cruzando el puente George Washington. Pasar tiempo con mi padre..., observar cómo nos dirigía, verle interactuar con los conductores, hablar con ellos bajo el sol abrasador y en las rampas de acceso a las autopistas, haciendo señas y experimentando la libertad y el miedo de hacer autoestop... Para mí, estos fueron sin duda los momentos más importantes.

Entrar en el Astrodome había iniciado una pasión por el béisbol, y viajar en autoestop hasta Nueva York consolidó la idea de que aquel sería un propósito permanente. Cuando se hizo mayor, Josh planeó ver un partido en cada uno de los estadios de la Liga Nacional de Béisbol. Ha sido un proyecto intermitente durante gran parte de su vida, y en la actualidad solo le quedan unos pocos estadios por conocer.

LA VIDA ES UN EXPERIMENTO DE VALENTÍA

La primera vez que oí mencionar el concepto de experimentos de vida fue a Allan Bacon hace varios años. Allan era un tipo normal que tenía una buena vida y una familia estupenda, pero sentía también cierto descontento —como le ocurre a mucha gente de la que tengo noticia—. No podía abandonarlo todo y dedicarse a viajar por el mundo con una mochila a la espalda, y no le tentaba la idea de correr una maratón cada domingo, pero empezó a cambiar sus hábitos de vida tanto como pudo, con la idea de que incluso los cambios más mínimos le resultarían beneficiosos. Desde que puso en práctica sus experimentos de vida iniciales, que consistían en algo tan simple como hacer una visita a un museo de arte en el descanso del mediodía o inscribirse en un curso de fotografía, se siente mucho más contento.

En un libro titulado *The Flinch* [La inmutación], Julien Smith hablaba sobre sus propios experimentos de vida, animando a los lectores a probar alguno de ellos. Uno de mis pasajes favoritos entraña un acto deliberado de destrucción de material doméstico:

> Vete a la cocina y encuentra una taza que no te guste. Taza en mano, vete a un sitio de la casa que tenga el suelo duro. Con el brazo estirado, sostén la taza delante de ti. Despídete de ella. Ahora, déjala caer. Cualquier racionalización que interfiera en

este momento es un punto débil que hay en ti. Toma nota de él; lo verás aparecer una y otra vez. Deja caer la maldita taza. ¿Lo has hecho? Si es así, te darás cuenta de una cosa: para romper tu programación, basta un solo momento de determinación y fortaleza.

Además de estrellar tazas contra el suelo, ¿qué otras clases de experimentos de vida pueden dar un giro positivo a las cosas? He aquí una lista rápida de posibilidades:

- Intenta entablar una conversación con cualquier persona desconocida.
- Date solo duchas frías durante una semana.
- Siéntate en un sitio público y mira fijamente al frente durante diez minutos.
- Comprométete a ponerte de inmediato la ropa de deporte en cuanto suene el despertador (¡no vale apretar el botón de repetición de la alarma!).
- Vete a trabajar por un camino o en un medio de transporte diferente.
- Dispón de forma completamente distinta el mobiliario del salón o del dormitorio.
- Varía la dinámica de entrenamiento y escoge los ejercicios con sucesivas tiradas de dados.
- Participa en una reunión gratuita sobre práctica de un idioma (entra en la web www.meetup.com, por ejemplo, y busca el idioma que más te apetezca).
- Ofrece en alquiler una habitación de tu casa, en www.airbnb.com.
- Ofrece un sofá a un viajero, en www.coachsurfing.com.

- En una reunión a la que asistas con regularidad, elige cada vez un asiento distinto.
- Publica un anuncio donde diga: «¿Puedo ayudarte en algo?» en Facebook, Twitter o cualquier sitio web en que suelas encontrarte con amigos. Responde a tantas respuestas como puedas.
- Ríete a carcajadas en público de algo que no tenga gracia. Observa qué sucede.
- Lleva golosinas para perros al parque y dáselas a personas desconocidas (sobre todo a las que tengan perro).
- Deja de llevar paraguas cuando llueve. Puede que te mojes, pero es casi seguro que no te desharás.

Puede que algunas de estas ideas te parezcan insustanciales o irrelevantes. Céntrate en las que te suenen interesantes, y si sigues sin encontrar ninguna, crea tú las que se te ocurran.

¿DEBERÍAS DOCUMENTAR TU AVENTURA?

Sí, probablemente..., a tu manera. Pero ¿cómo? Algunas personas con las que hablé decían que ojalá hubieran estado más atentas a documentar su viaje, otras felizmente habían hecho una crónica de todo y un tercer grupo estaba contento de hacer realidad su proyecto sin dejar testimonio de todos los detalles.

Josh Jackson, que ha viajado a casi todos los estadios de béisbol de Estados Unidos, asegura que su mayor decepción es no haber estado más atento a dejar constancia de su experiencia. Ahora le gustaría haber hecho más fotos y haber guardado los resguardos de las entradas, y no hay forma de subsanarlo puesto que los viajes a aquellos estadios quedan ya en un pasado lejano. Allie Terrell, que aspira a ir a ver cada basílica de su país, me dijo que ahora se lamenta de no haber adquirido conocimientos técnicos de fotografía hasta una etapa ya avanzada de su aventura. «Me encantaría tener una colección completa de fotos de basílicas cuando haya terminado —me decía—, pero quizá eso signifique tener que volver a algunas de ellas, porque la obra fotográfica de los primeros tiempos deja bastante que desear.»

Algunas opciones para la documentación son:

- Fotografía y vídeo.
- Escribir o crear un blog.
- Coleccionar recuerdos (como los resguardos de las entradas, en el caso de Josh).
- Crear un álbum de reseñas (tradicional o digital).
- Algo de otro tipo.

Facilita las cosas decidir qué forma de documentación, si quieres que la haya, se ajusta más a tus preferencias. Cuando empecé a viajar, llevaba una cámara conmigo a todas partes y hacía fotos, que parece que es lo que uno debe hacer. Lo cierto es que la fotografía no se me daba muy bien, y no siempre disfrutaba con lo que hacía; en realidad, a veces me resultaba estresante... Me di cuenta de que dedicaba mucho tiempo a buscar el ángulo o la composición para que quedara una buena foto en vez de disfrutar de verdad de lo que me rodeaba. Al final dejé de hacer fotografías, exceptuando alguna que otra instantánea que tomaba con el móvil, y fue un alivio. Continué escribiendo, una forma de documentar mis viajes que tenía más que ver conmigo.

Lección: realiza el tipo de registro que tenga sentido para ti, no el que crees que deberías hacer. Encontrarás algunas maneras de documentar toda tu aventura en la página web www.findthequest.com.

TODO EL MUNDO ESTÁ OCUPADO

¿Eres una persona muy ocupada? Es lo normal. Todo el mundo está ocupado, y, aun así, todos tenemos la misma cantidad de tiempo a nuestro alcance. Si quieres dar prioridad a tu aventura pero no encuentras tiempo, algo debe cambiar.

Sasha Martin encontró la manera de que el mundo llegara a la mesa del comedor en su casa de Tulsa, Oklahoma. Otros encontraron formas diferentes de crear la aventura, cambiando sus hábitos de vida y proponiéndose nuevos desafíos.

Las dos teorías más conocidas sobre cómo implementar un cambio son:

1. Hacer pequeños cambios progresivos (pero frecuentes). Salirse poco a poco de lo establecido.
2. Hacer un cambio drástico instantáneo. Dejar de fumar de inmediato. Darse duchas de agua fría. Entrar en un «campo de entrenamiento para el alma»... Sea lo que sea lo que necesites hacer, hacerlo ya.

Cualquiera de las dos opciones puede funcionar, lo que no hay es una tercera opción que consista en esperar a que el cambio llame a tu puerta. Has de hacer algo y cuanto antes.

RECUERDA

- *Aunque no tengas la intención de correr doscientos cincuenta maratones al año, puedes hacer realidad tu aventura, sea la que sea.*
- *No te contentes con hacer algo «divertido». Encuentra la manera de estructurar tu proyecto y ponle un plazo de ejecución.*

- Conecta tus habilidades e intereses a un desafío que se extienda en el tiempo..., como ir a ver cada basílica de Estados Unidos o cocinar casi doscientas recetas.

FORMA DE VIDA

La misión me ayudó a orientarme. Siempre me había encantado viajar, incluso viajar sin rumbo fijo y sin meta, pero conectar los viajes a algo de mayor trascendencia le dio más peso. La misión suponía un objetivo mensurable y una serie de pasos progresivos que seguir. Aunque en última instancia el viaje era más relevante que el destino que trataba de alcanzar, tener un destino en mente era como tener un ancla.

Una típica escapada de un par de semanas me llevó a dar la vuelta completa al mundo, o al menos a dos importantes regiones de fuera de Norteamérica. Solía planear el siguiente viaje en cuanto volvía a casa; enviaba de inmediato el pasaporte a otra embajada u oficina de visados para recibir la autorización necesaria. Con frecuencia tenía en movimiento varios billetes de vuelta al mundo al mismo tiempo, y pasaba de uno a otro al llegar a diferentes metrópolis desde las que me dirigía a lugares más remotos. Suena un poco confuso, pero es que lo era.

Cuando tenía dificultades para llegar a algún sitio, redirigía el viaje al instante; buscaba otro país hacia el que poner rumbo y dejaba para un momento posterior aquel en el que era problemático entrar. Esto suponía que muchas veces tenía que solicitar un visado en el último momento, y enviaba el pasaporte justo a tiempo de que la oficina de visados lo recogiera en Washington y me lo devolviera por mensajería urgente el día antes de salir de viaje. Más de una vez volé a Chicago o a Nueva York, donde tenía pensado conectar con un vuelo internacional, y me quedé en el

*hotel esperando con los dedos cruzados a que el pasaporte lle-
gara. Un amigo lo bautizó con el nombre de «estilo Guillebeau
de solicitar visados»: normalmente se consigue el visado que se
necesita, pero no hasta el último momento.*

*En medio de todos estos viajes, ¿dónde encajaba yo? ¿Cuál
era mi sitio? Era norteamericano, tenía un apartamento en Oregón y un pasaporte azul con el sello de Estados Unidos, pero no
me sentía lo que se dice un patriota. Al regresar de un viaje, en
ocasiones tenía la sensación de llegar a otro lugar desconocido.
A la vez, en muchos países se me hacía sentir claramente que
aquella no era mi tierra; normalmente se me trataba bien, o al
menos con curiosidad, pero siempre como a un extranjero.*

*Donde de verdad me sentía en casa, y esto es algo que des-
cubrí en el transcurso de mis viajes, era en el camino en sí. Diri-
girme hacia otro destino, familiarizarme con otra red de autobuses o hacer cola para sacar otro billete de tren nocturno en clase
turista eran actividades de lo más normal. Estar en camino era lo
único que no cambiaba y con lo que podía contar, y la misión se
convirtió así en el hogar donde me sentía auténticamente a salvo
y a gusto.*

*Aprendí a llevar en el equipaje lo mismo para todos los via-
jes. Ropa sencilla que poder ponerme en capas. Al menos una
camiseta. Y siempre las zapatillas deportivas, aunque solo fuera
para que me incitara a la acción cierto sentimiento de culpa por
cargar con ellas por todo el planeta.*

*Sri Lanka fue el país número cien. Llevaba meses deseando
que llegara el momento de aquel viaje, tanto porque era un sitio*

que quería conocer desde hacía mucho como por la victoria simbólica que representaba haber recorrido más de la mitad del camino hacia la meta. Llegué a la ciudad de Colombo en un vuelo nocturno procedente de Qatar. El avión, abarrotado, aterrizó de madrugada. El paso por el control de inmigración y luego el tráfico matutino supusieron horas de espera, así que cuando por fin llegué al hotel, alrededor del mediodía, fue una alegría saber que mi habitación estaba preparada.

Dejé el equipaje y di un paseo rápido por la ciudad. Luego fui a echarme una siestecita.

Lección: cuidado con las siestecitas después de haber cambiado seis veces de zona horaria y no haber dormido la noche anterior. La siesta de la que contaba con levantarme al cabo de un rato con renovada energía se convirtió en un ciclo de sueño completo. Cuando me desperté ocho horas después, lo primero que pensé fue: «¡Qué barbaridad, qué pronto se hace de noche aquí!». Luego miré el despertador y comprendí lo que había ocurrido. Al haber dormido la tarde entera y hasta ya anochecido, sabía que estaría despierto el resto de la noche.

Resultó que pasar la noche entera despierto en Colombo fue sorprendentemente entretenido. Tenía en la habitación un balcón que daba a la playa, inmediatamente contigua a la zona más céntrica de la ciudad. En el momento de mi llegada, Sri Lanka estaba sumida en una larga guerra civil. La capital era lugar seguro, pero se recomendaba a los extranjeros que no viajaran por el resto del país. Había soldados apostados en cada esquina.

Fui a pasear por la playa, saludando con la mano a los soldados al pasar y a un grupo de niños que estaban todavía en la calle jugando al fútbol a pesar de la hora. Caminé por la arena bajo una luna que brillaba en lo alto, contemplando las olas romper estrepitosamente en la orilla y luego retroceder.

—¡Cien países! —exclamé en voz alta. Tantos, tan rápido, y aun así quedaba tanto por recorrer...

Ya de vuelta en el hotel, me puse cómodo y monté un despacho móvil para la noche. Estaba trabajando en un escrito que debía haber terminado ya para entonces, y decidí que no había momento como el presente para quitármelo de encima. Faltaban todavía al menos seis horas para el desayuno. Puse agua a hervir para prepararme un Nescafé y entré en faena.

Cuando el sol empezó a asomar entre las nubes, casi había terminado.

Estaba el primero en la cola del restaurante, y pedí dos platos de comida y más café.

«¡Qué locura! —pensé—. Aquí estoy en Sri Lanka, viendo salir el sol después de haber estado levantado toda la noche en el país número cien». Y sin embargo, todo me resultaba de lo más normal.

Un par de días más tarde, sin que el ciclo de sueño hubiera llegado en realidad a ajustarse, subí a un avión de la compañía Cathay Pacific con destino a Hong Kong. Me quedaban muchos países por delante, y estaba deseando seguir mi viaje.

Por raro que me pareciera, aquella era mi nueva forma de vida.

CAPÍTULO 7

TIEMPO Y DINERO

Todos los artistas están preparados a sufrir por su obra. Pero ¿por qué hay tan pocos dispuestos a aprender a dibujar?

BANKSY

LECCIÓN: ANTES DE EMPRENDER UNA AVENTURA, CALCULA LOS COSTES

Conocí al joven de veintiún años Nate Damm en Portland (Maine), mientras estaba sentado con un grupo de gente en la terraza de una cafetería. Nate era el tipo silencioso de la esquina, que prestaba atención pero no hablaba demasiado. Después de que todo el resto de los que estábamos hubiéramos conversado un rato, un amigo común me lanzó una mirada y señaló a Nate:

—Deberías oír lo que va a hacer este tío el año que viene —dijo.

A Nate pareció dolerle ser el centro de atención, pero luego explicó que estaba pensando en cruzar Estados Unidos a pie, desde Maine hasta San Francisco. Lo dijo en voz tan baja que tuve que pedirle que lo repitiera:

—¿Que vas a hacer qué?

Me dijo de nuevo, sin darle la menor importancia, que lo tenía todo dispuesto para salir de Maine la primavera siguiente y cruzar hasta la Costa Oeste en los siguientes seis o siete meses. Todos los que estaban sentados a la mesa tenían muchas preguntas que hacerle..., preguntas que resultaba obvio que le habían hecho muchas veces antes.

—¿De verdad vas a atravesar Estados Unidos andando?

—Sí.

—¿Por qué?

—Porque creo que es lo que debo hacer. Hace dos años que tengo la idea en la cabeza y no me deja en paz.

—¿Y cómo lo vas a hacer?

—Con una mochila, unas deportivas y un saco de dormir.

Me fui de allí impresionado, pero preguntándome también si de verdad lo haría. El camino que Nate había elegido se extendía a lo largo de casi cinco mil kilómetros y cruzaba por varios climas distintos, lo cual incluía un tramo bastante largo a través del desierto de Mojave y el de la Gran Cuenca en Nevada.

A pesar de ello, Nate se había comprometido con la idea. En cuanto la temperatura en Nueva Inglaterra subió un poco después de un invierno muy frío, metió en la mochila todo lo que le cabía y se puso en marcha. Desde Maine, bajó cruzando Pensilvania y se dirigió luego al oeste, hacia la región de los Grandes Lagos. El primer día fue emocionante («¡Estoy de camino!») y el segundo, agotador («No tengo los pies acostumbrados a esto»). Unos días después, había establecido ya un ritmo regular de marcha y los músculos se habituaron a caminar día tras día seis horas o más.

Encontrándose todavía en las primeras semanas de su viaje, tuvo un percance en Virginia Occidental. Nada le había salido como esperaba ese día. Estaba sin fuerzas, se sentía solo y una tormenta que había empezado por la mañana se había alargado sin interrupción hasta la tarde. Al borde del colapso físico y mental, se obligó a recapitular y a pensar detenidamente en por qué estaba haciendo aquello. La reflexión le ayudó: comprendió que, aunque habría muchos más días igual de duros que aquel, valoraba la experiencia en sí lo suficiente como para perseverar en su empresa. Recuperó el coraje y la energía, cruzó el límite del estado y siguió adelante.

Una vez que se acostumbró al ritmo constante del progreso diario, aunque a veces fuera bajo la lluvia, Nate se adaptó a aquella vida que transcurría por el camino lento pero seguro. Se levantaba cada mañana y andaba. A veces se encontraba a gente por el camino. Los camioneros paraban para ofrecerle agua (y de vez en cuando, una cerveza) y gente a la que no conocía le invitaba a comer. Otras veces se pasaba solo el día entero, añadiéndoles kilómetros a sus botas de lona según avanzaba, con mayor o menor agilidad, a través del centro del país en dirección a California. En todos los casos, la tarea era la misma: poner un pie delante del otro, literalmente.

La parte que más me gustó de la conversación que tuve con Nate después de su viaje fue cuando le pregunté por las dificultades que se había encontrado.

—La idea de cruzar el país a pie le parece descabellada e inimaginable a la mayoría de la gente —me dijo—, pero una vez que me puse en marcha, fue fácil llevarla a cabo. Básicamente se trataba solo de despertarme y andar todo el día.

Después de haber estado en los primeros cincuenta países, empecé a escribir sobre la aventura de viajar a todos los países del mundo y a compartir mis experiencias en un blog. Unas cuantas personas comenzaron a seguir mis peripecias, y algunas me escribían con comentarios de todo tipo. La mayoría eran comentarios positivos, pero también había quien lo criticaba todo. En tema de viajes, todo el mundo tiene una opinión sobre cómo viajar y a qué reglas atenerse. Un tipo me escribió en tono de desdén: «Nada más fácil. Para viajar a todos los países del mundo, lo único que se necesita es tiempo y dinero».

Lo decía como ataque, y al principio me afectó: «¿Fácil? ¡No es fácil! Si no, prueba a pasar treinta horas en un autobús a través del África oriental, o en un taxi compartido y abarrotado hasta el siguiente puesto fronterizo».

Pero luego me quedé pensando en lo que había de fondo en aquella crítica. Una vez le oí a alguien decir que las críticas son como una nuez rodeada de una cáscara dura. La cáscara representa una experiencia proyectada desde una perspectiva tendenciosa…, algo que deberíamos desechar e ignorar. Y si somos capaces de desechar la trampa externa de la crítica, normalmente hay algo que podemos aprender de lo que se oculta detrás de ella, sobre todo después de haber dejado que pase un poco de tiempo.

En el caso del comentario de «tiempo y dinero», me di cuenta de que había una lección que podía aplicarme. Siempre había sido bastante metódico en lo que a poner metas se refiere. Me pasaba casi una semana cada diciembre repasando el año que estaba a punto de concluir y haciendo planes para el siguiente. La decisión de viajar a todos los países del mundo no surgió como tal hasta después de haber dedicado mucho tiempo a pensar detalladamente en la logística. Prestar atención a esos detalles —a cómo llevar a cabo la empresa— fue de hecho beneficioso, no algo que despreciara o a lo que no diera importancia. La misión fue un éxito porque había examinado cada paso detenidamente, no a pesar de ello.

CALCULAR EL COSTE

Era verdad: si dividía el apabullante proyecto de viajar a ciento noventa y tres países antes de cumplir los treinta y cinco en una larga serie de pequeñas tareas, la mayor parte de los problemas que conllevaba la aventura eran mucho más fáciles de resolver. Todo empezó cuando calculé por primera vez el coste estimado de subir de cincuenta a cien países. Aventuré que la cifra rondaría los 30.000 dólares, y que tardaría aproximadamente entre cinco y siete años en viajar a todos ellos. El primer pensamiento que tuve después de hacer la operación matemática fue: «¡Ah, ¿eso es todo?!».

No es que tuviera 30.000 dólares guardados en un cajón, pero me di cuenta de que si llevaba una vida austera, ir a cien países en el curso de varios años no sería una meta inalcanzable. Luego, a medida que me acercaba a esa meta, comprendí que en realidad estaba dentro de mis posibilidades viajar a todos los países. Obviamente, ir a todos ellos sería más caro y más comprometido que ir a un número de sitios limitado (sobre todo teniendo en cuenta que la meta original me permitía elegir a mi antojo a qué países viajar), pero sabía que era posible si iba resolviendo los problemas de uno en uno. El hilo de pensamiento fue el siguiente:

¿Y si fuera a todos los países del mundo?
¡Qué va! ¡Imposible!
¿Por qué no? ¿Qué haría falta?
Mucho tiempo…, probablemente mucho dinero… y casi con toda seguridad tendría que considerar otras variables que no he tenido en cuenta.
¿Cuánto tiempo? ¿Cuánto dinero? ¿Cuáles podrían ser esas variables? Vamos a calcularlo.

Otra manera de plantearse una gran meta es comenzar desde el final e ir haciendo los planes en sentido inverso hasta llegar al inicio. El punto final es el destino definitivo, sea lo que sea lo que hayas decidido alcanzar o conseguir. En mi caso, el punto final sería el último país, es decir, el país número 193. ¿Qué tenía que suceder antes para que pudiera llegar a él? Dependiendo del sistema de geografía que te enseñaran en el colegio, te contarían que hay, cinco o seis continentes que estén permanentemente habitados (algunos geógrafos combinan Europa y Asia en un solo continente, y los científicos y los pingüinos son los únicos habitantes de la Antártida). Tendría que ir a todos los países de todos esos continentes.

Además de encontrar el tiempo necesario y de reunir todo el dinero, preveía otras cuestiones de importancia que tendría que resolver. Y fue reflexionar sobre esos obstáculos lo que me llevó a establecer una serie de metas intermedias. Por ejemplo:

- Viajar a todos los países de África (el continente que presenta mayor dificultad, y que contiene más de 50 países).
- Viajar a todos los países de Asia (a muchos países asiáticos es fácil llegar, pero no a todos).
- Viajar a todos los países del Pacífico Sur (también todo un desafío, pues hay algunas islas diminutas que tienen un servicio aéreo muy limitado).
- Viajar a países como Irak, Corea del Norte, Somalia y algunos otros que eran escenarios de guerras civiles o conflictos bélicos o que estaban cerrados al turismo en general (coloqué varios de estos lugares en la lista de «estados peligrosos y otros sitios interesantes»).
- Viajar a todos los países acabados en «stán»: Turkmenistán, Afganistán y cinco más. (Son países preciosos, pero a veces no es fácil conseguir autorización para entrar en ellos).

Considerando que los viajes durarían unos diez años, no iba a poder mantener un grado de entusiasmo permanente pensando en la línea de meta. Fue entonces cuando los objetivos intermedios resultaron muy útiles. Cuando conseguí llegar a Timor Oriental, el último país asiático de la lista, salí a correr y pensé largo rato en todo lo que había ocurrido antes de poder poner pie en este país. Hasta unos años antes, nunca había oído hablar de Timor Oriental (y unos años antes de eso, no existía. Hasta la independencia de Sudán del Sur en 2011, Timor Oriental era el país más nuevo del mundo).

Entrar en los países acabados en «stán» había sido particularmente difícil. Al final llegué a Dusambé, la capital de

Tayikistán, en un vuelo de la compañía Aeroflot procedente de Moscú en pleno invierno. Había tenido que comprar un vuelo con recorrido turístico incluido para poder entrar en el país, y los guías me estaban esperando en el aeropuerto una vez que, tras un largo y confuso interrogatorio, pasé el control de aduanas. Había llegado a aquella capital gélida en el mes de febrero, así que obedientemente me abrigué y fui asintiendo con gesto de admiración mientras los guías me paseaban por museos y edificios gubernamentales.

Cuando salí del país unos días después, esta vez volviendo a Estados Unidos vía Estambul, me di cuenta de que acababa de completar una parte extensa y misteriosa del mundo. ¡Ya estaba! Ahora podía tachar Asia central de la lista.

RAZONAMIENTO DEDUCTIVO

Puedes aplicar el mismo principio de «tiempo y dinero» a muchas misiones y proyectos. ¿Qué conllevará? ¿Qué se necesita? Cuanto más puedas concretar a la hora de planificar tu proyecto, incluso aunque se trate solo de estimaciones aproximadas, más fácil te resultará hacerte a la idea de cómo alcanzar la meta. ¿Cuál es la meta, realmente? ¿En qué se traducirá de un modo palpable haberla alcanzado?

Al comenzar una aventura, deberías calcular el coste que tendrá. ¿Qué te hace falta para llegar a la meta?

META: _____

TIEMPO: _____

DINERO: _____

OTROS COSTES: _____

IMPREVISTOS: _____

Aunque muchas veces una misión nace de la espontaneidad y un anhelo de romanticismo, se necesita una buena dosis de razonamiento si quieres que se haga realidad.

Matt Krause tenía un sueño como el de Nate: cruzar Turquía a pie. Planeó la ruta con mucha antelación. «Haré entre noventa y cinco y cien kilómetros a la semana durante un total de 22 semanas», escribió en una detallada hoja de cálculo, que contenía además datos sobre la elevación de la caminata planeada para cada día, así como el clima y la temperatura media de cada una de las distintas regiones que atravesaría. ¿Un poco excesivo? Tal vez. Pero Matt sostiene que la minuciosidad de la información le ayudó a entender en qué iba a meterse. Y le ayudó también a demostrar a los curiosos que sabía lo que hacía.[1] No era solo una idea pasajera; era un plan.

Scott Young, que de forma autodidacta preparó los cuatro cursos de la carrera de ingeniería informática del MIT en un solo año, no se lanzó impetuosamente a conseguirlo en cuanto la idea le cruzó por la mente.

—Me pasé casi dos meses preparando el programa de estudios antes de embarcarme en la aventura –me dijo–, lo cual significó, entre otras cosas, hacer un estudio piloto de una semana con una sola asignatura.

El estudio piloto le ayudó en muchos aspectos. En primer lugar, le dio confianza: ¡podía hacerlo! Sería difícil, pero

---

1. Encontrarás más referencias a la experiencia de Matt en el capítulo 15. Para ver su detallada hoja de cálculo, entra en www.heathenpilgrim.com/the-route.

no imposible. En segundo lugar, le ayudó a pensar en cómo estructurar el resto del cometido. Vio a qué horas del día sería más probable que estudiara.

Consideró el resto de las asignaturas y visualizó las partes que le resultarían más problemáticas. Para cuando terminó el estudio piloto, sabía a lo que se enfrentaba y estaba listo para entregarse de lleno durante un año al proyecto con el que acababa de comprometerse.

Se puede aplicar el principio de tiempo y dinero a muchos proyectos distintos. Vamos a ver un par de ejemplos más, centrándonos en una idea y las objeciones que podamos hacer al respecto.

Proyecto: hacer el Camino de Santiago

Desde la Edad Media, muchos peregrinos se han embarcado en la larga andadura del Camino de Santiago, que se extiende por España. La mayoría de ellos recorren al menos unos kilómetros al día, deteniéndose en hostales baratos a pasar la noche y continuando el viaje a la mañana siguiente temprano.

- TIEMPO: aproximadamente siete semanas.
- COSTE: variable, pero se puede hacer por poco más de 20 euros al día.
- OBSTÁCULO NÚMERO UNO: dudas sobre la capacidad para recorrer largas distancias («¿De verdad voy a ser capaz de recorrer ochocientos nueve kilómetros a pie?»).
- CÓMO SALVARLO: prueba a andar varios kilómetros al día e incluye una caminata más larga a la semana. Indaga, y cómprate unas zapatillas deportivas cómodas y que ofrezcan una buena sujeción del pie.

- OBSTÁCULO NÚMERO DOS: no saber con seguridad cómo suele hacerse. («¿Cómo llego hasta España? ¿Hago el Camino solo o en grupo?»).
- CÓMO SALVARLO: lee para informarte. Adquiere confianza. Habla con alguien que haya hecho el Camino.

Proyecto: aprender un idioma en un plazo breve

Los estudiantes semiprofesionales de idiomas con los que hablé para incluir sus relatos en este libro tenían cada uno su método de aprendizaje, pero todos coincidían en lo más fundamental: cualquiera puede aprender un idioma, y no se tarda tanto en aprenderlo como la mayoría de la gente cree.

- TIEMPO: seis meses (o lo que decidas).
- COSTE: es variable, pero se puede hacer por un precio muy asequible y e incluso de modo gratuito.
- OBSTÁCULO NÚMERO UNO: falta de confianza («No se me da bien aprender idiomas»).
- CÓMO SALVARLO: empieza muy poco a poco. Pide ayuda. Acepta que todos comienza siendo un principiante.
- OBSTÁCULO NÚMERO DOS: no saber con demasiada certeza cómo empezar («¿Me inscribo para hacer un curso? ¿Busco un profesor particular? ¿Me descargo de Internet material y algunos archivos audiovisuales?»).
- CÓMO SALVARLO: pruébalo todo y averigua qué te convence más. ¡Lo importante es que empieces!
- OBSTÁCULO NÚMERO TRES: sensación de no disponer del tiempo suficiente. («Estoy demasiado ocupado»).
- CÓMO SALVARLO: debes incorporarlo a todas las actividades cotidianas. Lleva siempre contigo unas fichas con

el vocabulario nuevo. Escucha música en el idioma que quieras aprender. Estudia en sesiones de diez minutos cada vez que saques un poco de tiempo.

PERO ¿Y LA ESPONTANEIDAD?

Uno de mis poemas favoritos es «Ítaca», que escribió en 1911 el poeta griego Constantino Cavafis. Está basado a grandes rasgos en *La Odisea* de Homero, pero entraña principios interesantes para cualquier viajero o caminante. Los treinta y seis versos del poema están llenos de lecciones sobre la importancia de elegir un propósito, realizarlo con audacia e ignorar las críticas. Una de las partes que más me gustan habla de cómo valorar a la vez el viaje y el destino:

Ten siempre a Ítaca en la memoria.
Llegar allí es tu meta.
Mas no apresures el viaje.
Mejor que se extienda largos años;
y en tu vejez arribes a la isla
con cuanto hayas ganado en el camino,
sin esperar que Ítaca te enriquezca.

Si has emprendido viaje a Ítaca, habrá tiempo de sobra para la espontaneidad y la sorpresa. La meta es tu guía, eso hacia lo que diriges con brío tus pasos. Esto no quiere decir que no vayas a cambiar el rumbo o a hacer algo divertido y diferente por el camino.

Sí, claro que lo importante es el viaje, pero tener un destino en mente será una ayuda. Pensar con lógica en la meta y analizar los obstáculos te resultará beneficioso. Si vas a participar en una carrera, debes planear cómo actuar. Cuanta mayor preparación tengas, más espontaneidad te podrás permitir.

EVALUACIÓN ANUAL

Tal y como ya he comentado, todos los años desde 2006, dedico una semana del mes de diciembre a revisar el año que casi ha terminado y a prepararme para el siguiente. Este ejercicio me ayuda, más que ninguna otra cosa, a mantenerme firme en mi propósito de recorrer el mundo, así como muchos otros proyectos.

El repaso empieza por una serie de escritos reflexivos centrados en dos preguntas:

- ¿Qué ha ido bien este año?
- ¿Qué no ha ido bien este año?

Un elemento esencial que descubro con la revisión es que tenemos tendencia a sobrevalorar lo que somos capaces de conseguir en un día, pero infravaloramos lo que puede suceder en un año.

Aunque haya sido un año difícil, siempre me quedo sorprendido al reflexionar sobre los proyectos que he realizado y completado y que no existían ni como idea hasta seis o nueve meses antes. Conviene también prestar nuestra atención a lo que no salió bien, ya que lo ideal sería poder evitar parte de ello el año siguiente. Apunto al menos diez o doce respuestas a cada una de las dos preguntas, teniendo presentes los éxitos, los esfuerzos y dificultades y los proyectos, ya estén terminados, en curso o estancados.

Esto me lleva luego a la fase, más prolongada, de la planificación, en la que pongo la mirada en el año entrante y pienso en qué proyectos me gustaría llevar a cabo y qué he de hacer para garantizar su compleción.

A continuación establezco una serie de objetivos enmarcados en categorías concretas. Las tuyas pueden ser distintas; entre las mías están:

- Escribir.
- Negocios.
- Amigos y familiares.
- Servicio desinteresado.
- Viajes.
- Ámbito espiritual.
- Salud.
- Aprendizaje.
- Economía (Ingresos).
- Economía (Donativos).
- Economía (Ahorros).

Hago el repaso en el curso de una semana, y no me dedico a mucho más. Pienso a fondo en las categorías de una en una y me propongo alcanzar una media de entre tres y cinco objetivos en cada una de ellas. Algunos ejemplos son:

- Mantener la forma física corriendo entre veinticinco y cincuenta kilómetros a la semana y correr al menos una media maratón.
- Hacer giras para conocer a los lectores en al menos veinticinco ciudades.
- Aumentar los ingresos un 20% o más.
- Leer al menos cuarenta libros.
- Publicar al menos cien entradas de blog.

Hacia el final de la semana, después de haberme fijado de treinta a cincuenta objetivos entre todas las distintas categorías, defino los resultados generales para el año que está a punto de comenzar; es decir, de aquí a un año, ¿qué quiero haber conseguido? Normalmente escribo esto último en un párrafo breve. Este es un ejemplo de hace varios años:

> Resultados: Para finales de 2009 habré terminado el manuscrito de mi primer libro y habré publicado 100 artículos en el blog AONC .[2] Habré viajado a otros veinte países, me habré recuperado de la lesión de la pierna y correré una cuarta maratón (o dos medias maratones), y habré puesto en marcha un pequeño negocio que respalde mis objetivos literarios básicos.

Elijo además una palabra o tema clave para el año próximo. Los pasados años se han llamado «El año del aprendizaje» (cuando terminé la licenciatura), «El año de la convergencia» (porque quería encontrar la manera de aglutinar varios proyectos que no guardaban relación entre sí) y «El año de la expansión y la comunicación» (en el que empecé a hacer más giras y llegué a organizar —o asistir a ellos— setenta eventos para hablar con lectores de todo del mundo).

Puedes adaptar la revisión anterior a tus propios fines. Un buen plan deja un amplio margen para la espontaneidad..., pero sin contar con un plan, es difícil trabajar en pos de algo trascendente. Como explican varias personas en este libro, planificar bien y concretar las intenciones es una gran ayuda.[3]

---

2. N. de la T.: *Art of Non-Conformity*, o *El arte del inconformismo*.
3. Si deseas una versión expandida de este ejercicio, que incluye una plantilla gratuita para tu evaluación anual, entra en www.findthequest.com.

LOS NÚMEROS SON TUS AMIGOS

Una maratón tiene una distancia de algo más de cuarenta y dos kilómetros. Antes de la carrera, la atención al entrenar se pone en los números. Puede que digas: «Esta semana voy a hacer veintinueve —refiriéndote al número de kilómetros que harás en la carrera semanal de larga distancia—. Durante la semana correré cinco, diez, seis y diez».

Al final de la carrera, cada kilómetro cuenta. Yo no corrí bien mi segunda maratón, y para cuando llegué al kilómetro 35 no me sentía victorioso..., me sentía agotado, y me costó lo indecible correr los últimos poco más de siete kilómetros. Un par de años más tarde corrí a ritmo más lento en otra maratón, pero me sentí mucho mejor al final.

Si quieres escalar todas las montañas del mundo, tienes que saber cuántas son. Si quieres ver todas las aves de la Tierra (o al menos el mayor número posible), necesitas entender la taxonomía de las aves.

¿Acaba convirtiéndose solo en tachar cosas de una lista? En realidad no..., o por lo menos no debería. Pero la lista nos mantiene centrados. Una meta que podamos medir es una buena compañera, y los números son nuestros amigos.

ALTERNATIVA: OLVÍDATE DE HACER PLANES, SIMPLEMENTE EMPIEZA

Aunque probablemente lo mejor sea calcular los costes antes de asumir un compromiso de por vida, también cabe la posibilidad de que nos enredemos hasta tal punto en la planificación que nos quedemos paralizados. Si tienes predisposición a dar demasiadas vueltas a las cosas, la respuesta es bien sencilla: simplemente actúa.

Tom Allen, el chico de la bici que salió de Inglaterra rumbo a tierras lejanas, cuenta que casi a diario recibe mensajes de gente que le pregunta cómo hacer realidad una pasión similar. Al principio contestaba con diligencia a sus preguntas, que trataban normalmente sobre bártulos y equipaje. Pero al cabo de un tiempo se dio cuenta de que las preguntas no reflejaban el verdadero problema. Responder a la pregunta «¿qué indumentaria llevas?» no va a ayudar demasiado a quien la formula. Mejor contestar a su pregunta con otra pregunta: «¿A qué esperas?».

Creó un manual detallado que contestaba a todas las preguntas técnicas y que puso a la venta en su página web. Pero también dice a continuación que los problemas técnicos se pueden resolver sobre la marcha. Su mejor consejo se reduce ahora a: «Fija una fecha de salida. Empieza a ahorrar. Consigue una bici, una tienda de campaña y un saco de dormir. Y vete».

Gabriel Wyner, un estudiante de ingeniería convertido en cantante profesional de ópera, consiguió aprender cuatro idiomas mediante un proceso de verdadera inmersión. Empezó por un campamento de alemán en el Middlebury College de Vermont, que organiza varios programas de verano distintos. *Inmersión* significa inmersión sin descanso: todos los alumnos firman un documento comprometiéndose a hablar solo el idioma que estén aprendiendo durante toda su estancia, noches y fines de semana incluidos. ¡Sin excepciones!

La inmersión total es extraña y frustrante al principio..., pero luego todo va mejor. Gabriel empezó con «hallo» y siguió a partir de ahí. Al cabo de unos días, el aprendizaje del idioma empezó a afectarle el sueño. Todas las noches soñaba con los mismas diálogos construidos con su limitado vocabulario:

«Hola. Me llamo Gabriel. ¿Cómo te llamas tú? A mí me gusta la pizza. ¿Te gusta a ti la pizza?». (Como sueños, eran lo más aburrido que uno pueda imaginar, asegura.)

Con el tiempo, sin embargo, aquel proceso de inmersión obró el prodigio. Gabriel habla ahora cinco idiomas con soltura y está a punto de embarcarse en el sexto. Su consejo es el mismo que el de Tom y muchos otros: lánzate de cabeza. Deja de buscar excusas.

Una vez que hube viajado a más de sesenta países, se estableció una dinámica que me resultaba cada vez más familiar. Era una dinámica extraña, tal vez, pero había patrones y tareas que continuamente se repetían.

Me preparaba para el viaje, con frecuencia librando una batalla en torno al tema de los visados y no recibiendo el pasaporte que la agencia me había devuelto hasta justo antes de la salida. Cada vez que viajaba tardaba menos en hacer el equipaje. Aprendí que podía llevar la misma ropa a la mayoría de lugares... y si se me olvidaba algo, podría encontrar por el camino lo que necesitara.

Luego regresaba a casa y me preparaba para viajar de nuevo. Más países que tachar de la lista, más países para los que hacer planes de viaje.

Un día me acordé de lo que Nate había dicho sobre cruzar todo Estados Unidos a pie: lo único que tenía que hacer era levantarse todas las mañanas y caminar. Y en mi caso, lo único que tenía que hacer era transportarme a la República Centroafricana.

Entretanto, las dificultades que tuvo Nate en su marcha a través de Estados Unidos eran más o menos lo que esperaba: la soledad, el miedo a no tener dónde pasar la noche y el cansancio físico por cargar con una mochila a la espalda y caminar el día entero.[4] Siguió adelante, a pesar de todo. Cada día, se levantaba por la mañana y andaba. Probablemente en algún momento del día sucedería algo interesante, pero incluso si no era así, se habría acercado un poco más al océano Pacífico con solo poner un pie delante del otro. La caminata duró siete meses y medio, pero cinco mil ciento cincuenta kilómetros después de haber salido de su casa de Maine, Nate llegó a la bahía de San Francisco. El viaje había tocado a su fin.

RECUERDA

- *Pregúntate cuánto te costará hacer realidad tu sueño. Responde en términos concretos. Asegúrate de que antes de empezar sabes con claridad el tiempo, el dinero y lo demás que te costará.*

- *Refuerza tu confianza haciendo una lista de preguntas que te sugiera el proyecto, y también de las objeciones que querrás resolver de antemano.*

- *Planear es bueno..., pero si te pasas la vida haciendo planes sin avanzar ni un milímetro, para variar, prueba a hacer algo.*

---

4. Nate es un joven tranquilo, de voz suave. Cuando nos pusimos en contacto con él para verificar los datos de las situaciones problemáticas que había vivido, mencionó que además le había embestido un oso. «¿Cómo es que no nos lo has contado antes?», le pregunté. «Yo qué sé, no me pareció una situación demasiado problemática», dijo.

CAPÍTULO 8

LISTAS DE VIDA

Nos gusta hacer listas porque no nos queremos morir.

UMBERTO ECO

LECCIÓN: EL PROGRESO Y EL LOGRO NOS MOTIVAN.
DA GUSTO TACHAR COSAS DE LA LISTA

En 2007 se estrenó la película *Ahora o nunca*, protagonizada por Jack Nicholson y Morgan Freeman. En ella, dos hombres mayores que tienen una enfermedad en fase terminal deciden satisfacer una «lista de deseos»..., todo lo que uno de ellos esperaba hacer antes de morir. La película recibió críticas dispares, pero ha tenido una vida ulterior dentro de la cultura pop en al menos un detalle: la expresión *lista de deseos* se usaba mucho antes de que se estrenara la película, pero desde entonces se ha vuelto mucho más común y más conocida.

Surgieron de repente una serie de páginas web que ofrecían a los usuarios la oportunidad de crear su propia lista de «cosas que hacer antes de morir». Algunos años más tarde, el movimiento Quantified Self (QS), del «yo cuantificado», atrajo a toda aquella gente que tenía interés en monitorizar y documentar su vida hasta un grado extremo. No soy muy versado en los movimientos partidarios de recopilar datos de la vida cotidiana o cuantificar el comportamiento de la persona, pero he descubierto que hasta un uso ocasional de la medición puede resultar útil. Por ejemplo, cuando salgo a correr, empleo una aplicación del móvil para monitorizar la velocidad y el ritmo, sobre todo en las carreras largas que hago la mayoría de los domingos por la mañana. Hace poco, en una carrera de trece kilómetros, vi que llevaba un paso constante de unos cinco minutos y dieciocho segundos por kilómetro. Al llegar al kilómetro 10, pensé que sería divertido intentar conseguir una media de cinco minutos y dieciocho segundos, o menos. Como solo me quedaban tres kilómetros, significaba que tendría que correr esos últimos kilómetros a mucha más velocidad que los anteriores.

Desafortunadamente, ocurrió lo contrario: empecé a ir más lento y tuve que hacer parte del octavo kilómetro andando, bajando con ello el ritmo general de la carrera a cinco minutos y veintidós segundos. El desafío que suponía el último kilómetro y medio era por tanto todavía mayor: para lograr el objetivo de los cinco minutos y dieciocho segundos, tendría que correr mucho más rápido de lo que había corrido durante la última hora.

Acabé consiguiendo el objetivo, y terminé la carrera con un ritmo medio de cinco minutos y diecisiete segundos. Debido al *sprint* del último kilómetro y medio, al acabar estaba más cansado de lo habitual, pero me inundaba también un sentimiento de satisfacción. ¿Qué quiero decir con esto?

Que si no hubiera podido monitorizar mi paso y registrarlo para la posteridad (es decir, enviárselo a los dos amigos que podían ver los tiempos que hacía en la misma aplicación del teléfono móvil), no habría tenido una meta que me impulsara a hacer ese esfuerzo final y a conseguir así un entrenamiento mejor.

Una lista de vida —expresión que utilizaremos como sinónimo de «lista de deseos»— que contenga tus deseos básicos no es un mal punto de partida. Pero ¿y si pudieras ir más allá todavía? ¿Y si organizaras tu vida en torno a un solo interés u objetivo principal?

Te encuentras con una persona a quien hace mucho que no ves, y te pregunta: «¿Qué haces?». Lo habitual es responder que eres profesor o que estás estudiando, que eres contable o pintor, o la que sea tu profesión. Sin embargo, una vez que tienes una misión, tienes también otra respuesta. Tu identidad no está ya ligada a un trabajo; tu identidad es quien de verdad eres.

- Intento ir a todos los países del mundo.
- Me he propuesto publicar un total de un millón de fotos retocadas.
- Voy a producir la sinfonía más extensa que jamás se haya compuesto.

Independientemente de cómo empiece, una misión nos ofrece un punto focal. En cuanto tenemos una tarea en pos de la cual trabajar, disponemos de una manera nueva de contemplar el mundo, un nuevo referente de nuestra identidad. Phoebe Snetsinger, la mujer que estableció el récord de observación de aves, viajó a decenas de países y llegó hasta los confines de la Tierra no porque le apeteciera pasearse por las zonas en guerra y las selvas; iba allí donde estaban las aves. Ella lo expresó diciendo que aquella aventura había dado un sentido a sus andanzas.

LOS INFORMES PERSONALES ANUALES DE NICHOLAS FELTON

Cada año desde 2004, un diseñador neoyorquino llamado Nicholas Felton ha hecho una crónica de su vida en una serie de informes anuales. Son informes personales extremadamente extensos e incluyen diversas estadísticas de sus actividades del año anterior. Registra los datos valiéndose de una serie de controles que carga desde su teléfono móvil a intervalos variados todos los días. El número de datos que recoge es espectacular: registra todo lo que come y bebe, el lugar exacto en que se encuentra en cada momento, las horas que duerme e incontables factores más.

El proyecto está dirigido más al hecho en sí de registrar actos que de influir en el comportamiento. Como explicaba Nicholas, cuando empezó a recopilar la información de cada año, se sintió inspirado a «decir sí» a actividades que normalmente quizá habría rechazado. Los informes están minuciosamente reglamentados en su presentación de los datos, pero él no cree que esto le haga hacer lo mismo todo el tiempo. De hecho, ocurre más bien lo contrario: «Creo que los informes me han hecho ser mucho más consciente de los comportamientos rutinarios y sentirme agradecido cuando puedo romper con ellos», dijo.

Si quieres leer más sobre el tema, entra en la página web www.feltron.com.

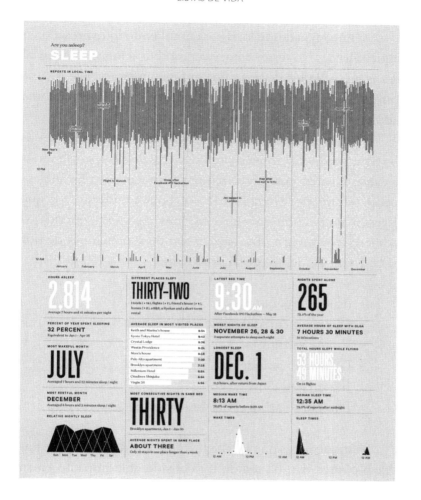

UNA LISTA DE VIDA VEINTE AÑOS DESPUÉS

En 1994, a los dieciséis años, Kristen Goldberg hizo su primera y única lista de vida. Esto ocurría años antes del estreno de *Ahora o nunca*, y Kristen no conocía en aquel tiempo a nadie más que estuviera haciendo una lista así. Sencillamente, le pareció un proyecto divertido.

Veinte años después, sigue cumpliendo lo expresado en aquella lista... No se permite hacer modificaciones, aunque tal vez algunos de los deseos que contiene no sean igual de importantes para una mujer de treinta y seis años que para una adolescente de dieciséis.

La lista original incluía veintitrés experiencias que deseaba vivir, y todos los años escoge dos o tres de ellas para llevarlas a cabo. Algunas estaban claramente escritas por una adolescente (como, por ejemplo, «Ir a una playa nudista», a la que Kristen ahora contesta: «Gracias, muy ingeniosa, querida yo adolescente»), pero otras siguen siendo aspiraciones de por vida. Entre los deseos de su lista están:

- Aprender japonés.
- Hacer un curso de defensa personal.
- Visitar Salzburgo.
- Ganar a lo grande en Las Vegas.
- Ir a un autocine.
- Plantar un árbol el día de mi boda.

Aunque no es que la lista le impusiera a Kristen qué hacer o cómo vivir, ha tenido un considerable impacto en su vida. Como parte del proyecto original, esperaba poder viajar a los cincuenta estados de Estados Unidos. Cuando hablé con ella, había visitado treinta y tres. Su marido había elegido el sitio donde declarársele para ayudarla a tachar de la lista un cometido más.

Incluso en su trabajo de profesora, Kristen confía en la lista como una fuente de orientación. Todos los años imparte un seminario preuniversitario para sus alumnos de quince años. Al final de la clase, les pone la película *Ahora o nunca*, les habla de la lista que ella escribió aproximadamente a su misma edad y les anima a que escriban también una lista con sus deseos. Apartado a apartado, año tras año, Kristen sigue completando la lista original que escribió veinte años atrás.

UN AÑO DE MISIÓN

A. J. Jacobs popularizó todo un género de literatura moderna sobre aventuras o misiones a corto plazo. Después de que su libro *The Know It-All*, sobre cómo leer la *Enciclopedia Británica*, se convirtiera en un auténtico éxito de ventas, dio con un patrón que podía replicar para otros proyectos. Otro de sus libros, *The Year of Living Biblically*, tuvo también un gran éxito.

Desde que A. J. Jacobs popularizó las empresas a corto plazo, son incontables los seguidores que han emulado su idea, y muchos han dejado constancia de sus exploraciones en libros o películas. En la lista están incluidos, entre muchos otros:

- *Julie and Julia: My Year of Cooking Dangerously* [Julie y Julia: un año cocinando peligrosamente]. Julie Powell decide cocinar quinientas veinticuatro recetas durante un año..., todas las del recetario de Julia Child, todo un clásico de la cocina francesa.
- *A Simple Act of Gratitude: How Learning to Say Thank You Changed My Life*. El abogado John Kralik se encuentra de pronto sin un centavo, enfrentado a su divorcio y una carrera profesional que ha caído en picado. A lo largo del año siguiente practica la gratitud escribiendo trescientas sesenta y cinco notas detalladas de agradecimiento a la gente con la que entra en contacto.

- *Dream On: One Hack Golfer's Challenge to Break Par in a Year* [Sigue soñando: mis conversaciones privadas con Severiano Ballesteros]. John Richardson trabaja el día entero y tiene una familia, pero hace cuanto está en su mano por perfeccionar su técnica de golf a lo largo de un año. ¿Lo conseguirá? Atención: estoy a punto de revelar el final del libro. Sí, lo consigue. Pero como ocurre en las buenas memorias, la alegría está en la lucha por conseguirlo y las lecciones que se aprenden.
- *Not Buying It: My Year Without Shopping.* Judith Levine y su pareja, Paul, pasan un año sin comprar nada que no sea absolutamente imprescindible para vivir. En el transcurso, aprenden lecciones diversas y cuestionan la sociedad.
- *Living Oprah: My One-Year Experiment to Walk the Walk of the Queen of Talk.* Robyn Okrant, una «mujer norteamericana de treinta y cinco años normal y corriente», dedica un año a seguir todos los consejos de Oprah Winfrey. ¿Qué sucede cuando esos consejos la hacen entrar en conflicto? Tendrás que leer el libro.

¿Son verdaderas misiones o aventuras esta clase de objetivos? Tal vez dependa de cuál sea la motivación. Si la razón de alcanzar un objetivo es un interés o deseo de desarrollo personales, es una misión. Si el objetivo principal es escribir un libro, hacer un documental o publicar del modo que sea la aventura, quizá se trate más de un movimiento profesional. No es que haya nada de malo en hacer algo por nuestra profesión..., pero no es lo que se dice una misión, puesto que una misión, una búsqueda, conlleva sacrificio e incertidumbre.

CINCUENTA CITAS EN CINCUENTA ESTADOS

Alicia Ostarello acababa de ver cómo inesperadamente se iba a pique una relación de pareja que creía prometedora, y estaba una vez más buscando el amor. Frustrada por las citas que concertaba en San Francisco a través de Internet, en las que todos los hombres a los que había conocido le parecían iguales, pensó en explorar nuevos horizontes. Al mismo tiempo, estaba descontenta con su trabajo de redactora, al que dedicaba de entrada doce horas al día. Era un momento inmejorable para hacer un cambio, y esperaba poder combinar los viajes con un experimento de relaciones de pareja.

Alicia tomó la decisión de lanzarse a la carretera y viajar a los cincuenta estados, asignando una cita a cada estado y narrando por escrito la experiencia. De este modo, conocería el país y también gente nueva.

—No quiero generalizar demasiado –diría después–, pero estaba casi segura de que los agricultores de Dakota del Norte serían distintos de los tecnócratas del área de la bahía.

Era la perfecta expedición a corto plazo, con un objetivo claro y un punto final, y una gran oportunidad para la espontaneidad y para descubrir aspectos de sí misma por el camino. El proyecto se convirtió en un documental, obra de una joven directora de cine a la que Alicia llevó de acompañante en el viaje.

Tardó más en empezar de lo que esperaba.

—Yo estaba lista para ponerme en marcha de inmediato –me contó–, pero prepararlo todo para el documental y planificar el viaje nos hizo tener que reajustar el calendario inicial.

Acordaron finalmente recorrer los cuarenta y ocho estados continentales en un Honda Fit, y luego ir en avión a Alaska y Hawái para completar el viaje.

Sondear las posibilidades de romanticismo que ofrecían los cincuenta estados no era una misión de por vida, pero le parecía una aventura interesante y con sentido. Por el camino, cumpliendo con el plan, Alicia y su acompañante conocieron a un sinfín de hombres, de Alabama, de Wyoming y de todos los estados intermedios. Todos los días, una de ellas publicaba una entrada de blog en la que relataba los acontecimientos del día y lo que habían observado.

SUBE DE NIVEL TU VIDA

Steve Kamb es un auténtico Clark Kent convertido en Superman, solo que en la vida real. Creció en Atlanta, se licenció en económicas y parecía abocado a lo que él llama «una vida normal y aburrida». No es que esa vida tuviera nada de malo, dice en la actualidad, simplemente no era interesante.

Hasta hace un par de años, Steve nunca había salido de Norteamérica. Comía la misma comida a diario y se sentía incómodo en las reuniones sociales. Un día, al salir de una cabina telefónica —o al menos al levantarse de la cama al dar las nueve—, se decidió a hacer una serie de auténticos cambios. Como había crecido pegado a las pantallas de la tele y del ordenador, modeló su aventura en un videojuego. Así lo explica:

> Me he embarcado en una «búsqueda épica de lo extraordinario» para subir de nivel mi vida en todos los aspectos: viajes, salud personal, bienestar material, idiomas y otros más. La búsqueda global está estructurada como un gigantesco videojuego en el que soy el personaje. Gano «puntos de experiencia» cada vez que tacho de la lista un elemento, y cada vez que completo cinco elementos, «subo de nivel» (¡actualmente estoy en el nivel

10!). Cada continente es un «nivel» distinto, y hay «búsquedas maestras» que son más difíciles que las demás.

Los primeros objetivos de la lista de Steve eran fáciles. Tenía que levantarse del sofá y ponerse en forma, empezando por adoptar un nuevo estilo de vida, más activo, y diciendo adiós a las patatas fritas del supermercado. A medida que iba adquiriendo confianza y puntos de experiencia, las tareas iban siendo más difíciles..., pero también más divertidas.

Una de ellas era «pasar un fin de semana al estilo James Bond». Para ello, Steve usó los puntos de hotel que tenía acumulados y se alojó en un complejo turístico de lujo creado en torno al casino de Montecarlo. Cambió rápidamente su indumentaria habitual —camiseta y chanclas— por un esmoquin de alquiler, que le obligó a comprarse unos elegantes zapatos de vestir, y entró a paso lento en el casino. Nada habituado a la vida de los ultrarricos de la Riviera francesa, no sabía bien qué hacer a continuación..., pero sabía que mostrarse seguro era un elemento importante de ser James Bond. Se acercó a la mesa de *blackjack*, puso 200 dólares en fichas sobre el tapete y dijo:

—Deme cartas.[1]

La estructura de «juego» que dio Steve a su propósito lo hacía divertido y gratificante.

—El hecho de asignar un valor en puntos y estructurar la lista de objetivos como un juego —me dijo— conectaba con esa parte de mi cerebro a la que le encantaban los videojuegos.

---

1. Al final del fin de semana, Steve donó los zapatos a un mendigo y volvió a ponerse las chanclas.

Solo que en vez de jugar a un juego, me hizo adicto a tachar cosas de la lista y a trabajar siempre con la vista puesta en el objetivo siguiente.

La misión que Steve se propuso ha inspirado a una legión de seguidores, que publican sus propios proyectos y progresos en los foros de www.nerdfitness.com, una página web que Steve creó cuando llevaba tiempo cumpliendo por su cuenta los objetivos que se había propuesto.

A medida que se fueron divulgando sus proezas, empezó a recibir ofrecimientos de apoyo desde todo el mundo. Eran ofrecimientos generosos y tentadores, pero planteaban también un dilema: su meta no era aprovecharse de la situación. Había puesto en marcha la misión como proyecto personal e independiente, y para él era importante demostrar que lo podía llevar a cabo solo. Si aceptaba tener patrocinadores, sospechaba que su trabajo perdería el carácter personal que hasta entonces había tenido.

No obstante, un día se dio cuenta de que entre los ofrecimientos que le llegaban se podían hacer importantes distinciones. No quería que Nike financiara su proyecto ni viajar por el mundo con la obligación de escribir artículos favorables sobre las empresas que sufragaban su aventura. Sin embargo, las ofertas de alojamiento que le hacían algunos lectores parecían tener más sentido.

Una vez que lo contempló en estos términos, le resultó más fácil distinguir entre unos ofrecimientos y otros. Cuando un lector le ofrecía un sofá en Singapur, aceptaba con gusto. Cuando el departamento de turismo de algún gobierno le ofrecía un viaje a Jordania con estancia de diez días y todos los gastos pagados, rehusaba amablemente la invitación.

La misión ha continuado y Steve ha ido proponiéndose objetivos cada vez más difíciles. Aprendió portugués y asistió a los carnavales de Brasil. Pilotó un avión acrobático y se fue de safari a África. El objetivo que encabeza la lista es: «Comprar una pequeña isla». Es una meta muy ambiciosa, pero «subir de nivel» es una motivación constante.

TU PRIMERA (O DÉCIMA) LISTA DE VIDA

¿Y si fuera posible llegar al final de nuestra vida y, al mirar atrás a una historia rica en experiencias, relaciones y logros, sentirnos de verdad satisfechos? De manera Metafórica o literal, ¿cómo sería dirigir la mirada a una lista de sueños que poco a poco fuimos convirtiendo en metas logradas?

Una de las maneras de garantizar que esto ocurra es identificar claramente las actividades que nos hacen sentirnos vivos. Escribir una lista de vida puede ayudarnos a vivir. Si nunca has hecho una lista así, no hay momento como el presente, y existen incontables maneras de hacerla. Una lista de vida no es más que una lista de metas personales por alcanzar a largo plazo, y que a menudo se expresa como «cosas que hacer antes de morir». Basta con que le dediques una hora, o lo que necesites, a pensar en tu vida. ¿Cómo quieres vivirla? ¿Qué deseas experimentar mientras estás vivo? Luego haces una lista de todo aquello que se te venga a la mente, sin aplicar ningún filtro. Es tu lista, así que hazla a tu manera. De todos modos, he aquí algunas sugerencias que quizá te ayuden.

- EVITA LAS METAS DIFUSAS. ¡Haz una lista de objetivos concretos! Muchos objetivos son elementales e imposibles de medir. Perder peso, ahorrar dinero o mejorar la postura corporal es bueno, pero como objetivos son bastante vagos y difusos. Son mucho mejores las metas como «conocer al Dalái Lama» o «ver una aurora boreal». Si te pones metas concretas, sabrás exactamente cuándo las has alcanzado.

- MEZCLA DISTINTOS DESEOS. No escribas en tu lista «escalar el Everest» porque otra gente lo haya hecho; piensa en lo que de verdad quieres hacer tú. Tener alguna aventura como meta está bien, pero cuida de incluir además metas de otro tipo. Para saber qué poner en tu lista de vida, pregúntate: «¿Qué es lo que de verdad quiero ser, hacer, conseguir?». Recuerda que se trata de soñar a lo grande y evitar ponerte límites. Puedes correr en la Fórmula 1 y escribir una novela. Cuantos menos límites le pongas a tu lista, tanto mejor.

- ~~SÉ REALISTA~~. PIENSA A LO GRANDE. La lista de vida ¡es para toda la vida! Al confeccionarla, recuerda que la regla básica es: «No te pongas límites». Deberías también evitar pensar en la situación actual en que te encuentras. Es una lista para toda tu vida, algo que llevar a cabo a lo largo del tiempo. En otras palabras, desecha la realidad... o, mejor dicho, lo que piensas que es la realidad. A medida que progreses en el viaje, descubras que la idea que tenías de la realidad era bastante restrictiva.

- EVITA EL MIEDO. Debes evitar el miedo tanto como te sea posible al escribir tu lista de vida. El miedo al fracaso, o incluso el miedo al éxito, nos impiden probar a hacer muchas cosas que en secreto deseamos. Si lo que se te ocurre te parece demasiado intimidante, basta con que te recuerdes que «es solo una lista».

CREAR UNA ESTRUCTURA

Les pedí a los lectores que, si querían, comentaran algunos de los deseos de sus listas. Muchos encajan claramente en unas pocas categorías:

Viaje o aventura
- Ver la aurora boreal.
- Superar el miedo a las alturas y lanzarme en paracaídas.
- Ir a ver todos los lugares declarados por la UNESCO patrimonio de la humanidad.
- ¡La Antártida!
- Montar en helicóptero.

Actividad
- Escalar el monte Rainier.
- Completar la formación de profesor de yoga.
- Nadar con un tiburón ballena.
- Aprender a hacer surf.

Desarrollo personal
- Saldar las deudas.
- Ir a la ópera.
- Ser un buen barista (especialista en café).
- Apadrinar a un niño.
- Hacerme un tatuaje.

Académica/Creativa
- Una licenciatura universitaria.
- Publicar un cuento corto.
- Aprender francés (o chino, o cualquier otro idioma).

Por último, unos cuantos deseos inesperados que creo que vale la pena transcribir:

- Intentar volar usando una hamaca y globos.
- En medio de un desfile, asumir el mando y ejecutar una danza.
- Conducir una máquina pulidora de hielo.
- Ganar un concurso de escupir pepitas de sandía.
- Abrazar a un oso panda.
- Tocar el ukelele sobre un escenario en la Casa Blanca.
- Cabalgar a lomos de un avestruz que compite con un canguro a sesenta y cinco kilómetros por hora (bonificación por ganar la carrera).

Tu lista es solo tuya, así que tómate la libertad de hacerla a tu gusto. Pero si necesitas inspiración, encontrarás más de trescientas respuestas en www.findthequest.com.

Toda verdadera meta tiene una fecha de vencimiento, así que vamos a fijarles plazo a algunas de estas ideas.

META: _____

FECHA LÍMITE: _____

SIGUIENTE PASO: _____

Lo único que realmente necesitas es el paso siguiente. No te preocupes todavía por tenerlo todo pensado.

Cuando Steve emprendió su «búsqueda épica de lo extraordinario», el proyecto hizo algo más que ayudarle a ponerse en forma. La lista de vida que hizo Kristen a los dieciséis años ha sobrevivido hasta más de dieciséis años después. ¿Puede una simple lista darnos motivación y fundamento? No deseches la idea hasta haberla probado. Aunque no sea más que una lista, te servirá de punto de partida para vivir tu vida con mayor intencionalidad.

RECUERDA

- *Una misión puede ofrecernos un propósito o punto focal.*
- *Nos motiva hacer listas e ir tachando objetivos cumplidos.*
- *Una buena lista de vida debe incluir metas de diversas categorías, no solo viajes y aventuras.*

CAPÍTULO 9

SIEMPRE HACIA DELANTE

¡Maldición, qué viaje tan azaroso e interminable!

HOMERO, *La Odisea*

**LECCIÓN: «LAS MISIONES SON ABURRIDAS. LO ÚNICO QUE
HAS DE HACER ES PONER UN PIE DELANTE DEL OTRO»**

En una serie de poemas recitados durante siglos y finalmente reunidos y transcritos bajo el título de *La Odisea*, el poeta griego Homero hizo una crónica de decenas de aventuras, grandes y pequeñas, aventuras que tuvieron lugar a lo largo de más de diez años y que han alcanzado la inmortalidad en la cultura occidental. Aunque el viaje entero está relatado de forma no lineal, la cronología a grandes rasgos es la siguiente:

AÑO 1: tras una larga batalla, Ulises y sus hombres zarpan de Troya con intención de regresar a casa, y de inmediato empiezan a encontrarse con toda clase de problemas.

Años 2 al 8: Ulises es capturado y retenido prisionero en la isla de Ogygia durante siete largos años. ¡Vaya fastidio! Finalmente, se las ingenia para escapar de la isla al más puro estilo de un *reality show*.

Años 9 y 10: pero entonces... ¡se presentan nuevas desventuras! Una serie de decisiones cada vez más desacertadas prolonga el viaje y retrasa el regreso a Ítaca. Ulises se enamora de una joven que le traerá desgracia y le pide consejos de navegación a un poeta ciego —ya que un poeta ciego es obviamente la persona más indicada a la que preguntarle el camino cuando nos hemos perdido—. Ulises aprende sobre la marcha. El héroe canaliza sus poderes más profundos y ocasionalmente consigue la ayuda de los dioses («Haz uso de la fuerza, Ulises»). Después de escapar de toda clase de peligros, encuentra por fin el camino de vuelta.

Un tiempo después (cronología incierta): ¡Ulises vuelve a casa! Como en el clásico final de gran película de verano, mata a los pretendientes que llevan años atosigando a su esposa, Penélope —a la que desde hace tanto ha ignorado..., se reúne con ella y saluda calurosamente al perro de la familia. Los parientes de los pretendientes muertos arman un poco de jaleo, pero aparece la diosa Atenea y les dice a todos que se retiren. Y se restablece el orden.[1]

Es una historia magnífica (y la versión completa es mejor aún), pero fíjate en todo lo que sin contemplaciones queda encubierto: incontables meses de navegación sin monstruos contra los que luchar ni fruta prohibida a la que resistirse...,

---

1. A los profesores de literatura: por favor, dirigid vuestras quejas sobre la cronología de la versión condensada de *La Odisea* a Random House, 1745 Broadway, Nueva York, NY 10019.

siete largos años de cautiverio..., el interminable ir y venir... Lo mires como lo mires, en el viaje de Ulises hubo mucho tiempo de sentarse a esperar a que pasara algo.

«Dadme un punto de apoyo y moveré el mundo», escribió Homero en *La Ilíada*, un adelanto de su éxito de ventas sorpresa *La Odisea*. Pero lo que omitió fue todo el tiempo que pasó Ulises navegando con rumbo equivocado, o sentado en una mazmorra esperando a que los dioses aparecieran de una vez y le echaran una mano.

En las misiones y aventuras de nuestros días, Atenea no suele hacer ninguna aparición sorpresa, pero, como en el viaje que narra Homero, hay mucho detalle monótono que normalmente no recaba la menor atención. Piensa, por ejemplo, en correr una maratón. La distancia es de algo más de cuarenta y dos kilómetros, pero muchos corredores —o al menos un escritor que de vez en cuando se ha atrevido a correr maratones— creen que la carrera no empieza de verdad hasta el kilómetro 29. Hasta ese momento, lo único que se hace es una plácida marcha, poner un pie delante del otro kilómetro tras kilómetro, y el tiempo transcurre sin que prácticamente suceda nada.

Los corredores de ultradistancias hablan de la transformación que se apodera de sus cuerpos tras terminar carreras de distancia aún mayor. Si tienen suerte, llega un momento en que entran en un estado como de trance, estimulados por un subidón natural de endorfinas a medida que corren un kilómetro después de otro. Pero mirando en retrospectiva todas esas largas carreras de entrenamiento, cubriendo distancias cada vez mayores, domingo tras domingo, muchos hablan también de la monotonía que las acompaña.

Recuerda la andadura de Nate Damm de punta a punta de Estados Unidos, día tras día durante meses:

—La práctica fue fácil –me dijo–. Una vez que me puse en marcha, se trataba básicamente de levantarme y andar todo el día.

Lo que Nate acabó aprendiendo es lo que aprendió Ulises, o lo que ha aprendido cualquiera que haya escalado alguna vez una montaña: el camino a la cumbre consiste en una serie de movimientos repetitivos, pero es precisamente la enorme dificultad de la tarea lo que hace de su consecución un logro épico.

ADELANTE, SIEMPRE HACIA DELANTE

La experiencia genera confianza, y la confianza genera éxito. Yo no decidí viajar a todos los países del mundo hasta haber estado en más de cincuenta. Después de llevar un tiempo viajando, me sentía capaz de hacer frente a cualquier dificultad que presentara el itinerario. En Guinea y Sierra Leona sufrí intentos de extorsión, pero conseguí resistir estoicamente a la mayoría de las intimidaciones. En Roma y Rumanía aprendí el arte de dormir en el suelo de los aeropuertos.

En algunos sentidos, llegar a todos los países del mundo se hizo más difícil a medida que me acercaba a los últimos de la lista. Me había quedado sin destinos fáciles. Llegar a casi todos los sitios a los que tenía que ir suponía conseguir un visado con antelación, aceptar un complicado itinerario de vuelo o ambas cosas. Si al empezar la misión solía abarcar hasta cinco países en un solo viaje de un par de semanas, al final tenía que cruzar medio mundo simplemente para llegar a un único país.

En otros sentidos, en cambio, la aventura se fue haciendo más fácil a medida que avanzaba. Las variables eran menores, puesto que me quedaban menos lugares por visitar. Si quieres recorrer toda África, tienes un gran acertijo por resolver. Hay cincuenta y cuatro países independientes en el continente, muchos de ellos divididos originariamente por líneas políticas en vez de geográficas, lo cual genera un sinfín de problemas. Varios países africanos viven en conflicto permanente con los países vecinos, así que en vez de pasar, como sería lógico, de uno a otro, muchas veces hay que volar a un tercer país para hacer el tránsito.

En pocas palabras, es un completo desastre. Pero una vez que en la lista quedan solo unos pocos países, está claro que no hay otro remedio. No existen muchas formas de llegar a Gambia. Se puede volar a Dakar, la capital de Senegal, y luego dar un salto, en ferri o en un avión de cercanías, o se puede volar directamente desde Londres en el vuelo que hay dos veces por semana. Y ya está.

Mi pasión por organizar viajes al menor precio posible me ayudaba a memorizar horarios de vuelos hasta convertirme en el pesado de todas las fiestas, siempre preguntando a quien quiera que se fuera a ir de viaje cuál era su itinerario completo, y ofreciéndole consejos que no me había pedido.

Cuando tuve un poco más de confianza, dejé de preocuparme por las cosas. Redirigí viajes desde el centro de Madagascar. Cuando una embajada me denegaba el visado, viajaba al país en cuestión de todos modos, con la esperanza de conseguirlo in situ (la mayoría de las veces, lo conseguía). Estaba plenamente decidido a completar la misión, y me di cuenta de que avanzaba más rápido de lo esperado.

MÁS RÁPIDO, MÁS FUERTE

Otra gente que menciono en este libro experimentó el mismo fenómeno del avance rápido. Phoebe Snetsinger, que se embarcó en la aventura de ver la mayor cantidad de especies de aves posible, había planeado inicialmente hacer dos o tres viajes anuales al extranjero y estudiar unos cientos de aves al año. Pero esto se expandió rápidamente una vez que tuvo varios viajes en su haber y «se enganchó»: «Las cifras crecían hasta un punto impensado —me decía cuando me escribió—. La cifra total más alta que había conseguido era la del año anterior, en el que había visto casi mil nuevas especies, que supongo que era lo máximo que podía llegar a asimilar».

Robyn Devine, que ha puesto en marcha el proyecto de tejer a mano diez mil gorros de punto, empezó por un proyecto mucho menor: el de tejer cien gorros al año. Pero lo mismo que yo supe de lo que era verdaderamente capaz una vez que hube viajado a cincuenta países, ella descubrió que podía hacer muchos más: «Pensé que hacer cien gorros sería todo un desafío —me decía en su correo—, pero fue sorprendentemente fácil. Fue entonces cuando supe que necesitaba un auténtico desafío». El paso lógico habría sido pasar de ciel a mil, pero eso seguía pareciéndole fácil: «Mil era una cantidad factible —seguía diciendo—. Pero cuando pensé en diez mil, me di cuenta de que esa sí sería una meta colosal. ¡Por eso quería hacerlo!».[2]

---

2. Puedes registrarte para solicitar tu gorro en www.shemakeshats.com. Robyn tardará aproximadamente veintiocho años en terminar los diez mil, así que prepárate a esperar.

Tener una manera de medir el progreso hacia la meta es esencial. Cada vez que llegaba a un nuevo país, abría un archivo de Evernote en el que estaban listados los ciento noventa y tres países que indica la Wikipedia. Ponía una equis en negrita al lado de cada país en el que había estado y anotaba el número total de países completados en la parte superior. Al ver la lista pasar de ciento cincuenta a ciento setenta y cinco... y luego aproximarse aún más a los últimos diez países, ¡me invadió un sentimiento de logro![3]

En algunos sentidos, la misión que emprendí fue monótona, ¡pero de eso se trataba! Me gustaba la monotonía. Me gustaba la rutina. También aprendí algo que es clave para viajar. Más importante que hablar un idioma o muchos idiomas (no es mi fuerte) o que saber guardarlo todo en una pequeña maleta de mano (se va haciendo cada vez más fácil cuando lo haces prácticamente a diario) es saber esperar. Una vez que haces las paces con la espera —a veces durante horas sin fin y sin ninguna solución a la vista—, la vida de viajero se vuelve mucho más fácil.

TRESCIENTAS MARATONES Y... SUMA Y SIGUE (PERO ¿POR QUÉ?)

John *Maddog* Wallace podría calificarse de obseso. Durante los últimos treinta años ha corrido... y corrido... y corrido. Había sido fumador muchos años, y al principio casi no podía correr. En su primera maratón, en Reno (Nevada), sufrió la famosa «pájara» de las largas distancias, y los últimos

---

3. A veces me preguntan qué haré cuando surjan nuevos países. Afortunadamente, no es algo que ocurra a menudo. En los últimos diez años, solo se han reconocido dos países nuevos: Timor Oriental y Sudán del Sur.

siete kilómetros fueron una tortura. Al terminar, dijo para el que quisiera escucharle:

—¡Nunca más! (primera lección: no tomes decisiones nada más terminar tu primera gran carrera).

Cuando empecé a leer la historia del señor Maddog, pensé que el párrafo siguiente diría más o menos: «Sin embargo, unos meses después de aquella primera experiencia, empezó a correr de nuevo, y esta vez aprendió a correr con más sensatez. Al final, se enganchó a las maratones».

Pero la gente como Maddog no es como tú o como yo. La mayor parte de la historia que había imaginado cuando empecé a leer resultó ser cierta, salvo por un pequeño detalle. En lugar de esperar meses a volver a tener ganas de correr, Maddog esperó dos días. Y, en lugar de inscribirse para una carrera a varios meses vista, se inscribió para la maratón de Sacramento..., para la que faltaban solo dos semanas. La mayoría de los médicos y entrenadores de atletismo le habrían desaconsejado tamaña temeridad, pero Maddog hizo la carrera en nueve minutos menos que la anterior.[4]

Para su tercera maratón, tuvo la sensatez de esperar un poco más...; esta vez, ¡tres semanas enteras! Corrió la maratón de San Francisco, y pudo contemplar el puerto desde el puente Golden Gate mientras recorría los últimos kilómetros.

El año siguiente se trasladó a Dallas y empezó a entrenar con un grupo de corredores que le apodaron Maddog por su persistencia y su programa de competiciones hiperacelerado.[5]

---

4. Advertencia obligada: a menos que tengas experiencia en carreras de larga distancia, y además estés loco, o loca, no intentes emular el programa de carreras de Maddog.

5. N. de la T.: *Maddog* significa «perro loco».

Maddog corrió más maratones, cada vez con más fuerza y confianza. Al cabo de un tiempo, supo con claridad cuál era su meta: correr en todas partes.

A los cincuenta y cuatro años, comenzó oficialmente una misión. Para ahora ha corrido más de trescientas maratones en más de cien países, y, como no podía ser menos, ha corrido también una maratón en cada uno de los cincuenta estados de Estados Unidos… ¡dos veces en cada uno!

Otro atleta comprometido, Martin Parnell, se fue abriendo camino hacia una meta aún más ambiciosa. Empezó recorriendo en bicicleta la distancia entre El Cairo y Ciudad del Cabo, deteniéndose por el camino para saborear una forma de vida muy distinta de la que había conocido en su pequeño pueblo de Alberta, en Canadá. El punto culmen fue jugar al ping-pong con un muchacho de doce años en una aldea africana.

—Más de cien chavales chillaban y vitoreaban atentos al juego —me contó—. En aquel momento me di cuenta del poder que tenían el deporte y el juego.

Martin perdió la partida de ping-pong pero completó su aventura ciclista en Ciudad del Cabo, entusiasmado con la posibilidad de emprender más viajes como aquel en nombre de la caridad universal. Le atraía la idea de comprometerse con una misión e ideó una serie de ellas distintas, tomando en buena medida como base los criterios establecidos por los récords Guinness.

La meta de Martin es recaudar 1 millón de dólares para la organización benéfica de ayuda a la infancia con la que colabora. Entre sus objetivos para 2013 estaban escalar el monte Kilimanjaro en veinticuatro horas en vez de los habituales cinco días (esto, por cierto, después de correr la maratón de

Kilimanjaro) y participar en siete carreras de campo a través o en competiciones de ciclismo de montaña.

Un día, echando un vistazo a su blog, que actualiza varias veces a la semana, me di cuenta de que Martin tenía que tomar una decisión difícil: inscribirse para una inminente carrera de cincuenta kilómetros en Calgary o conseguir el récord Guinness de mejor tiempo en una maratón vestido con uniforme de *lacrosse*.[6]

En 2010 corrió 250 maratones en un solo año..., quizá la más impresionante de sus proezas.

«¡Eh, para un poco!», quería gritarle. O tal vez: «¡No pares!», ya que al parecer la gente como Martin nunca para. Pero como me había ocurrido con Maddog, me preguntaba por qué hacía todo aquello. ¿Por qué no recaudar dinero de otra manera, o mantenerse activo pero sin dejarse la piel?

Desgraciadamente, la correspondencia que mantuve con Maddog y con Martin no me dio precisamente las respuestas que buscaba. Como muchos obsesos, los dos reconocían hasta cierto punto que sus proyectos eran inusuales...; ahora bien, qué los motivaba exactamente a hacer lo que hacían era difícil de precisar. Me recordaba a cuando yo empecé a viajar. ¡Lo único que quería era hacerlo!, era un impulso interior que no podía ignorar. La magnitud de la empresa hacía de ella un apasionante desafío.

Finalmente le pedí a Martin que me hablara de algo que le hubiera resultado particularmente difícil, y me contestó:

---

6. N. de la T.: Juego rápido entre dos equipos de diez jugadores que usan un palo con red para recibir y pasar una pelota que intentarán embocar en la portería del equipo contrario. Sus orígenes se remontan a los indígenas norteamericanos, entre los que el juego podía prolongarse durante días.

El momento más difícil fue en el verano de 2010. Era julio, llegaron las lluvias y parecía que no iba a dejar de llover nunca. Me despertaba el ruido de la lluvia contra la ventana del dormitorio, y sabía que, cuando empezara a correr, en cuestión de diez minutos estaría calado hasta los huesos y tendría que quedarme así durante otras cinco horas. Tenía el cuerpo rígido y dolorido después de las cuatro maratones de aquella semana, y lo único que quería era quedarme en la cama con una taza de té y el periódico.

¿Y qué crees que hizo a continuación? Si has intuido que salió a correr bajo la lluvia y completó su quinta maratón de la semana, has acertado.

EL DESAFÍO DE UN AÑO DE MIT

Conocí a Scott Young una noche gélida en Winnipeg (Manitoba), la capital más fría de Norteamérica. Estábamos en enero, y el personal del hotel me advirtió que no llevase la cara al descubierto mucho tiempo si salía. Scott, sin embargo, era de allí. Cuando llegamos al restaurante, yo seguí abrigado y me dejé la bufanda y los guantes puestos, y él iba en camiseta.

A Scott, que se había licenciado en la universidad hacía poco, siempre le había atraído ser autodidacta. Había estado estudiando en Francia, y ahora se dedicaba a documentar algunos de sus métodos para «aprender cualquier cosa rápidamente» con la idea de ofrecerlos a quien le interesaran.

Pero su gran experimento superaba con mucho al de pasar un año en el extranjero. Scott había empezado a trabajar en un negocio propio, pero le interesaban también las ciencias

LOS ZAPATOS AL LADO DE LA PUERTA= RESPONSABILIDAD INSTANTÁNEA

Por el camino, muchas veces estoy cansado después de viajes largos, cambios de zona horaria y algún que otro vaso de tequila. Cuando entro en la habitación del hotel o del hostal en que voy a alojarme, lo primero que hago es abrir la maleta..., ¡ni relajarme ni consultar el correo electrónico todavía! Lo que creo que voy a necesitar durante el resto de la estancia, normalmente lo coloco en uno de estos lugares: o una mesa donde monto mi rincón de trabajo o un lado del armario donde guardo la ropa. Luego, si pienso que debería hacer ejercicio, me quito las deportivas y las coloco al lado de la puerta. De este modo, consigo dos objetivos a la vez: primero, tengo una cosa menos de la que preocuparme cuando me levanto cansado pero he decidido ir al gimnasio o a las dunas cercanas. Segundo, me crea un sentimiento de responsabilidad inmediata. Podría saltarme hacer ejercicio, pero por fuerza veré las zapatillas cada vez que salga por la puerta, y luego las tendré que volver a guardar en la maleta.

Dejar los zapatos al lado de la puerta es una buena forma de asegurarte de que no elegirás el camino más fácil. *Maddog* Wallace eligió una manera aún más efectiva de ser responsable: le contó a todo el mundo lo que estaba haciendo, y todos pusieron la vista en él. Todavía mejor —o peor, cuando tocaban días difíciles—: confiaba plenamente en que acabaría lo que se había propuesto.

de la información. Es complicado cambiar a una especialidad difícil y compleja en el último curso de carrera (la mayoría de la gente lo hace al revés: cambia a una especialidad más fácil si la que está estudiando se le hace demasiado cuesta arriba), así que no lo hizo, pero cuando finalmente se licenció, sintió que le faltaba algo.

Pasar otros cuatro años en la facultad era una opción cara y poco atractiva, y como le atraía la idea de ser autodidacta, trató de encontrar posibles alternativas. Fue entonces cuando descubrió la que sería su misión: prepararía todas las asignaturas de la carrera de ciencias de la información del prestigioso MIT, por su cuenta. Todas las ponencias y exámenes estaban publicados en Internet a disposición del público, pero casi nadie terminaba el programa completo. Lo típico era echar un vistazo a los exámenes, completar algunos ejemplos de pregunta o quizá finalizar un solo curso por mera curiosidad.[7]

Scott tenía aspiraciones más elevadas. Sin excepciones, prepararía el currículum entero y cumpliría con todos los requisitos académicos. No sería lo mismo que ir realmente al MIT —no tendría contacto con los profesores ni acceso a los laboratorios de computación, ni se relacionaría con otros alumnos—, pero la materia de estudio sería la misma, y la evaluación del curso era completamente objetiva: en los exámenes de ciencias informáticas, o las respuestas que uno daba eran correctas o no lo eran. Por último, toda meta que se precie de serlo tiene una fecha límite, así que Scott decidió que sería de un año.

Se trasladó a Vancouver, una ciudad mucho más cálida y cosmopolita. Cinco días a la semana, se levantaba a las seis de la mañana y se sentaba a estudiar de inmediato hasta alrededor de las seis de la tarde, con solo unos pocos descansos breves.

---

7. ¿Por qué cuelga el MIT tantos cursos en Internet de forma gratuita? En primer lugar, porque la demanda de plazas es mucho mayor que la oferta (los solicitantes son siempre numerosísimos). En segundo lugar, es una estupenda estrategia para dar publicidad a sus restantes programas. Colgar en Internet las tareas del curso anima a gente como Scott a asumir un auténtico desafío y motiva además a escritores de segunda categoría a escribir sobre ello.

El sexto día lo pasaba trabajando en su negocio y el séptimo lo dedicaba al descanso.

El trabajo relacionado con el negocio de Scott era de carácter eminentemente público, y como de repente solo estaba disponible un día a la semana, decidió publicar actualizaciones del proyecto, así como los resultados de exámenes enteros, por si alguien quería echarles un vistazo.[8] La decisión provocó reacciones dispares.

Si por un lado hubo quienes simpatizaron con la idea, se ganó también numerosos detractores que lo hostigaban a cada publicación. Aunque Scott publicaba en Internet todo su trabajo, incluidos los errores que había cometido, siguió habiendo quien le consideraba un arrogante por lo que se había propuesto, y también quien discrepaba respecto a algún detalle de su metodología o publicaba comentarios anónimos en los que atacaba sin motivo.

Hacer frente a las críticas fue una distracción, y más penoso que el trabajo en sí. A pesar de todo, Scott no cejó en su empeño. Un año más tarde, había conseguido su objetivo: había aprobado todos y cada uno de los cursos, todos ellos con notas aceptables, y algunos con brillantez. Los críticos desaparecieron, especialmente los que estaban seguros de que jamás lo conseguiría. Scott echó la vista atrás a todo el trabajo que había hecho, a las madrugadas de estudio y los exámenes a los que poco a poco había aprendido a hacer frente con soltura. ¡Lo había conseguido! Y luego se sintió cansado, así que se fue un mes a París de vacaciones.

---

8. Todas las notas y exámenes de Scott están publicados en www.scotthyoung. com/blog/mit-challenge.

En la historia que nos cuenta Homero, Ulises consiguió superar incontables retos en sus veinte años de odisea..., entre ellos el canto seductor de las sirenas, el hecho de estar a punto de convertirse en gustoso bocado de los cíclopes y una ardua batalla cuando por fin logró llegar a casa. Tuvo que soportar también mucha monotonía, ver cómo las cosas se repetían una y otra vez. Siempre, sin embargo, consiguió recobrar el ánimo. Siguió adelante.

Una vez tomé el tren a un hotel del aeropuerto antes de emprender vuelo al día siguiente temprano. El plan era dormir un poco antes de subirme a la lanzadera que me depositaría en el vestíbulo del aeropuerto a las cinco de la madrugada. El caso es que estaba tan acostumbrado a ir al aeropuerto que se me olvidó bajarme en la parada del hotel, y hasta llegar a la terminal, no me di cuenta de mi error. ¡Huy!

No era una gran equivocación; no me había desviado de lo planeado más de quince minutos. Pero cuando volví a montarme en el tren para volver atrás, me di cuenta de que tenía dos opciones: elegir una parada que quedaba alejada del hotel y caminar el kilómetro de distancia en medio del frío, o esperar en el tren diez minutos más hasta llegar a la parada más lógica.

Supe de inmediato lo que iba a elegir: elegí andar. Mejor tener las circunstancias bajo control, pensé. Mejor hacer la elección activa.

El mantra del viajero es hacer las paces con la espera. El mantra del buscador es seguir siempre adelante. Cueste lo que cueste, ya sea haciendo frente a un inmenso desafío o a un tedio desolador, siempre seguir avanzando.

También tú deberías proseguir en tu empresa, eligiendo el movimiento hacia delante siempre que te sea posible. Por

TU SUEÑO HECHO REALIDAD

el camino, desarrollarás algunas facultades. Aprenderás que no todo sale según lo previsto y descubrirás que, cuando eso ocurre, probablemente todo acabará saliendo bien. Harás las paces con la rutina y la monotonía.

RECUERDA

- *El esfuerzo largo y penoso es casi siempre una parte clave de cualquier misión.*
- *No podemos eludir la monotonía, pero podemos elegir qué forma adopta.*
- *Cuando puedas elegir entre retroceder y avanzar, elige avanzar.*

CAPÍTULO 10
POR AMOR AL ARTE

Quiero que se me recuerde como a alguien que no tenía miedo de empezar cosas nuevas.

TINA ROTH EISENBERG

LECCIÓN: EL ESFUERZO PUEDE SER SU PROPIA RECOMPENSA

A algunas personas les motiva el logro, a otras el proceso en sí... y a otras una determinada mezcla de ambos. Lo que les importa de verdad a estas últimas es hacer cosas y compartirlas con el mundo, una y otra vez.

¿Por qué crear? Porque podemos. O en el caso de algunas personas, porque eso es lo que les apasiona más que nada en el mundo. Les gusta el acto de crear y el acto de distribuir sus creaciones. Cuando terminan de hacer algo, preguntan: «¿Qué es lo siguiente?».

Hay gente dispuesta incluso a trabajar gratis.

Las empresas un poco inteligentes entienden que la compensación económica no es la única razón por la que la gente va a trabajar. En un mundo ideal, los empleados van al trabajo porque disfrutan dedicándose a algo que les resulta enriquecedor. La oportunidad de construir algo o formar parte de un equipo que trabaja en un proyecto ambicioso puede ser una fuerte motivación.

En el caso de Ron Avitzur, un ingeniero informático contratado por Apple, el deseo de crear un proyecto sobrepasó con mucho la habitual lealtad de un empleado. Antes de la prematura rescisión de su contrato, Ron había estado elaborando un programa de calculadora gráfica a principios de los años noventa. Llevaba tiempo trabajando en él, invirtiendo muchas horas y energía. Cuando se le rescindió el contrato, dejó de ser un empleado..., pero no estaba dispuesto a pasar página.

Después de que le despidieran, se dio cuenta de que no le habían desactivado la placa de identificación y de que podía seguir yendo y viniendo por el edificio, que supuestamente era un lugar de seguridad máxima. Fue entonces cuando tomó la decisión de «descancelar» su proyecto y de seguir trabajando en él por su cuenta. Ron consiguió que se le sumara un colega, Greg Robbins, a quien también le habían rescindido el contrato hacía poco. En un arranque de genialidad, Greg le dijo a su director anterior que ahora trabajaba a las órdenes de Ron, y Ron le decía a cualquiera que le preguntara que ahora trabajaba a las órdenes de Greg.[1] El temible dúo de luchadores que formaban Ron y Greg trabajaba hasta

---

1. Ron: «Como esto significaba que ninguno de los dos trabajábamos a las órdenes de nadie, no teníamos que asistir a ninguna reunión y podíamos ser extremadamente productivos».

dieciséis horas al día en el proyecto secreto, y, aparte del enga-
ño sobre quién trabajaba a las órdenes de quién, nunca min-
tieron a nadie. Cuando alguien les preguntaba en qué estaban
trabajando, le contaban la verdad, ganándose así el respeto
instantáneo de otros ingenieros y probadores de *software*, que
valoraban lo que era trabajar en un proyecto por amor al arte.

Con el paso de los meses, el esfuerzo se intensificó. Se
acercaba la fecha en que el *software* tenía que estar completamente terminado para que pudiera instalarse en los nuevos
ordenadores. Una cosa era hacer una versión básica del pro-
ducto, y otra muy distinta crear una versión «prácticamente
terminada» que pudiera ir directa al consumidor. La cuestión
de las pruebas de usuario era un aprieto, puesto que el proyecto oficialmente no existía. Luego estaba el tema de cómo
cargar el *software* en el sistema operativo que se instalaría en los
ordenadores. Por último, había ido difundiéndose la noticia
del proyecto secreto, y no a todo el mundo le gustaba. Otro
grupo de ingenieros se trasladó a las oficinas vacías desde las
que Ron y Greg habían estado operando y el supervisor de las
instalaciones empezó a desconfiar de ellos. Finalmente se les
desactivaron las placas de identificación y, tras unas cuantas
semanas en las que no tuvieron otro remedio que esperar en
las inmediaciones a que alguien abriera la puerta para poder
colarse en el edificio, se les advirtió que el personal de seguridad se vería obligado a desalojarlos, esta vez presumiblemente
de un modo definitivo.

Ron, Greg y el equipo cada vez mayor de conspiradores
hicieron frente a estas adversidades con valentía. Otros ingenieros aparecían y les ofrecían su ayuda para las pruebas de
certificación de calidad. El responsable del *software* definitivo

para el sistema operativo se presentó en el nuevo despacho de Ron a las dos de la madrugada con instrucciones sobre cómo incluir el programa de la calculadora gráfica. Greg pudo al final registrar el proyecto subrepticiamente como creación de un proveedor exterior y consiguió nuevas placas de identificación que les abrieran las puertas.

Al cabo de seis meses de colarse a diario en el edificio, esquivando el control de seguridad y reclutando aliados, Ron y Greg vieron su *software* instalado en todos los ordenadores Macintosh nuevos, más de veinte millones de máquinas. La calculadora gráfica recibió una respuesta más que positiva de los usuarios e incluso hacían referencia a ella los ejecutivos de Apple durante las demostraciones. El proyecto oculto había sido una victoria total y absoluta. Ron concluye el relato con una observación llena de ironía: «Quisimos hacer también una versión para Windows, pero el edificio de Microsoft tenía un sistema de seguridad mejor».

LA FUERZA INDÓMITA DE LA CREATIVIDAD

¿Qué le mueve a alguien a ir a trabajar día tras día... una vez terminado su contrato, sin sueldo y sin un verdadero puesto de trabajo? Muy sencillo: cuando encuentras algo que te apasiona hacer, no quieres dejarlo.

En el caso de Ron, no importaba que se hubiera cancelado el proyecto. ¡Importaba que el proyecto no estaba terminado! Tenía que seguir trabajando en él fuera como fuese. No tenía una hipoteca que pagar ni hijos a los que mantener, y trabajaba tantas horas que no tenía tiempo de gastar mucho, en cualquier caso. Ofrecer servicios de programación gratuitos no era algo que hubiera podido permitirse para el

POR AMOR AL ARTE

resto de su vida, pero durante unos meses estaba deseoso de entregarse de lleno al proyecto que le entusiasmaba.

¿Has trabajado alguna vez en algo que te apasionara hasta el punto de no querer que se terminara? El tiempo pasa sin que te des cuenta. Te acuestas por la noche pensando en el proyecto, y es lo primero que se te viene a la cabeza al despertarte. Quizá no te colarías en la oficina para trabajar después de que te hubieran despedido, pero si encontraras algo que de verdad te gustara hacer, querrías seguir haciéndolo tanto tiempo como pudieras.

¿Durará para siempre ese sentimiento? Probablemente no. Por eso debes subirte a la ola mientras puedes.

O todavía mejor, ¿y si pudieras crear tu propia ola, independiente de los caprichos de una gran empresa o del poder decisorio de otra persona? Eso es lo que muchos hombres y mujeres creativos han hecho. Conozcamos a algunos.

Muestra A: hurga en la caja,[2] trescientos sesenta y cinco días al año

Seth Godin se levanta temprano, se prepara una infusión de hierbas y se sienta delante de un gran escritorio con vistas al río Hudson, en Nueva York. Luego empieza a trabajar, y no se levanta hasta pasado un buen rato.

Tiene cientos de miles de admiradores y al menos unos pocos críticos destacados, pero hay un aspecto esencial de Seth en el que todo el mundo coincide: es un hombre prolífico.

---

2. N. de la T.: traducción literal de *Poke the Box*, último libro de Seth Godin —titulado *Hazlo* en la versión en castellano—, en el que menciona una compleja caja electrónica de juguete y cómo el niño, llevado por la curiosidad natural, quiere hurgar en ella.

Según cuenta, lee, estudia y escribe una media de quince horas diarias. Publica un artículo en su blog todos los días sin excepción.[3]

Al menos una vez al año, publica un libro..., a veces dos, o tres, y en ocasiones más de uno a la vez. Un día, al abrir la puerta se encontró una caja enorme. Contenía lo que Seth llamó su *behemoth*,[4] una monstruosa compilación de setecientas páginas y doscientos setenta y cinco mil palabras en la que estaban recogidos varios años de artículos suyos. Además de escribir, emprende con regularidad nuevas aventuras comerciales, y a menudo invita a los estudiantes a solicitar becas que les permitirán trabajar en los proyectos de Seth a la vez que desarrollan sus propias dotes empresariales. En medio de todo esto, saca tiempo para dormir al menos unas horas cada noche.

Conviene destacar que no todos sus proyectos son éxitos rotundos. De hecho, según cuenta, han sido muchos más los fracasos. Inventó el primer acuario y la primera chimenea en vídeo. Por alguna razón, no tuvieron mucho éxito. En los primeros tiempos de Internet, publicó un libro titulado *Direcciones de correo electrónico de ricos y famosos*, que provocó una reacción violenta de las celebridades.

La lección, en palabras suyas, es: «Si fracaso más que tú, gano. Esta idea lleva implícita la capacidad de seguir jugando. Si consigues seguir jugando, tarde o temprano tendrás éxito.

---

3. Si acaso, publicar «solo una vez al día» es para Seth una medida restrictiva: «Tengo alrededor de seis ideas diarias que podría publicar en el blog —dice—, pero la gente se pone ansiosa cuando encuentra una cola demasiado larga de entradas sin leer».
4. N. de la T.: en hebreo, *bestias*, aunque en la Biblia el término alude a un solo gran monstruo. Job XI, 15-24.

Los perdedores son los que no fracasan nunca, o los que fracasan tan estrepitosamente que no vuelven a jugar nunca más».

Seth escribe a menudo sobre el concepto de *shipping*, término que alude a los medios para divulgar obras y mostrarlas al mundo. Desde su perspectiva, el arte no existe hasta que se ha difundido extensamente. «Durante veinticinco años he contemplado mi vida como una oportunidad de explorar la caja —dice—, una oportunidad más de hacer algo diferente.»

Muestra B: haz la caja, una docena de veces al día

En el vanguardista barrio Dumbo de Brooklyn,[5] seguí una serie de indicaciones que había recibido por correo electrónico hasta llegar a un edificio de aspecto industrial. Tras subir en el montacargas chirriante, entré en un espacio inundado de luz donde un par de docenas de personas iban y venían de un lado a otro inmersas en su trabajo.

—¡Hola, Chris! —dijo una voz familiar. Era la voz de Tina Roth Eisenberg, a la que su legión de admiradores y seguidores conocían por el nombre de Swiss Miss.

Había conocido a Tina en un seminario que impartí hacía unos meses, y me invitó a visitar su oficina central en Studiomates, el espacio de trabajo conjunto que había fundado en Brooklyn. Durante el rato que charlé con ella, conocí también a otras personas que compartían el espacio. Algunas eran colegas que trabajaban en proyectos creados por Tina; otras trabajaban por su cuenta, y simplemente tenían

---

5. N. de la T.: Dumbo: acrónimo de *Down Under the Manhattan Bridge* (debajo del puente de Manhattan).

alquilado un espacio donde desarrollar su labor, y otras parecían desempeñar un papel ambiguo, pues hacían su trabajo y, a la vez, dedicaban parte de su tiempo a los proyectos de Tina.

Al menos cinco veces diarias, casi todos los días de la semana, Tina publicaba una breve entrada en su web. Muchas de las entradas estaban relacionadas con innovaciones en el campo del diseño que sus admiradores le enviaban a su buzón de correo electrónico desde el mundo entero. A Tina se la conoce como comisaria digital, una persona influyente que ayuda a difundir ideas con su respaldo y sus contactos.

La sala estaba abarrotada de cajas de tatuajes temporales, y a lo largo del día varios colegas fueron metiendo en sobres los pedidos.

Un viernes al mes, Tina organiza una popular reunión a la que ha dado el nombre de Mañanas creativas. Incluye una charla a cargo de un artista o alguien interesante, y siempre hay gran asistencia de público. Después de iniciarse en Nueva York, las charlas se extendieron a la sección de Zúrich, y luego a Los Ángeles.

En poco tiempo, había más de cincuenta secciones adicionales por todo el mundo, en las que participaban cientos de conferenciantes y decenas de miles de asistentes. En esencia es un salón global de ideas y trabajo comunitario; los costes corren a cargo de los patrocinadores y no se venden entradas para obtener beneficios.

¿Has descubierto ya algún aspecto clave? Tina está siempre ocupada. Pero no es solo que esté ocupada... Está ocupada creando y difundiendo un trabajo en el que cree. Es una sana compulsión, un deseo de crear productos entregables.

—Quiero que se me recuerde como a alguien que no tenía miedo de empezar cosas nuevas –dice.

Muchas de sus iniciativas empezaron siendo proyectos secundarios. El negocio de los tatuajes temporales comenzó cuando su hija Ella llegó a casa con una serie de calcomanías corporales de otra compañía. Eran feas y no se adherían bien, lo cual fue frustrante para Tina por su fuerte sentido ético del diseño. Aunque no sabía mucho de tatuajes, sabía de arte y de colaboración, así que creó Tattly, una empresa de tatuajes temporales con magníficos diseños y de fácil aplicación. Las Mañanas creativas surgieron de su deseo de reunir a gente creativa dispuesta a colaborar.

Hace varios años, Tina se tomó un descanso de su habitual trabajo para los clientes con la intención de desarrollar sus propios proyectos paralelos. Nunca ha vuelto a lo que dejó; prefiere dedicar su esfuerzo a aportar proyectos al mundo.

Muestra C: ¡métete en la caja! Incorpora una estructura a una vida creativa

Desde su casa del sur de California, Elise Blaha es también una hacedora de cosas compulsiva. Todos los días, sin excepción, crea y comparte su arte con el mundo a través de una página web y una circular diaria. Este trabajo va más allá de la escritura y el comisariado; incluye dibujo, pintura, costura, labores de punto y manualidades de todo tipo.

Elise siente el impulso de crear. Fluyen nuevos artículos, nuevas fotos y nuevos proyectos como un manantial de creatividad ininterrumpida. Un día es una nueva serie de sellos que ha salido a la venta, otro día es una clase de jardinería. Ha publicado más de sesenta tipos diferentes de álbumes de recortes como muestra, cada uno con su diseño y configuración propios. No usa plantillas.

En vez de plantillas, Elise utiliza el secreto que a los «hacedores» como ella les permite prosperar: define con claridad sus proyectos y los descompone en múltiples partes. Cuando un proyecto tiene éxito, aplica a otros el mismo formato. El medio no tiene por qué ser el mismo, me dijo, pero el proceso para trabajar en ellos puede serlo. Cuando cumplió los veintisiete, se puso como meta crear veintisiete proyectos de artesanía distintos utilizando veintisiete tipos de materiales diferentes. Un otoño elaboró cuarenta tipos distintos de pan.

El punto de vista práctico no entorpece sino que contribuye a la creatividad diaria de Elise. Esto es lo que dice sobre la disciplina:

> Cuando establezco pautas y límites, siempre me sorprende el grado de creatividad que nace de ello. Parecería lógico que fuera al contrario, que tener total libertad hiciera sentir que todo es más posible..., pero en mi experiencia, no es así. Suelo decir que a veces, para que la creatividad fluya a raudales, tenemos que meternos en una caja, en vez de quedarnos, como es típico, parados pensando fuera de la caja. A menudo, las limitaciones nos obligan a contemplar la dificultad de un modo distinto y nos llevan a innovar y a dar con ideas excepcionales.

Lección: para ser creativo, no te quedes pensando fuera de la caja. Hazte una caja y métete en ella.[6]

---

6. Lectores, tomad nota: esta es la última metáfora de cajas que encontrarás en el libro. No hay de qué, gracias a ti.

UN AÑO EN LA VIDA

Hace tiempo que me fascina el trabajo de gente como Seth, Tina y Elise, pero a veces no puedo estar al día. Una vez durante un viaje, me fue imposible leer entradas de blog en diez días. Cuando por fin logré conectarme y descargar el correo, me llegó una auténtica avalancha de información de cada uno. A veces, el puro hecho de ver sus entradas es de por sí una motivación, incluso aunque no me sea posible leer cada una de ellas.

Como no es fácil seguir su trayectoria, decidí prestar más atención a todo su trabajo a lo largo de un año..., al menos a todo el que pudiera encontrar. Para realzar el sabor, incluí en el conjunto a Thomas Hawk, el maníaco de la fotografía. Esto es lo que conseguí.

Elise Blaha	211 entradas de blog	11.949 palabras	Miles de fotos (es difícil calcular el número exacto)	52 creaciones (1 proyecto nuevo a la semana, registrado en detalle)
Tina Roth Eisenberg	972 entradas de blog	2.209 recursos compartidos	67 ciudades participantes en las Mañanas creativas	863 charlas de las Mañanas creativas publicadas en Internet
Seth Godin	365 entradas de blog (1 al día, sin interrupciones, sin excepciones)	76.349 palabras	3 libros publicados (¡los 3 salieron al mercado el mismo día!)	Numerosas conferencias magistrales, entrevistas y aportaciones escritas de los invitados
Thomas Hawk	11.697 fotos publicadas en Flickr	176 fotos publicadas en el blog	141 entradas de blog	

Pensando en la esforzada labor de Seth, Tina, Elise y otros creadores como ellos, no estaba seguro de si su intensa concentración en cierto tipo de trabajo podía considerarse una misión según la definición clásica; es cierto que tenían un punto final claro cada uno de los proyectos individuales, pero no el trabajo global. Aun así, encontré en estos individuos cualidades comunes a las de aquellos que se habían embarcado en misiones de tipo más tradicional. Habían elegido centrarse en obtener una serie de resultados concretos, obteniendo satisfacción tanto del proceso creativo como de hacer partícipes de él a los demás. Cuando terminaban una parte del trabajo, pasaban a otra. Lo que más parecía complacerles era crear una serie de partes interconectadas, y estructuraban su vida de modo que el trabajo ocupara el lugar prioritario. Era como si hubieran elegido un tipo de vida en particular y luego hubieran cambiado las demás circunstancias para acomodarlo.

LA DEVOCIÓN DE LOS HUMORISTAS EN EL ESCENARIO

Me sorprendió saber que algunos humoristas famosos, que han conseguido hacerse un nombre y embolsarse cientos de millones de dólares, siguen incansablemente dedicados al inmutable arte de contar chistes en un escenario. Jay Leno, por ejemplo, a pesar de aparecer en televisión cinco noches a la semana ante millones de telespectadores, durante los últimos años que presentó *The Tonight Show* se pasaba los fines de semana preparándose para una representación a menor escala. Todos los domingos, en vez de dedicarse a descansar, se subía al escenario del Comedy and Magic Club de Hermosilla Beach, en California, para la tradicional y rutinaria sesión humorística. ¿Por qué molestarse?

Leno entiende esta rutina como una forma de autoafirmación. Si la noche marcha bien, se siente satisfecho. Si no, se preocupa. En una entrevista decía:

> Cuando trabajas en televisión, te llegan extrañas notas y pequeñas tiras de papel diciéndote si estás haciendo reír o no a los niños de entre nueve y trece años, o si deberías hacer más chistes de gatos porque la gente que tiene gatos no ve el programa tanto como sería de desear. Pero si sales al escenario en un teatro de mil quinientas localidades y está lleno, sabes que lo estás haciendo de maravilla. Si solo están ocupados dos tercios de las localidades, sabes que te queda trabajo por hacer».

Por su parte, Jerry Seinfeld, cuya fortuna se estima en 800 millones de dólares, se sube con frecuencia a un avión para actuar en pequeños clubs de todo el país. Una vez más, ¿por qué molestarse? En su caso, no se trata de consolidar su éxito en un sitio distinto. No, es una cuestión de refinamiento. Contaba al *New York Times*:

> Si no hago una sesión en dos semanas, lo noto. Hace unos años leí un artículo que decía que, cuando practicas mucho un deporte, te conviertes literalmente en una banda ancha: los nervios que llegan al cerebro contienen mucha más información. En cuanto dejas de practicarlo, los nervios empiezan a encogerse y vuelven a su condición anterior. Leer esto me cambió la vida. Antes de eso solía preguntarme: «¿Por qué hago esto, por qué me subo al escenario? ¿Es que a estas alturas no sé hacerlo?». La respuesta es no. Tienes que seguir haciéndolo. La banda ancha empieza a estrecharse en cuanto paras».

Seinfeld y Leno coinciden en que subir continuamente al escenario sin red de seguridad es crucial para seguir desplegando sus facultades. No solo eso, sino que de algún modo el viaje es el punto de destino...; contar chistes y conectar con el público, por poco numeroso que sea, es de por sí el objetivo. Según Seinfeld, la meta es «perfeccionar lo más insignificante por el puro placer de hacerlo», y no tiene pensado dejar de viajar a pequeñas ciudades y ofrecer espectáculos improvisados en pequeños locales.

¿Qué tienen en común los mejores humoristas? Están dominados por la obsesión. La obsesión de depurar continuamente un pequeño detalle puede ser en sí misma una misión.

SUBIR LA ESCALERA POR LA QUE QUIERES SUBIR

Stephen Kellogg es músico independiente desde hace ya más de diez años. Ha publicado una docena de álbumes y ha tocado en más de mil doscientos conciertos. Le oí tocar en un evento de TEDx, en el que contó una historia antes de la actuación. De niño, lo único que quería era tocar. Creció escuchando a Bon Jovi y practicando en su habitación con una guitarra imaginaria. En cierto momento, esta pasó a ser una guitarra real, y Stephen consiguió su primer concierto.

Fue duro al principio. A los conciertos iba muy poca gente, que no pagaba casi nada, pero a Stephen le daba igual. ¡Era músico! ¡Tenía la oportunidad de tocar! Entonces dijo algo que no he podido olvidar desde aquel día:

—Es mejor estar al pie de la escalera que quieres subir que en lo alto de la que no quieres.

En comparación con una carrera profesional que quizá le hubiera dado más estabilidad y seguridad, la lucha de

Stephen por tocar su propia música y cultivar su propio colectivo de seguidores le hacía mucho más feliz.

Me escribió tiempo después para seguir contándome. Cuando le pregunté qué había cambiado después de mil doscientas actuaciones, me dijo algo que también me gustó:

—He pasado, de ser un chaval con una inclinación, a ser un hombre con un objetivo. Todo empezó con un sueño, pero lo seguí. Seguir ese sueño lo cambió todo.

Yo sentí lo mismo cuando empecé a escribir. Lo primero que publiqué no era demasiado bueno (y lo que no publiqué era peor), pero aun así, me sentía bien haciéndolo. Cuando me despertaba por la mañana, me planteaba inmediatamente sobre qué escribiría durante las siguientes horas. Por la noche, me iba a la cama pensando en cómo mejorar al día siguiente. Cuando empecé a dar charlas en eventos, estaba aterrado..., pero en el buen sentido. Cuando tuve la oportunidad de escribir el primer libro, ¡fue una alegría inmensa! Yo también sentí que había encontrado la escalera por la que quería subir, aunque estuviera en el peldaño más bajo y aunque me quedara mucho camino por recorrer.

Cuanto haces algo que te apasiona, no importa que sea todo un desafío. Puedes seguir avanzando mucho tiempo mientras estés motivado... Asegúrate solo de elegir el punto de partida correcto. Si tienes suerte, como le sucedió a Stephen, tu inclinación puede convertirse en tu profesión.

RECUERDA

- *Hay gente cuya motivación principal es crear y compartir. Cuando terminan de hacer realidad un proyecto, inmediatamente buscan otro.*

- *El esfuerzo puede ser su propia recompensa solo si tú se lo permites.*
- *Para ser creativo, «métete en la caja»..., crea una estructura y una disciplina que te permitan seguir trabajando.*

CAPÍTULO 11
UNIENDO FUERZAS

En este mundo, hay cosas que solo puedes hacer solo, y cosas que solo puedes hacer con otra persona. Es importante ir combinando las unas con las otras.

HARUKI MURAKAMI

LECCIÓN: ALGUNAS AVENTURAS DEBERÍAN COMPARTIRSE

Fue divertido lo que le ocurrió a Tom Allen en Yerevan (Armenia). El joven ciclista británico llevaba ocho meses en la carretera casi sin interrupción. Su amistad con los colegas que habían salido de Inglaterra con él para ver el mundo se había deteriorado, debido en parte a la frustración de Tom por que no valoraran la exploración tanto como él. El primer amigo se había dado la vuelta al cabo de diez semanas para estar con su novia y el otro decidió quedarse en un lugar del camino llamado Tiflis, en Georgia, unas semanas después.

Por eso era curioso, aunque quizá previsible, que el mayor desafío al que Tom se enfrentaría no fueran los Alpes helados ni los desiertos de Sudán, donde tuvo que lidiar con la malaria y la desorientación. El mayor reto le llegó a través de una experiencia mucho más común: Tom conoció a una chica y se enamoró.

Tenny era diferente de todas las chicas que había conocido en Inglaterra. Aunque no había visto mucho mundo, compartía la curiosidad de Tom y su afán de aventuras. Desde el principio, Tom sabía que había encontrado a alguien especial. Aunque había planeado quedarse solamente unos días en Armenia antes de continuar viaje hacia Irán, aquella no era una relación que quisiera dejar escapar. Se descubrió añadiendo uno o dos días al itinerario, teóricamente para ocuparse de las provisiones y las reparaciones necesarias, y luego toda una semana más, por lo feliz que se sentía estando con Tenny.

Pese a lo maravilloso que era enamorarse, conocer a Tenny creó en Tom un inevitable conflicto. La chica a la que quería estaba en Armenia, un sitio que a él le gustaba y en el que casi con seguridad habría podido quedarse una buena temporada. A la vez, el mundo exterior, empezando por la frontera con Irán que le esperaba a sesenta kilómetros, le llamaba. ¿Tenía sentido estar solo? ¿Qué se hace cuando uno se ha prometido a sí mismo seguir adelante?

Para entonces, Tom había terminado la difícil tarea de conseguir un visado para Irán. El sello estaba estampado en el pasaporte e iba acercándose de día en día la fecha de expiración. Después de salir de Inglaterra y pedalear kilómetros y kilómetros sin fin, el camino era lo único que había conocido durante los últimos ocho meses. Sin ver otra opción, dijo adiós y volvió a ponerse en marcha, con la esperanza de reunirse con Tenny en algún momento del futuro lejano.

Se arrepintió de la decisión casi de inmediato. Mientras pedaleaba un kilómetro tras otro por las pronunciadas pendientes de las montañas que separan Yerevan de la ciudad fronteriza iraní, pensaba en lo que dejaba atrás. Para media tarde había recorrido todo el trayecto hasta el campamento donde pasaría la noche, pero le invadía un sentimiento de culpa por continuar el viaje. Al final hizo lo que debía haber hecho desde el principio. Eligió a la chica.

—Lo hago por el bien de mi vida —le dijo Tom a la cámara que sostenía en la mano y que le había acompañado todo el camino. Miró hacia delante a la frontera con Irán y luego hacia atrás a los sesenta kilómetros que le separaban de Tenny. Se dio media vuelta y empezó a pedalear, volviendo sobre sus huellas hacia la chica que había dejado atrás.

UNA FAMILIA QUE NO ENTIENDE

En el transcurso de todas las entrevistas que hice a gente que había emprendido una misión, fui viendo que, en lo referente al apoyo de las amistades y los familiares, se daban situaciones de lo más dispares. Algunos miembros de la familia y amigos apoyaban sin restricciones el proyecto, otros solamente lo toleraban y en algunos casos se oponían a él muy enérgicamente.

John Francis tomó dos grandes decisiones que nadie más entendió. Haber optado por prescindir de los vehículos e ir andando a todas partes era ya lo suficientemente extravagante, pero hacer voto de silencio les pareció a algunos que era ya pasarse de la raya. Cuando les escribió a sus padres para contarles su decisión, su padre tomó el siguiente vuelo a California, más preocupado que curioso. Un amigo le recogió en el aeropuerto de San Francisco y se toparon con John, que iba caminando por una carretera próxima a su casa. Cuando su padre le saludó, John sonrió y le estrechó la mano, pero sin decir una palabra.

—¿Qué demonios es esto, hijo? —le preguntó, con exasperación.

Durante los días que pasó en casa de John, su padre hizo lo posible por entenderlo. Había acabado aceptando lo de las caminatas, pero lo del voto de silencio no le entraba en la cabeza. En general lo pasaron bien, pero estaba claro que el padre pensaba que aquello era un disparate. En cierto momento John le oyó hablar por teléfono con su madre y decirle que esperaba que a John no se le ocurriera aparecer por Filadelfia.

Incluso diez años más tarde, después de que John hubiera terminado su especialización en la Universidad de Montana y trabajara como el primer profesor adjunto en no pronunciar ni una palabra, su padre seguía sin entenderlo.

—Tienes que hablar —le decía—. ¿De qué te va a servir un máster? ¿Qué clase de trabajo vas a poder hacer? Tienes que volver a conducir y tienes que volver a hablar.

Pero aunque John escuchaba lo que su padre le decía, no cambió de idea respecto al voto de silencio hasta pasados cinco años. Tras licenciarse en la Universidad de Missoula, se preparó para acceder a un programa de doctorado en tecnología aplicada. El programa se impartía en la Universidad de Pensilvania, a tres mil setecientos kilómetros en dirección este. John volvió a hacer la mochila, se despidió de sus amigos y emprendió otra larga caminata solo.

Alicia Ostarello, que tras una dolorosa ruptura recorrió Estados Unidos para completar su proyecto de «cincuenta citas en cincuenta estados», se había encontrado previamente con un inesperado escollo: sus padres. Por expresarlo con suavidad, no estaban lo que se dice encantados. Como unas cuantas amigas la habían animado, Alicia no se lo pensó dos veces y les contó la idea a su padre y a su madre durante la comida del día de su cumpleaños. Así fue como trascurrió la velada:

> Acabábamos de servir el vino, de decir *¡Salute!* (es que somos italianos) y de dar un sorbo cuando saqué el tema. Mi padre pensó que lo decía en broma. Le expliqué el plan y cómo llevarlo a cabo, y en vez de decirme que le parecía una idea espantosa, me miró desconcertado, se rio y cambió de tema. Tuve la alegría de volver a decírselo dos días después, cuando mi madre me contó que él había pensado que no lo decía en serio.

Alicia me relató más adelante que, aunque estaba agradecida por todo el apoyo que le habían dado sus amigos, sus patrocinadores y la gente que fue conociendo por el camino —y también sus padres, que acabaron haciéndose a la idea—, al final había sido capaz de mantener la energía y el bienestar apelando a su fortaleza interior.

> Creo que la mejor ayuda que recibí fue de mí misma. Tenía que saber qué necesitaba de verdad y de qué podía prescindir, si quería poder hacer lo que me había propuesto. Fue interesante serlo todo para mí misma. En un proyecto que trataba esencialmente de citas y relaciones de pareja (y por tanto en cierto modo de la codependencia y la idea de que todos queremos

tener pareja), es una ironía pensar que una de las razones por las que sobreviví fuera ser capaz de apoyarme a mí misma.

Si tu familia no lo entiende, es difícil. Necesitas encontrar gente que sí lo entienda. A la larga, quizá lo mejor que puedes hacer es demostrárselo. Si en verdad te entusiasma lo que te has propuesto hacer, a veces la oposición acabará cediendo, como en el caso de Alicia.

Juno Kim asegura que no espera que algunos miembros de su familia jamás entiendan que dejase su puesto de trabajo fijo para dedicarse a recorrer el mundo.

—¿Y eso te entristece? –le pregunté.

—Bueno, a veces –dice.

Pero otra gente sí lo entiende, y su familia sigue siendo su familia cuando vuelve a casa.

FAMILIA EN BICICLETA

John y Nancy Vogel eran, según sus propias palabras, dos profesores muy agotados que vivían en Boise (Idaho) criando a dos niños gemelos y pagando una hipoteca. Los Vogel tenían un historial de grandes aventuras. Sus hijos habían nacido en Etiopía, donde John y Nancy daban clase, y habían pasado sus primeros cuatro cumpleaños en un país diferente cada año. Después de regresar a Estados Unidos, las ganas de explorar que tenían John y Nancy eran mucho mayores que las de establecerse. Los niños pasaron el tercer curso de primaria pedaleando a través de México y diecinueve estados de Estados Unidos. El cuarto curso lo pasaron en Boise, pero buena parte del año estuvo dedicada a planear la mayor excursión familiar hasta la fecha: un viaje de tres años en bicicleta recorriendo los veintisiete mil kilómetros que separan Alaska del extremo sur de Argentina.

Pasar treinta y tres meses juntos en la carretera, durmiendo cada noche en una tienda de campaña y atravesando climas distintos suena a desastre seguro... Y por supuesto que

IR CON LAS AMIGAS DE VACACIONES... O TAL VEZ NO

Todos los años, un operador turístico llamado Adventurists organiza una «Rickshaw Run», una carrera de motocarros a través de la India. Es una carrera en numerosas etapas, de motocarros exclusivamente, con hasta cuarenta equipos diferentes que confían todos en recaudar dinero para obras benéficas y además pasarlo bien.

Tuve noticias de varios grupos que habían participado en la carrera y habían tenido una experiencia magnífica. Un participante decía que había sido la aventura de su vida; conservaba muy buenos recuerdos y sentía que los lazos de amistad que se habían creado entre los conductores durarían para siempre.

Luego, una participante de otro equipo me escribió un correo privado para contarme una historia distinta: «Fue un horror —decía—, y no solo por la intoxicación que me provocó algo que comí». Su grupo estaba formado por varias mujeres que se habían conocido por Internet pero no se habían visto cara a cara hasta entonces. ¡Qué divertido!... Solo que no lo fue. Por la razón que fuera, una de las mujeres no congeniaba con las demás, y la gran aventura se convirtió en una gran prueba de intentar llevarse bien con personas recién conocidas que no eran amigas de verdad.

Lección: a menos que seas muy valiente, mejor que conozcas bien a tus compañeros de viaje antes de comprometerte a conducir un *rickshaw* con ellos por la India a toda velocidad.

surgieron muchos contratiempos. Al menos en tres momentos del viaje, Nancy estuvo a punto de recoger sus cosas e irse a casa. La primera crisis se produjo mientras cruzaban las selvas de Centroamérica, a través de auténticos túneles de árboles. Era un escenario espectacular, pero Nancy se cansó del calor, la humedad y la pegajosidad. Hizo un cálculo mental de cuánta selva faltaba aún: al menos otros mil kilómetros. Finalmente consiguió seguir adelante, animada al ver que John y sus hijos no lo estaban pasando tan mal.

La segunda crisis surgió en Perú, donde se encontró atrapada en un sentimiento de amor-odio que le provocaba el país en sí: «Es cuestión de quién aguanta más —escribió en su diario—, y sospecho que Perú tiene una paciencia ilimitada».

También esta vez siguió adelante, pero pronto se encontraría con un nuevo desafío inesperado en el centro de Argentina, todavía a 2.500 kilómetros y cincuenta noches de su destino, Ushuaia. Este fue casi el punto de ruptura. Así es como lo cuenta:

Paramos en la pequeña ciudad de Zapala porque el viento era tan fuerte que nos lanzaba la arena a la cara. Me rodaban las lágrimas por las mejillas en un intento desesperado de mi cuerpo por deshacerse de la arena que se me metía en los ojos. Mi marido y yo no hablábamos; no hacía falta. Intuitivamente él sabía que había llegado al límite de mis fuerzas y que una noche más en la tienda de campaña habría acabado conmigo. Fuimos en las bicis de hotel en hotel, en busca de un sitio que estuviera remotamente dentro de nuestras posibilidades.

Después de encontrar un hotel barato, arrastramos las bicis hasta un lugar que quedaba protegido del viento, soltamos todas las bolsas para llevarlas al hotel y luego atamos las cuatro bicis juntas, antes de subir a la habitación compartida. John y los niños sacaron el portátil para jugar a algún videojuego y yo me fui directa a la ducha.

El agua caliente me resbalaba por el cuerpo mientras me caían las lágrimas. Estaba más que agotada. Fue un esfuerzo sobrehumano sostenerme en pie debajo de la ducha. Pensé en lo que todavía quedaba por delante: en todo lo que había oído contar sobre los vientos de la Patagonia. Nadie mencionaba siquiera el norte de Argentina, y, para mí, atravesarlo había sido lo más difícil que había hecho nunca.

¿Me importaba realmente tanto llegar a Ushuaia sobre dos ruedas como para continuar? ¿Valía la pena lograr este objetivo al que había dedicado tantos años de mi vida sabiendo el precio que pagaría por llegar? ¿De verdad quería hacerlo?

Al final, decidí que no estaba dispuesta a rendirme. Sabía que detestaría cada pedalada de los restantes dos mil quinientos kilómetros, pero lo haría de todos modos. Iba a llegar a Ushuaia así me matara.

Curiosamente, los gemelos Daryl y David habían sido los más rápidos en adaptarse a un viaje lleno de imprevistos. Encontraban particular motivación en el objetivo de ser los viajeros más jóvenes en cruzar las Américas en bicicleta.[1] Una regla improvisada que decía «treinta y dos kilómetros por galleta» tampoco les hacía daño.

---

1. Advertencia a padres y madres: Adam Baker, no duda al decir que, cuando se viaja con niños, se adaptan con más facilidad que sus padres: «Cuando nos fuimos de viaje al otro lado del océano con nuestra hija de un año –cuenta–, ella estaba de maravilla. Fuimos nosotros los que tuvimos que aprender a ser flexibles.»

Nancy, John y sus hijos llegaron a Ushuaia, y el viaje no mató a nadie. Mil dieciocho días después de que los Vogel salieran de Alaska, alcanzaron la meta; habían completado el viaje. Los niños establecieron el récord, y se consumieron muchas galletas.

La familia acabó regresando a Idaho para reorganizarse una vez más. Los niños volvieron al «colegio normal» y empezaron sus clases de ciencias y matemáticas avanzadas. Pero sus bicis y el recuerdo de lo que habían logrado con su esfuerzo seguían tirando de ellos.

Pasados dos años, preguntaron:

—¿Cuándo viajamos de nuevo?

La respuesta de Nancy:

—¡No tenéis más que decirlo!

DE VUELTA EN ARMENIA

Cuando se reunió con Tenny, Tom no cabía en sí de contento. Alquiló un pequeño apartamento y se quedó varios meses en Yerevan; empezó a estudiar el idioma y aprendió a desenvolverse en la ciudad. El viaje no había terminado, ni mucho menos, pero el descanso le estaba sentando bien.

Fue entonces cuando hizo una modificación de su plan. ¡Quizá podrían hacerlo juntos! Tom le pidió a Tenny que hiciera parte del viaje con él, y ella dijo sí. ¿Por qué no?

Pedalearon los dos desde Yerevan hasta Teherán, el viaje que hacía unos meses Tom había estado a punto de cometer solo. Una vez allí, decidieron separarse de nuevo durante un tiempo, una decisión difícil de tomar pero necesaria. La familia de Tenny, una familia conservadora, desconfiaba cada vez más de aquel extraño pretendiente occidental que quería llevarse a su hija a recorrer el mundo. Tom, que no quería provocar un distanciamiento entre padres e hija, sugirió que lo mejor era que siguiera él solo y luego regresara a reunirse con Tenny, con lo que ella estuvo de acuerdo de inmediato.

La primera vez que dejó a Tenny, lo había lamentado al instante. Sin embargo, en esta ocasión la decisión era diferente. Tenny era una persona extraordinaria y, por lo que parecía, incluso el amor de su vida. Pero Tom comprendió que había cometido otro error: aunque se querían de verdad, no era el sueño de Tenny dar la vuelta al mundo en bicicleta. Un sueño puede tener un solo dueño, decidió Tom. Se sentía comprometido con ella, pero su viaje aún no había terminado. Se despidieron en Teherán —solo por un tiempo, esperaban los dos— y Tom volvió a montarse en la bici. A partir de ese momento, cuenta, «lo único que hacía era mirar hacia delante e intentar no pensar en todo lo que podía pasar o no pasar».

En el transcurso de los siete meses siguientes, Tom reformuló el tema del riesgo y la oportunidad.

—Se trata de dejar que entre un poco de incertidumbre en la vida —contaba—. Tal vez mucha gente habría dicho que era una insensatez lo que hacía..., pero en aquel momento no podía parar solo porque alguien me dijera que parara. Tenía que volver a montarme en la bici y luchar.

Tom siguió su viaje, a través de Egipto y Sudán, enfermando de malaria y abriéndose camino a duras penas por parajes que representaban una dificultad extrema (no hay carril bici en El Cairo). Esta parte del viaje fue la experiencia física más difícil que jamás había vivido, pero nunca perdió la esperanza. Estaba en el camino, cumpliendo su misión..., y sabía además que había una persona a la que amaba esperándole en Armenia. Incluso a pesar del sol abrasador durante el día y de los mosquitos por la noche, Tom se sentía feliz.

La siguiente etapa del viaje terminó en Yemen, un sitio al que llegan muy pocos extranjeros. Tom se sentó en una preciosa playa solitaria y echó la vista atrás al último año. ¿De verdad había ocurrido todo aquello?, se preguntó. Pensó en su salida de Inglaterra, ingenuo pero deseoso de aventura. Pensó en sus amigos, a los que había perdido por el camino porque cada uno quería cosas diferentes. Pensó en las penalidades que había vivido y en los desafíos que había superado.

Y sobre todo, pensó en Tenny. Pese a lo maravillosa que era aquella playa de Yemen, seguía teniendo la mente puesta en los recuerdos del tiempo en que se enamoraron.

Supo que había llegado el momento de poner fin al viaje. La aventura no había terminado, pero una parte de ella había llegado a su conclusión natural. La primera vez que regresó para estar con Tenny, lo hizo consumido por la incertidumbre, debatiéndose entre continuar en pos de su meta o dedicarse a alguien a quien quería de verdad. Esta vez volvía convencido de que había llegado a un punto en el que era lícito elegir el amor. Hizo caso omiso de sus inseguridades y de los guardas de la frontera de Yemen. Volvía a casa..., a Armenia.

Tom y Tenny se casaron en una pequeña ceremonia a la que asistieron también los amigos ingleses de él. Les esperaban a los dos muchas aventuras todavía, pero la trayectoria de la vida de Tom había cambiado.

—Ya no soy la persona más importante de mi vida —confesó—. Sea cual sea la dirección que tome el camino, vamos a recorrerlo juntos.

RECUERDA

- *Si tu familia o tus amigos íntimos no entienden tu sueño, tienes que encontrar gente que lo entienda.*
- *¿Es obligado que un sueño tenga un solo dueño? No si dos o más personas ven el mundo desde la misma perspectiva.*
- *Incluso con el apoyo de otras personas, es difícil superar las dificultades sin suficiente motivación propia.*

CONTRATIEMPOS

Llegué a Italia y alquilé un coche en el aeropuerto romano de Fiumicino. Ya había estado en Italia varias veces y al día siguiente tomaría un vuelo rumbo a África, pero antes tenía pensado ir en coche hasta San Marino, la república más pequeña del mundo, quedarme a pasar la tarde y luego regresar a Roma. Normalmente suelo pasar como poco unos días en cada país, pero San Marino es una pequeña ciudad italiana que se las arregló para conseguir independencia diplomática en la época en que los países se estaban todavía formando. Tiene una población de solo treinta mil habitantes, y parecía un lugar curioso en el que disfrutar unas horas. De hecho, si las cosas no hubieran resultado ser un desastre absoluto, probablemente habría sido un sitio en el que disfrutar.

Estaba ya cansado cuando llegué al mostrador de la agencia de alquiler de coches, bastante alejado de la zona de llegadas. Para recoger el coche en cuestión, tuve que darme otra caminata hasta el lugar de recogida, que estaba fuera del recinto del aeropuerto. Nada más sentarme en el coche –un modelo europeo diminuto que parecía un go-kart–, el mecanismo de plástico que abría la ventanilla del conductor se partió. ¡Huy! La ventanilla se quedó atascada en una posición de inutilidad:

bajada al menos un tercio del recorrido, pero sin posibilidad de seguir bajando. Decidí ponerme en marcha de todos modos... ¿Qué problema podía haber?

Puse rumbo a San Marino, que tenía entendido que estaba a unas dos horas de Roma. Eran los tiempos en que no eran frecuentes aún los GPS, así que lo único que tenía para guiarme era un mapa de la agencia de alquiler con rayas y flechas.

Dos horas debía de ser el tiempo que tardaban en llegar a San Marino los pilotos de Fórmula 1. Yo me pasé una salida y me perdí, y luego, cuando por fin encontré la salida que buscaba, me perdí otra vez. Pasé por una serie de cabinas de peaje, que probablemente tendrían sentido para los viajeros italianos pero que le resultaban de lo más confuso a un idiota como yo. En una de ellas no fui capaz de encontrar el recibo que me habían dado en la anterior, así que el empleado del peaje me extendió con sequedad una multa de 50 euros. Puse cara de no entender nada, y me fui.

La fatiga iba haciéndose notar, como consecuencia de haber pasado la noche entera despierto en el vuelo nocturno desde Atlanta. De repente se me cerraron los ojos durante un segundo, y al despertarme oí que el coche iba rozando la valla que bordeaba la montaña. ¡Dios! Con el corazón desbocado, dejé la autopista en la siguiente salida, buscando un sitio donde aparcar y echar una cabezada. Por desgracia, este plan no funcionó tampoco. Estábamos en pleno verano y hacía mucho calor. En cuanto apagué el aire acondicionado, empecé a sudar. Me quité la camisa, luego los pantalones, e intenté dormir un poco en el asiento de atrás, abarrotado, con la cabeza apoyada en el equipaje. Funcionó durante unos diez minutos.

Me di por vencido. Salí del coche y empecé a ponerme la ropa justo en el momento en que pasaba por delante un coche

en el que viajaban una joven y dos niños. Los niños me señala-
ron con el dedo y se rieron de mí («Ah... ¡Hola! Lo siento. Scusi»).
Volví a ponerme detrás del volante y enfilé la carretera, frustrado
por la falta de sueño y abochornado por la actuación estelar de
turista medio desnudo que acababa de escenificar en el área de
descanso del pueblo.

Ni siquiera sé cómo, pero llegué finalmente a San Marino...,
cuatro horas después de salir de Roma.

Emprendí el camino de vuelta al aeropuerto –otras cuatro
horas–, orgulloso de haber logrado llegar a San Marino y apren-
diendo a pagar cada peaje como era debido en el camino de re-
greso. La ola de calor diurno se había transformado en tormenta.
Gracias a que la ventanilla no subía hasta arriba, pasé buena parte
del viaje empapándome hasta los huesos.

A unos cincuenta kilómetros del aeropuerto, vi que me es-
taba quedando sin gasolina y tuve que parar en una estación de
servicio. Desgraciadamente, en la gasolinera no había personal,
y el sistema de autoservicio no aceptaba mi tarjeta de crédito.
¡Enésima frustración del día! Empujé con esfuerzo el coche has-
ta que a trompicones llegó al aeropuerto. Para entonces, el la-
teral del vehículo estaba raspado tras el encuentro con la valla,
la ventanilla seguía medio abierta –atascada en la misma posi-
ción–, era de suponer que la multa de 50 euros por no haber
pagado los peajes llegaría en algún momento y el depósito de la
gasolina estaba a cero.

Escribí una nota: «He tenido algunos problemas con este
vehículo».

Deposité las llaves y la nota en el buzón indicado y me di-
rigí hacia la terminal. La salida del vuelo no estaba prevista hasta
primera hora de la mañana, pero estaba deseando tumbarme

en un banco y descansar lo que pudiera. Había sido una aventura disparatada, y por una vez estaba contento de que hubiera terminado...

¡No!, la terminal estaba cerrada por la noche y no abría hasta las seis de la mañana.

CAPÍTULO 12

REBELDE CON CAUSA

La gente más subversiva es la que hace preguntas.

JOSTEIN GAARDER

LECCIÓN: DESCUBRE QUÉ TE MOLESTA DEL MUNDO, Y
LUEGO ARRÉGLALO PARA BENEFICIO DE TODOS

Si algo te preocupara, ¿qué harías al respecto? Si tu país se encontrara en una situación caótica, ¿protestarías? Supongamos que estás deseando hacer algo, ¿escribirías a algún político o asistirías a una asamblea? ¿Te manifestarías?

La mayoría ponemos un límite a nuestro afán activista. Si algo nos preocupa, quizá preguntemos: «¿Qué puedo hacer?», pero queremos que la respuesta sea fácil. Puede que hagamos una pequeña donación o que ayudemos a correr la voz de lo que esté ocurriendo. Si estamos de verdad preocupados, tal vez intentemos reclutar a otros que se sumen a nuestra causa.

Hay quien va más lejos.

Howard Weaver nació en Alaska. Era hijo de unos inquietos colonos norteamericanos que habían ido avanzando poco a poco hacia el oeste desde su Suiza natal. Nada más terminar la universidad empezó a trabajar de periodista en el *Anchorage Daily News*, ocupándose de las crónicas de sucesos y siguiendo a un par de conocidos cómplices de una familia del crimen organizado. Desgraciadamente, sus dotes persecutorias eran limitadas, y los mafiosos dieron fácilmente con su paradero y le dejaron un mensaje muy claro: «No lo vuelvas a hacer». Después de esto, se fue a un bar para encontrarse con ellos cara a cara, y al verlo se rieron de lo joven que era y le invitaron a una copa.

Howard continuó aprendiendo los gajes del oficio, entablando cada vez con más destreza relaciones con las fuentes de información y actuando con más cuidado en cuanto al seguimiento de mafiosos. Su primera tentativa de desafiar la voz del statu quo la provocó el terrible momento que atravesaba el *Daily News*. El periódico había ganado el primer Premio Pulitzer del estado cinco meses antes, pero corrían tiempos difíciles y carecía de los recursos de que disponía su principal rival, el *Anchorage Times*. Si el *Daily News* intentaba presentar una voz editorial equilibrada, el *Times* era proempresarial hasta la médula. Para muchos periodistas jóvenes y de ideología progresista, el *Times* no era solo un rival, era el enemigo.

Obligado a dejar junto con otros tres amigos el *Daily News*, un buen periódico que se había quedado sin fondos, Howard fundó con ellos el *Alaska Advocate*, un rudimentario competidor con intenciones activistas. Empezando con tan solo 5.000 dólares —la suma de las contribuciones de 1.250 dólares de cada uno de sus fundadores—, el diario luchó por ofrecer una alternativa a la voz del gran capital que difundía el *Times*.

Cuando los bancos locales les denegaron la tradicional financiación, Howard y sus compañeros fundadores hicieron una campaña de financiación colectiva mucho antes de que se generalizaran los llamamientos de recaudación de fondos a través de Internet. El joven equipo decidió vender acciones no registradas, a pesar de no saber cómo funcionaba el asunto. Howard se fue a la papelería y compró los certificados de acciones en blanco más bonitos que encontró, y también una estampadora para ponerles un sello oficial. Los demás recorrieron de puerta en puerta Anchorage y otras ciudades para una venta anticipada de suscripciones.

Décadas después, la propuesta que utilizaron como gancho suena chocante e inverosímil: «¿Le gustaría suscribirse a un periódico que no existe?», pero en solo unos meses habían conseguido 10.000 dólares más de capital inicial y estaban listos para empezar. Se imprimió el primer número, y el pequeño equipo lo celebró por todo lo alto.

Al *Advocate* le quedaba poco dinero después de pagar los gastos de imprenta, y el personal trabajaba por una paga mínima o sin paga. Para alimentarse, siempre que era posible asistían a actos oficiales, donde se aprovechaban de la comida de los bufés y se tomaban algo gratis en el aperitivo que se servía.[1] A pesar de la escasez de fondos, el equipo estaba animado y trabajaba hasta bien entrada la noche. El objetivo era crear algo, participar en el desarme de un gigante armados solo con la verdad.

---

1. Howard Weaver: «En Juneau, estaba prácticamente garantizado que se servirían bebidas alcohólicas en cualquier evento que empezara después del almuerzo, y a veces antes».

Los cuatro periodistas en alza se sentían libres, traspasando los límites allí donde podían. Cuando en el *Times* apareció un titular diciendo que el oleoducto trans-Alaska estaba a prueba de sabotajes (afirmación muy cuestionable que se empeñaban en difundir las grandes compañías petroleras), el personal del *Advocate* se dirigió a una zona central del oleoducto y provocó una falsa explosión, con granadas de humo que lanzaron al cielo una densa y oscura humareda. No ocurió nada —que era precisamente lo que esperaban—. Luego protestaron diciendo que el artículo del *Times* era incorrecto, puesto que nadie se molestó siquiera en comprobar lo que en apariencia había sido una explosión peligrosa.

No les faltaba ni energía ni descaro. Sin embargo, aquellas travesuras eran más interesantes que efectivas. Howard y sus alegres bromistas lo estaban pasando en grande, pero rebelarse contra la autoridad era una arriesgada estrategia comercial. Además, al atacar al *Times* y a las grandes corporaciones, sin darse cuenta habían ofendido a la mayoría de las más importantes empresas de Alaska, a las que quizá hubieran podido persuadir a fin de financiar el periódico con los ingresos obtenidos de ellas por publicidad. Todas las semanas, Howard se reunía con el contable para decidir qué facturas se podían pagar y cuáles habría que posponer. La batalla por mantenerse a flote tocó a su fin poco después del segundo aniversario del *Advocate*. Los escasos fondos de los que disponían se estaban acabando, y el periódico cerró.

NO RENDIRSE JAMÁS

Afortunadamente para Howard, la historia no había terminado. Su antiguo periódico, el *Daily News*, había pasado a manos de una empresa californiana que estaba dispuesta a invertir para convertirlo en un competidor más serio. La oportunidad de ofrecer un medio de información alternativo a los habitantes de Alaska estaba a disposición de quien la quisiera, y Howard regresó al nuevo *Daily News*, donde ahora se encargaba de escribir editoriales y formar un nuevo equipo. A los treinta años, volvía a poner la vista en bajarle los humos al periódico defensor del sistema.

Durante los trece años siguientes, Howard y el equipo del *Daily News* trabajaron para hacer un diario que ofreciera una cobertura de las noticias mejor que la del *Times* y con el tiempo las superara.

Poco a poco, empezaron a cambiar las tornas. El *Daily News* ganó un Premio Pulitzer por su cobertura del abuso del alcohol y el suicidio entre las poblaciones nativas. A la par que el equipo se afanaba en seguir aumentando la calidad y la cantidad de las noticias locales, el *Times* se iba haciendo cada vez más insensible..., y los lectores lo notaron. En toda meta que nos proponemos hay una manera de medir el éxito, y en la gran guerra periodística de Alaska el criterio de medición era muy claro: los suscriptores diarios. En sus comienzos, el *Daily News* había tenido una tirada que rondaba los diez mil ejemplares. Para cuando el equipo de Howard hizo su segundo intento, el periódico contaba con más de veinte mil lectores. El *Times* siempre había tratado a su rival con condescendencia, pero ahora tenía un buen motivo de preocupación. De repente, el mundo periodístico de los Estados Unidos continentales, que nunca había hecho mucho caso de Alaska, prestaba atención.

¿Qué tenía de especial Alaska? Había esencialmente dos opiniones enfrentadas al respecto. La explicación del *Times*, el periódico del poder establecido, hablaba del petróleo. Las cuestiones medioambientales se despachaban de un plumazo o se ignoraban por entero. La grave situación de los habitantes de Alaska, que a menudo se enfrentaban con la pobreza y los problemas de salud, se atribuía a defectos del carácter —adulando con esta explicación a una parte de la comunidad empresarial de corte veladamente racista—. La otra explicación nacía de un respeto a los habitantes de Alaska y un deseo de contar la verdad —algo que sería de esperar de cualquier periódico, pero que no siempre era el caso en el *Times*—. Howard definía los valores de su equipo como «la porfiada convicción de que decir la verdad cambiaría las cosas. La gente puede decidir lo que quiera, pero no podemos mentirle a la gente».

Cuando el superpetrolero *Exxon Valdez* encalló en Prince William Sound y vertió al mar millones de barriles de petróleo, creando uno de los mayores desastres medioambientales de todos los tiempos, la cobertura que dieron al suceso uno y otro periódico fue notablemente distinta. El *News* dedicó durante semanas la primera plana a cubrir el desastre y las labores de limpieza.

En el *Times*, en cambio, apenas se prestaba atención a los ecologistas, y un editorial aseguraba que la limpieza estaría terminada en cuestión de días (se tardaron años). Una semana después de que el petrolero golpeara el arrecife, el *Times* estaba listo para pasar otra cosa y empezó a relegar las noticias sobre el suceso a las páginas interiores. Cuando Exxon contrató a miles de trabajadores eventuales en un desesperado intento por limpiar las zonas afectadas, el *Times* lo consideró una «consecuencia positiva [...] generadora de bonanza económica» y un «auténtico empujón para la economía».

La respuesta del *Valdez* reactivó al equipo del *Daily News*, que para entonces había tomado la delantera en las contiendas periodísticas (su tirada *News* del domingo era de setenta y dos mil ejemplares, frente a los cuarenta y un mil del *Times*). El *Times* jugó sucio, dedicándose a comprar ejemplares de su propio periódico para inflar las cifras de tirada declaradas y publicando reseñas aduladoras de ejecutivos cuyas empresas habían accedido a comprar suscripciones en bloque para sus empleados.

Era una batalla desesperada y perdida para el antiguo gigante, y en mayo de 1992 todo tocó a su fin. Para sorpresa del personal de ambos periódicos, el propietario del *Times* finalmente capituló. La negociación tardó en resolverse menos de una semana. El empresario convino en cerrar el *Times* y vender todos sus bienes al *Daily News* a condición de poder publicar en este diario un editorial suyo durante los siguientes tres años.

La guerra entre periódicos había terminado. El gigante había caído. Howard y el *Anchorage Daily News* habían ganado.

HACERLO TODO SOLO

A pesar de los duros años de lucha en favor de los ciudadanos de Alaska, Howard había tenido al menos la compensación de trabajar con un equipo dedicado. Sacaba fuerzas de trabajar en estrecha colaboración con gente que luchaba por lo mismo que él. Pero ¿qué sucede cuando te enfrentas a poderosos adversarios y en tu equipo solo estás tú?

Este fue el caso de Miranda Gibson.

A esta australiana de treinta años nacida en la isla de Tasmania, le preocupaba ver cómo crecía sin control la tala industrial en las selvas vírgenes de su tierra. De niña, Miranda se había paseado por los bosques de árboles centenarios que ahora iban desapareciendo a ritmo alarmante, a pesar de que la zona hubiera sido declarada Patrimonio de la Humanidad. A su entender, había un desequilibrio de poder a favor de las multinacionales madereras, que al parecer no tenían que rendir cuentas a la población local. Otra gente estaba también preocupada, pero pocos estaban dispuestos a sacrificarse para provocar un verdadero cambio.

A diferencia de la mayoría de nosotros, Miranda no limitó su protesta a enviar unos cuantos correos electrónicos airados o a hacer una donación a un grupo ecologista. Decidió convertirse en un ejemplo vivo de activismo, haciendo cuanto estuviera en su mano para que el mundo supiera lo que se estaba haciendo y detener la tala masiva. ¿Su forma de protesta? Trepó hasta la copa de un eucalipto de sesenta metros de alto... y le dijo al mundo que iba a quedarse allí hasta que se resolviera el problema.

¿Cómo es la vida en lo alto de un eucalipto? Bueno, el ecosistema está bastante activo. Una plataforma instalada en la copa ofrece una posición excelente para observar el escenario desbordante de actividad. Al contemplar el entorno a la última luz del día, se ve a los demonios de Tasmania haciendo de las suyas allí abajo. Las lechuzas empiezan a despertar y saludan a sus vecinos. La mayoría de los habitantes del bosque no están habituados a compartir el espacio con los humanos, pero después de unos meses de estancia, se acostumbran a su presencia.

Los visitantes vienen y van. Con un sistema de poleas improvisado suben hasta la copa para saludar. Gracias a las maravillas de la tecnología, llegan también mensajes de apoyo desde todas las zonas horarias.

Pero los visitantes, los mensajes e incluso el sonido de las lechuzas son pequeñas intermitencias en un continuo radar de monotonía. Principalmente, hay una inmensa soledad. «A veces se está muy sola allí arriba», me decía Miranda en un mensaje de correo electrónico que parecía el eufemismo del siglo.

Miranda estableció su campamento en el árbol y empezó a hacer una crónica de las actividades del bosque para un público mundial. Sus acciones produjeron un alivio rápido y a corto plazo. Los taladores, que no deseaban entablar una batalla moral con una joven que vivía en un árbol y recibía atención mundial, abandonaron la zona.

Pero ¿cuánto tiempo estaba dispuesta a quedarse? El objetivo no era solo hacer que los taladores se dispersaran, sino conseguir que se ilegalizara su regreso. En otras palabras, aquel no era un proyecto a corto plazo. Miranda se quedó en el árbol durante semanas, luego meses. Cambiaron las estaciones y seguía allí. Pasó un año entero y no se había movido.

Me escribió hacia el día 400 de su protesta. Acababa de celebrar sus segundas navidades a decenas de metros del suelo.

Quería que me contara más cosas, así que le pregunté si podíamos hablar por teléfono. «Mejor todavía», me contestó. Miranda dispone del que quizá sea el único lugar del mundo con acceso a wifi desde la copa de un árbol centenario, así que quedamos para una sesión de Skype.

—¿Por qué hacer esto —le pregunté, a través de una conexión de vídeo sorprendentemente fuerte—. ¿Por qué tú?

—Esto es lo que sé que podía hacer —dijo—. Ninguna otra cosa parecía llamar la atención.

Cuando se subió a la copa del árbol y se instaló allí, no cabe duda de que llamó la atención. Y lo que era aún mejor, los taladores no habían vuelto a aparecer.

ALGO POR LO QUE VALGA LA PENA VIVIR

En Internet, un comentarista se preguntaba qué podía haber motivado a Miranda Gibson a realizar aquel acto: «¿Lo hace para compensar alguna carencia de su vida personal?». Pero podrías preguntar lo mismo sobre cualquiera que esté entregado a una causa. ¿Quién tiene autoridad para decir por qué alguien se preocupa por algo? Si estás dispuesta a pasar un año viviendo en un árbol, tiene que haber algo en lo que creas.

De niño, solía sentarme en el último banco de la iglesia durante muchos de los espectaculares oficios religiosos nocturnos que solían celebrarse.

Con frecuencia, el predicador o evangelista contaba una historia sobre nuestros hermanos creyentes de Rusia, de China o de Cuba (los países comunistas parecían poder intercambiarse sin problema) a quienes al salir de la iglesia se apresaba y obligaba a renegar de su fe a riesgo de ser ejecutados.

Fueran cuales fuesen los detalles, la historia siempre iba seguida de un reto: «¿Estarías dispuesto a morir por tu fe?».

Echando la vista atrás, es muy fácil ver lo limitada que era la pregunta. ¿Por qué vale realmente la pena morir? Es difícil saberlo con seguridad...; rara vez puede nadie intervenir en cómo muere ni decir si es por una buena causa. La mayoría nos morimos cuando nos llega la hora, tanto si estamos en condiciones de hacer una declaración de principios como si no.

Y sin embargo, todos los días de nuestra vida, cada uno tenemos ocasión de responder a una pregunta mucho más interesante: ¿por qué vale la pena vivir? Si solo pudieras dedicarte a una cosa, ¿qué sería eso en torno a lo cual labrarías una vida, eso que querrías hacer a diario? ¿Y si conllevara un auténtico sacrificio…, querrías seguir haciéndolo?

Morir por algo es un acto de heroísmo. En los raros casos en que ocurre, la persona cae, y vive su momento de gloria aferrada hasta el fin a su moral o su causa. Buen trabajo si lo consigues. Unos años más tarde, Brad o Angelina desempeñarán tu papel en alguna película. En cambio, vivir por algo puede ser muy mundano…, y por lo tanto mucho más sacrificado, porque rara vez habrá alguien que se dé cuenta. Lo único que haces es seguir viviendo, continúas en la brecha en nombre de eso que has elegido valorar por encima de todo. Vivir de verdad por algo, día tras día, es mucho más valioso que experimentar un momento de gloria al final de nuestra vida.

Así que, ¿qué me dices?… ¿Por qué vale de verdad la pena vivir?

«IGUAL ES QUE LA GENTE NO LO SABE»

Helene van Doninck, veterinaria canadiense especializada en la fauna silvestre, ha iniciado una campaña en solitario para convencer a los cazadores de que utilicen munición sin plomo. Todos los años durante la temporada de caza, ve a un buen número de águilas calvas que se han envenenado al tragar el plomo que había en la carne de animales a los que se había disparado. Estas águilas son un tesoro nacional y una especie en peligro de extinción, pero muchas mueren tras haber ingerido el plomo.

Helene cree que es algo que se puede evitar por entero, así que lleva tiempo trabajando intensamente para convencer a las partidas de cazadores y a las comunidades locales de que adopten resoluciones que insten al uso de la munición sin plomo. Emprendió la cruzada después de una semana muy dolorosa en la que había visto a cuatro águilas morir envenenadas. Al principio estaba furiosa, pero luego se dio cuenta: «Igual es que la gente no sabe que hay una manera mejor».

Helene tiene claro que la misión que se ha propuesto es suya y que no necesita permiso de nadie para cumplirla. El mayor obstáculo que encuentra son los cazadores que creen que aboga por poner fin a la caza, lo cual no es cierto: «Solo quiero que la gente entienda que hay una alternativa —escribía—. A veces me encuentro con personas que no aprueban lo que hago, pero al cabo de un tiempo decidí: ¡a la mierda!, trabajo de voluntaria y nadie me puede despedir».

TRESCIENTAS SESENTA Y CINCO ORGANIZACIONES BENÉFICAS

Después de haber trabajado en un mundo exento de afán de lucro durante quince años, a lo largo de los cuales pasó temporadas en Sudán y Camboya, Stephanie Zito estaba desanimada. En el tiempo que había colaborado con distintas organizaciones había visto labores magníficas y proyectos esperanzadores, pero también un exceso de burocracia.

Inquieta, se embarcó en una pequeña misión como reto a su escepticismo. Durante un año entero, cada día se informaba sobre una persona, proyecto u organización que estuviera contribuyendo a que el mundo fuera un lugar mejor. Además, hacía una donación de 10 dólares para la causa y, cuando era posible, escribía sobre dónde iba a parar el dinero. Lo llamó #Give10.[2]

El coste económico de #Give10 era moderado (un total de 4.260 dólares, es decir, 10 dólares al día en un año bisiesto, y otros 600 repartidos en tres donaciones al año para el «proyecto más votado». Incluso con un sueldo modesto, no era exageradamente difícil reunir el dinero. Lo difícil fue encontrar a las personas, proyectos u organizaciones a las que dar su apoyo.

Resultó que regalar 10 dólares a un extraño distinto cada día era sorprendentemente laborioso. Stephanie estuvo trabajando en Asia durante gran parte del proyecto, yendo y viniendo en avión todas las semanas de Nom Pen, donde vivía, a Bangkok, y a menudo aún más lejos, a Mongolia u otros lugares. Para no retrasarse con su plan, tomó la firme resolución de no acostarse ninguna noche sin haber hecho la donación. Había veces que se quedaba despierta hasta media noche en Camboya o Tailandia haciendo esfuerzos por no quedarse dormida delante del ordenador. Pero cada mañana se levantaba contenta de haber encontrado a alguien, y seguía adelante. Llevarlo al día, hacer de ello un hábito y contárselo al mundo le ayudaron a asegurarse de que cumpliría lo que se había propuesto.

La respuesta de sus amigos y de los seguidores de su blog que leían las entradas que publicaba a diario era interesante. Los amigos siempre la apoyaban, como era de esperar. Algunos seguidores dirían después que se habían sentido culpables al leerlas, porque ellos personalmente no hacían ninguna clase de donación. Con una actitud más positiva, varias personas

---

2. N. de la T.: da diez.

le escribieron preguntando si estaba de acuerdo en que iniciaran ellas también por su cuenta un proyecto #Give10 e hicieran su contribución durante un mes o incluso un año. Una chica creó un proyecto #Give25 con ocasión de su veinticinco cumpleaños. Otra persona estaba intentando dejar de fumar y decidió donar a una organización benéfica el dinero que estaba ahorrando. De vez en cuando, alguien se enteraba de la existencia de una causa u organización por los artículos de Stephanie y decidía colaborar con ellas también.

La misión no consistía solo en dar, sino también en descubrir. Stephanie confiaba en que, dejando a un lado las grandes organizaciones benéficas, encontraría instituciones, proyectos y personas menos conocidos que necesitaran ayuda. Colaboró con un movimiento llamado *Liter of Light* [3] que ayuda a aldeas y barrios pobres a crear su propio alumbrado de energía solar utilizando botellas de plástico recicladas. Le envió dinero a un niño de cinco años de Rochester (Nueva York), que vendía cuadros por Internet a fin de recaudar fondos para la investigación médica. Ayudó a construir un parque infantil en Filipinas. Cada día era una historia nueva y una nueva oportunidad de aprender.

¿QUÉ TE PREOCUPA?

Si estás intentando descubrir cuál es tu misión, quizá te ayude hacerte algunas preguntas. Hay personas que descubren la misión con la que quieren comprometerse prestando atención a sus pasiones e intereses..., algo que les encante hacer o partes del mundo que quieran explorar.

---

3. N. de la T.: litro de luz.

Si de todos modos eso no funciona, prueba desde una perspectiva diferente. En vez de preguntarte qué te entusiasma, pregúntate qué te preocupa. No son pocos los problemas que hay en el mundo, pero ¿cuál es el que más te inquieta? ¿Respecto a cuál puedes hacer algo?

A Miranda Gibson le intranquilizaba la tala masiva de árboles en Tasmania, así que se subió a uno de ellos y consiguió atraer la atención mundial a su causa. Helene van Doninck encontró la respuesta enfocándose en la caza en su Nueva Escocia natal.

¿Qué te inquieta a *ti*?

Cuatrocientos cuarenta y nueve días después de que Miranda se encaramara al árbol, tuvo que bajar… urgentemente. El problema no era la falta de compromiso o que hubiera cambiado de idea; el problema era un incendio que se había extendido hasta apenas un kilómetro del árbol donde estaba. Casi un año y tres meses habían transcurrido desde el momento en que reclamó su derecho a subirse a la copa del árbol y adoptó una extraña forma de vida en la que se comunicaba por Skype con los periodistas y por la noche dormía con las estrellas. De repente, todo había terminado.

Mientras vivió en el árbol, Miranda había llevado puesto en todo momento un arnés de seguridad. Cuando bajó, siguió llevándolo hasta que alguien le hizo ver que ya no lo necesitaba. Un enjambre de reporteros y fotógrafos la estaba esperando, y ella se quedó sentada junto al árbol sujeta a la cuerda largo rato.

Al final llegó a la conclusión de que había hecho la reivindicación que quería y se marchó. Después de pasar más de un año en el árbol, estaba convencida de que las compañías madereras no se atreverían a volver. Si lo hacían, estaría dispuesta y encantada de encaramarse a un árbol otra vez. Como la niña que salva una estrella de mar en la playa, Miranda había salvado un bosque.

RECUERDA

- *Tener un enemigo o un oponente (incluso imaginario) puede hacer que te mantengas firme en lo que quieres.*
- *¿Por qué vale la pena vivir? importa más que ¿por qué vale la pena morir?*
- *Comprender lo que te inquieta es igual de significativo que comprender lo que te apasiona.*

CAPÍTULO 13

EL LARGO CAMINO

Soy un caminante lento, pero nunca doy marcha atrás.

ABRAHAM LINCOLN

LECCIÓN: LA ETAPA MEDIA DE UNA MISIÓN PUEDE SER LA PARTE MÁS DIFÍCIL. ¡NO TE RINDAS ANTES DE TIEMPO!

Era la sinfonía más extensa que se hubiera compuesto jamás. La lista de instrumentos reflejaba una ambición de reproducir prácticamente todos los sonidos de la música orquestal occidental del pasado siglo. Además de los requisitos habituales —un amplio abanico de instrumentos de viento (de metal y de madera), de cuerda y de percusión—, el compositor había añadido una larga serie de instrumentos menos conocidos. Se necesitaron seis conjuntos de timbales, cuatro de ellos colocados fuera del escenario. En el escenario se agruparían cinco coros, entre ellos uno de niños, y había que atender también a diversos requerimientos inusuales, como una máquina de truenos y un «asustador de pájaros» electrónico —que hacían básicamente lo que su nombre indica—. Cerca de doscientos instrumentistas, con su esfuerzo conjunto darían vida a la producción, que tenía una duración de dos horas.[1]

Se llamaba la *Sinfonía Gótica*. Debido a su magnitud y quizá a que su compositor, Havergal Brian, no gozaba de la misma fama que Beethoven o Bach, la *Sinfonía Gótica* solo se había interpretado contadas ocasiones. No se había interpretado en los últimos treinta años, y nunca fuera de Gran Bretaña.

Gary Thorpe, director y disyóquey de una emisora de música clásica de Brisbane (Australia), había asistido en 1980 a la representación de la *Sinfonía Gótica* en el Royal Albert Hall de Londres. Había salido del concierto extasiado.

Pocos entendían la música clásica del siglo xx —me dijo—. A la gente le parece poco melodiosa, aburrida. ¡Pero no lo es! Se encuentra entre la música más apasionante que jamás se haya compuesto.

Aquel concierto londinense inspiró en él un sueño: ejecutar una sinfonía en su ciudad natal. Brisbane, con una población de casi tres millones de habitantes, no es precisamente una ciudad pequeña. Sin embargo, cuando se piensa en música clásica, lo primero que le viene a uno a la mente por lo general son lugares como Viena, Roma y Berlín..., no una ciudad costera de la lejanísima Australia.

—Yo quería demostrar que Brisbane tenía el talento necesario para ejecutarla —siguió Gary—. Pensé que atraería la atención del mundo entero si lo hacíamos bien.

---

1. Se puede adquirir un asustador de pájaros en formatos muy diversos, cómodamente por Internet, en www.amazon.com o en la pajarería que más te guste. También se pueden adquirir zumbadores y sirenas para aves y emisores de chirridos «con más de noventa sonidos distintos que van alternándose constantemente».

El único problema era hacerlo. Solamente coordinar el talento y los recursos era ya un trabajo abrumador, y una y otra vez fracasó. El primer intento fue un fracaso por falta de una orquesta; el segundo, por falta de fondos; el tercero, por falta de una sala de conciertos adecuada… La cuarta sería «la vencida», pensó Gary…, hasta que quedó claro que no había manera de encontrar suficientes coristas. Estos fracasos se sucedieron a lo largo de veinte años. Cada intento conllevaba vender su idea y su visión una y otra vez, reunir un nuevo equipo e intentar convencer a los escépticos gerentes de que funcionaría.

Yo seguía intentando encajarle la *Gótica* a cualquiera que me prestara oído —decía Gary—. Las respuestas eran que no valía la pena, que no era una obra maestra, que era demasiado difícil… Que por algo sería que solo se había ejecutado cuatro veces desde que se compuso.

Se decía que la *Sinfonía Gótica* estaba maldita. Gary al oírlo se reía a carcajadas, hasta que se pasó veinte años intentando producirla.

—El aspecto más difícil desde mi punto de vista era seguir creyendo que valía la pena hacerlo —dijo.

EL LÍDER NECESITA UN EQUIPO (Y EL EQUIPO NECESITA UN LÍDER)

Gary sabe que gran parte del mérito es de quienes contribuyeron al ingente esfuerzo que fue necesario para reunir a cientos de intérpretes para la hercúlea sinfonía. Por eso anima a la gente a formar un equipo lo antes posible: «Intenta que participe en tu proyecto tanta gente con ganas y talento como te sea posible —me escribía en una ocasión—. Puede ser muy solitario y desalentador hacerlo todo tú solo».

No hay duda de que es verdad, y está claro que no podía hacerlo todo él solo —alguien tenía que poner en marcha el asustador de pájaros—. Pero Gary fue el incansable visionario que estuvo al frente de la empresa, año tras año y a pesar de los repetidos fracasos. Sin el equipo, el esfuerzo habría sido en vano. Sin líder, no habría habido esfuerzo.

El lento y largo trabajo rutinario por conseguir algo tiene sentido cuando el proceso se vive con pasión. Sin amor al proceso, el trabajo cotidiano continuo se hace insoportable.

Esa larga rutina de trabajo es también un momento peligroso: es cuando se tiene la tentación de rendirse, de poner fin a la idea o al menos de hacer algunos recortes. Steven Pressfield, autor de una docena de libros, dice: «Lo más importante del arte es trabajar. Lo único que importa es sentarse todos los días e intentarlo». Lo mismo se puede aplicar a una misión. Lo más importante es continuar progresando.

Pasó otro año, y Gary se reorganizó para su quinto intento de producir la *Sinfonía Gótica*. Una vez más formó un equipo y encontró un prometedor director de orquesta que estaba dispuesto a contribuir. Por desgracia, cuando llegó el momento de negociar las fechas con el coordinador de conciertos, el equipo se dio cuenta de que había un conflicto de fechas irresoluble. ¡La maldición atacaba de nuevo!

Nueve meses después, Gary volvió a ponerse a trabajar en el tema de la *Gótica*, una vez más. En esta ocasión, Veronica Fury, una documentalista que había filmado a lo largo de los años los esfuerzos de Gary por llevar la *Gótica* a Brisbane, decidió dejar de lado la objetividad. Después de haberlo visto quedarse atascado una y otra vez, dio un paso y se unió oficialmente al equipo. Las buenas noticias siguieron llegando.

Recibieron una subvención de 25.000 dólares —no todo lo que el grupo necesitaba para producir la ingente sinfonía, pero un buen comienzo—. Un animoso director de coro de Sidney decidió también unirse a la causa, y todos empezaron a sentirse cautelosamente optimistas.

Por desgracia (sabías que esto llegaría), algo volvió a fallar. El gran director del coro de Sidney abandonó, dejando la producción sin un componente crucial. Un paso adelante, un paso atrás. Cancelaron la reserva para la sala de conciertos. Todos estuvieron de acuerdo en que el proyecto necesitaba un descanso.

Un año más tarde, Gary y el resto del equipo se reagruparon de nuevo. Esta vez se comprometieron a llegar hasta el final.

—¡Es el Everest de la música clásica! —dijo Gary—. Hemos llegado hasta el campamento base varias veces pero siempre hemos tenido que retirarnos. (Recordatorio: puedes estar emocionado con algo aunque a los demás no les interese, y debes creer en tu proyecto aunque nadie más crea en él).

Después de seis intentos fallidos en veintiocho años, parecía que las cosas finalmente empezaban a cuadrar. Tenían director, un presupuesto mínimo y un grupo improvisado de coristas traídos de todas las partes del país. Y entonces, surgió la enésima crisis cuando los responsables de la sala llamaron para cancelar la reserva. Quizá habían oído rumores del repetido fracaso del proyecto, o quizá simplemente no querían encargarse de la logística para dar cabida a una orquesta descomunal y cuatro coros distintos. Fuera cual fuese la razón, de repente se echaron atrás.

¿Otro fracaso? ¡No! En palabras de Gary, era un llamamiento a las armas. La documentalista le miró fijamente y le dijo:

—Tienes que entrar ahí y asegurar la reserva.

Pero Gary no podía. Después de pasar casi tres décadas acosando a todo el mundo en Brisbane, sus apelaciones probablemente se encontrarían con educadas sonrisas y amables negativas. En Brisbane, dijo Gary, la *Gótica* era sin duda la obra musical más conocida... que nunca se había ejecutado.

Finalmente entró en la sala de conciertos con el resto del grupo, pero esperó en el vestíbulo mientras los demás iban a la reunión. Durante cuarenta minutos anduvo adelante y atrás, incapaz de hacer nada. Haber esperado veintiocho años, solo para que le amenazaran con perder la sala justo en el momento en que todo lo demás empezaba a tomar forma, le creaba un sentimiento de impotencia e intensa frustración.

El resto del grupo salió al fin, y en cuanto aparecieron le hicieron una señal con el pulgar levantado. ¡Habían convencido al gerente de la sala para que no se negará y mantuviera en pie la reserva!

Por fin se habían despejado todos los obstáculos. Gary, que como recordarás trabajaba en una emisora de música clásica, recurrió a las ondas de radio para promover la venta de entradas.

—¡Es una ocasión única! —les recordó a los oyentes.

Con tantos intérpretes —desde los cientos de instrumentistas hasta el cuarteto de coros—, los ensayos eran algo muy serio. Interpretar con maestría cada parte de la obra era ya de por sí difícil..., y presentarla unificada, con todos los detalles en su sitio, como la había escrito el compositor hacía muchos años, era más difícil todavía. Pese a todo, al fin llegó el gran día. No había más tiempo para preparativos, y no se podía dar marcha atrás. ¡Que empiece la música!

CÓMO COSTEAR TU AVENTURA

La mayoría de los que estáis leyendo este libro disponéis de cierta cantidad de dinero. Tal vez no dirías que eres rico, pero puedes permitirte comprar algo que te guste de cuando en cuando. Y lo más importante, te puedes costear las experiencias. La mayoría de las misiones y aventuras consisten más en actuar que en adquirir algo material..., y la mayoría de las acciones se pueden cuantificar atendiendo a un modelo de tiempo-dinero con el que puedes calcular exactamente lo que cuestan; luego puedes idear cómo pagarlas.

En lo que a los viajes se refiere, he aprendido que hay muy pocos lugares del planeta en los que, para pasar unos días, tengas que robar un banco. Incluso a las partes más caras del mundo se puede llegar por 2.500 dólares o menos. Si la cifra te parece desorbitada, contémplala como 2 dólares al día durante tres años y medio, o algo menos de 7 dólares al día durante un año. ¿Puedes ahorrar esa cantidad? Si es así, puedes ir a cualquier parte.[2]

2. Encontrarás más información sobre el experimento de 2 dólares al día en www. chrisguillebeau.com/3x5/your-one-place.

LA VIDA COMO CAMINO

Viajar puede ser desorientador e incierto. Te encuentras de pronto en un sitio desconocido, haciendo cosas nuevas y amoldándote a formas de vivir distintas. A veces, sin embargo, el viaje en sí puede aportar una grata sensación de movimiento. Juno Kim, que dejó un trabajo seguro en Corea del Sur para ver el mundo, aseguraba que el viaje le dio una base sólida: «Una de las teorías que tengo sobre el viajar es que nos da estabilidad. Son tantos los motivos por los que viajamos: vacaciones, escapadas, desafío, aventura, necesidad de escondernos..., y deseamos obtener al final alguna respuesta. Pero para obtener una respuesta precisa sobre mí misma, antes necesito tener estabilidad; necesito estar contenta y necesito conocerme a mí misma. Y la mejor manera de conseguir ambas cosas es viajando, al menos para mí lo fue».

Al igual que debes definir tus metas y decidir en qué consistirá haberlas alcanzado, plantéate también cómo defines la estabilidad. ¿Consiste en tener un trabajo seguro y una casa cómoda en propiedad, o es algo distinto? ¿Tienes que elegir siempre entre lo extraño y lo familiar, o puedes mezclar lo uno y lo otro? Juno encontró estabilidad dejando atrás la que se consideraba una forma de vida mucho más estable. Y encontró su estabilidad lejos de su tierra natal.

«CUESTA LO QUE CUESTA LA VIDA»: CÓMO COSTEARON SUS PROYECTOS DISTINTAS PERSONAS

A todos los que aparecen en este libro les pregunté cuánto les había costado el proyecto que habían llevado a cabo y cómo habían conseguido el dinero. Las respuestas variadas.

Juno Kim, la joven surcoreana de veintisiete años que se dedicó a recorrer el mundo, en principio se llevó consigo sus ahorros y pensó en vivir de ellos hasta que se acabasen. Pero cuatro años y veinticuatro países después, la realidad era que esos ahorros se habían incrementado, gracias a su trabajo como escritora y fotógrafa *freelance*.

Scott Young, el joven autodidacta que se examinó de todas las asignaturas de la carrera de ciencias informáticas del MIT en un solo año, dedicaba cinco días enteros a la semana a estudiar, un día a descansar y el otro lo pasaba trabajando en un negocio que había montado. Como disponía solo de unas pocas horas que dedicar a ganar dinero, tenía que hacer que esas horas cundieran al máximo. Gracias a que había puesto en marcha el negocio ya antes de terminar la carrera, estaba acostumbrado a detectar rápidamente los trabajos que le interesaban en vez de tener que pasarse el día entero navegando por Internet. Sin embargo, a pesar de su eficiencia, el proyecto del MIT le obligó a hacer algún que otro sacrificio:

—La meta durante aquel año fue simplemente mantener el negocio en marcha. No tenía mucho tiempo para promover el desarrollo de la empresa. No hice ninguna expansión ni mejora empresarial durante aquel tiempo.

Ron Avitzur trabajó gratis en su proyecto de calculadora gráfica colándose en las instalaciones de Apple a primera hora de la mañana y quedándose hasta la noche. Era frugal en el vivir y en el comer.

—No era un derrochador –me dijo–. Pero también fue una ayuda que nos pasáramos el día entero trabajando.[3]

---

3. Después de que el *software* creado en secreto se incorporara a todos los ordenadores Apple, Ron pasó un tiempo en el extranjero con una beca de investigación y luego fundó su propia empresa. Continuó perfeccionando la calculadora gráfica.

Mark Boyle, un hombre de Bristol (Inglaterra), que decidió vivir sin dinero durante más de un año, me escribió diciéndome que por suerte su proyecto no representaba coste alguno. Ahora bien, eso no quería decir que estuviera solo.

Después de pasar con dificultad los dos primeros meses, mientras aprendía a adaptarse a una vida sin dinero su red de apoyo mutuo creció.

—Cuanto más ayudas a la gente incondicionalmente —decía—, más te ayudan luego a ti con el mismo desinterés, y sin ninguna de las formalidades que el dinero nos inflige.

Cuando se trataba de emprender un largo viaje, la mayoría de los aventureros eligieron correr personalmente con los gastos, convencidos de que era su sueño y de que querían costeárselo ellos solos. Sin embargo, Matt Krause, que cruzó Turquía a pie y en solitario, tenía una idea distinta:

> Costeé la mitad del viaje con Kickstarter, y a cualquiera que vaya a hacer algo extravagante en la vida, le recomendaría encarecidamente que les dé a otros la oportunidad de participar en ello. Si vas a hacer algo fuera de lo común, seguramente hay mucha gente a la que le gustaría hacerlo también pero no lo hacen por diversas razones.

Quizá Meghan Hicks, de la que te hablaré más en el capítulo 16, lo expresó inmejorablemente cuando contó cómo costea un estilo de vida orientado en torno a la vida al aire libre:

—No creo que pueda ponerle precio, pero cuesta lo que cuesta la vida. Mi novio y yo elegimos llevar una vida sencilla, frugal, para poder hacer las cosas que nos apasionan.

HABLEMOS DE DINERO

Pregunté, y me contestaron. Estos son los costes de algunas de las aventuras que se describen a lo largo del libro. Todas las cifras son las que sus autores me indicaron, y en algunos casos son aproximadas.

Nombre	Misión	Tiempo	Dinero (en dólares)
Tom Allen	En bicicleta desde Inglaterra hasta Irán	7½ meses	4.500
Nate Damm	Cruzar Estados Unidos a pie	8 meses	4.500
Travis Eneix	1.000 días de tai-chí	1.000 días	0
Josh Jackson	Ver un partido de béisbol en todos los estadios de la Liga Nacional de Estados Unidos	28 años	100 por estadio
Jia Jiang	100 días de terapia del rechazo	100 días	0
Julie Johnson	Adiestrar a su perro guía	14 meses	1.500
Steve Kamb	«Búsqueda épica de lo extraordinario»	Más de 3 años	40.000*
Juno Kim	Viajar a más de 20 países	Más de 3 años	27.000
Matt Krause	Cruzar Turquía a pie	8 meses	10.000
Sasha Martin	Cocinar una comida de cada país del mundo	3 años	18.000 (500 de presupuesto mensual para alimentos)

Nombre	Misión	Tiempo	Dinero (en dólares)
Alicia Ostarello	50 citas en 50 estados	9 meses	25.825
Gary Thorpe	Producir la sinfonía más colosal de la historia	28 años	280.000**
La familia Vogel	En bicicleta desde Alaska hasta Argentina	33 meses	66.000
John *Maddog* Wallace	Correr una maratón en más de 99 países	Más de 10 años	250.000
Scott Young	Preparar en un año el programa de estudios entero del MIT	12 meses	1.500
Stephanie Zito	Donar a 365 organizaciones benéficas	12 meses	4.260

* Incluidos el alquiler de un esmoquin en Mónaco y todos los gastos de manutención.
** No incluye el asustador de pájaros.

FONDO DE AHORROS PARA AVENTURAS

«Para ir a cualquier parte, ahorra 2 dólares al día»: este era el título de un proyecto de grupo que organicé en mi blog. La idea es que no hay ningún lugar del mundo al que no puedas ir si ahorras aunque sea una pequeña cantidad de dinero durante un período de tiempo.

Puedes aplicar la idea a cualquier misión, aventura o proyecto (¡no solo a un viaje!). Empieza por responder a unas preguntas:

- ¿Cuál es el coste de la empresa o proyecto que me he propuesto llevar a cabo?
- ¿Cuánto voy a tardar en ahorrar toda esa cantidad de dinero?
- ¿Hay alguna otra manera de conseguir el dinero (cuestación popular, vender algo, hacer trabajo extra, robar un banco...)?
- ¿Necesito esperar a tener dinero para empezar?
- Si conseguir ese dinero te va a ser difícil, ¿hay alguna manera de reducir los costes?

EJEMPLO: VIAJAR A LA ANTÁRTIDA

Llegar a la Antártida es bastante caro, aproximadamente entre 5.000 y 10.000 dólares por persona dependiendo del tipo de viaje. Pero incluso esta cifra un tanto desorbitada puede reducirse drásticamente si eres flexible. Todas las semanas durante la estación principal de viajes a la Antártida (de noviembre a marzo), salen barcos del sur de Argentina con algunas literas de sobra. Si no necesitas saber exactamente cuándo regresarás, el coste puede ser de hasta un 40% menos.

Solución número uno: ahorra mucho dinero y paga la tarifa entera.

Solución número dos: ahorra menos dinero y date una vuelta por Argentina, esperando a lanzarte sobre la primera litera libre que haya.

Índices de ahorro preferidos

Si puedes ahorrar todavía más de 2 dólares al día, probablemente puedas llegar más pronto adonde necesites ir.

25 dólares al día = 9.125 dólares al año
10 dólares al día = 3.650 dólares al año
5 dólares al día = 1.825 dólares al año
2 dólares al día = 730 dólares al año

LA FALSA MARATÓN

Leyendo sobre las experiencias que otra gente había tenido en sus viajes y aventuras, encontré un relato que me pareció verdaderamente estrafalario: Kip Litton, un dentista de mediana edad nacido en Míchigan, era también un dedicado corredor de largas distancias que se comprometió a correr cincuenta maratones. Entrenaba a diario antes de tratar a sus pacientes y dedicaba gran parte de los fines de semana a trasladarse en avión adonde fuera necesario para participar en una u otra carrera. Todo en orden hasta el momento, ¿no?

Salvo que cuando otros atletas empezaron a prestar atención a sus declaraciones, a contrastar los tiempos de los que Litton alardeaba con otros datos y fotografías que eran de conocimiento público, algo no encajaba. Litton siempre empezaba un par de minutos después que los demás corredores, luego desaparecía de la pista durante más de una hora y volvía a aparecer en la línea de meta, normalmente delante del pelotón pero vestido con ropa distinta.

Al final, uno de los demás corredores presentó cargos contra él: en el mejor de los casos, aquel dentista entrado en años estaba exagerando muchos de sus tiempos de carrera.

En el peor, se lo estaba inventando todo. No era solo que estuviera quitándole unos minutos al reloj —lo cual de por sí no era una menudencia—, sino que, según las alegaciones que se hacían contra él en foros y entradas de blog —que luego se investigarían y se publicarían en el *New Yorker*—, Litton había llevado el hecho de hacer trampas a un nivel hasta entonces insospechado, llegando incluso a inventarse una carrera en Wyoming que nunca había existido.

La *West Wyoming Marathon* tenía incluso una página web con extensos listados y tiempos de carrera de corredores ficticios. En www.marathonguide.com, una popular página web que publica detalles de distintas carreras, aparecieron varios comentarios. «¡Gran carrera!», decía en tono entusiasta un participante. «¡El sueño de un corredor!», exclamaba otro. Qué trabajo tan enorme se tomaba... por algo que no existía, y todo por apoyar un objetivo que solo le importaba a la persona que lo había creado.

Pese a lo disparatado que era el asunto de la falsa maratón, Kip Litton no se lo inventó todo. Era de verdad corredor, había participado maratones en el pasado y parecía que sin duda era un tipo agradable del que nunca habían tenido queja alguna ninguno de sus pacientes de Míchigan. Lo que sucedió fue que en cierto momento empezó a buscar atajos a su objetivo. Quizá el problema fuera la meta en sí que se había puesto. En vez de contentarse con correr cincuenta maratones —¡que de por sí es toda una proeza!—, se había propuesto correr cada maratón a un ritmo de sub-3:00 horas (lo cual se conoce también como «muy rápido»).

Nadie conoce exactamente cuándo ni por qué empezó Litton a inventarse los detalles de su objetivo, pero una teoría es que la meta de sub-3:00 horas que se había comprometido a conseguir le resultaba sencillamente demasiado difícil. La ambición de lograrlo pronto superó a la realidad de completar la tarea en sí, de modo que empezó a hacer recortes. Una vez que consiguió reducir unos minutos su tiempo real sin que tuviera ninguna consecuencia inmediata, tal vez era irresistiblemente tentador manipular una carrera entera.[4]

La historia de Kip Litton es esencialmente el lado oscuro de comprometerse a alcanzar una meta. ¿Qué ocurre cuando no puedes alcanzarla y, sin embargo, sigues sintiéndote imperiosamente presionado a cantar victoria? Estaba casi al final de mi aventura cuando leí el relato sobre Litton, y me hizo preguntarme si podría llegar jamás a sentir la tentación de inventarme las cosas. En mi caso, la meta de visitar todos los países del mundo fue solamente un sueño personal durante casi la primera mitad de la aventura. Después de que la gente empezara a estar al tanto de mis andanzas, comencé a estar mucho más ocupado y, además, a veces tenía que cancelar viajes en el último momento por problemas de visados o complicaciones de vuelos, lo cual hacía que otros planes se fueran también al traste.

Por supuesto, habría sido más fácil no tener que ir a Arabia Saudita o a Somalia —y quizá hubiera podido presumir

---

4. Mark Singer publicó un análisis del objetivo de Kip Litton y sus maratones ficticias. El autor del artículo, llegó a la conclusión de que el proyecto entero había sido una farsa. Ninguna de las veces que intenté ponerme en contacto con Kip Litton para que respondiera a esta sección del libro dio señales de vida.

de que nadie se habría dado cuenta—, pero el objetivo de mi aventura nunca había sido demostrarles nada a los demás. El objetivo era demostrarme algo a mí mismo.

No creo que la lección consista en ser mejor persona que el dentista que falseó una meta maratoniana. Por motivos que solo él conoce, parece ser que en determinado momento se dejó arrastrar por la ambición. La lección es que conozcas tus motivaciones. De ese modo, seguirás adelante incluso aunque a nadie le importe lo más mínimo.

CRUZAR TURQUÍA A PIE

Llegar a la etapa media de una misión puede parecerse a lo que se siente a mitad de una larga carrera (de una que, esperemos, no te estés inventando). Tiempo después, al volver la vista atrás a algunas de las experiencias, te preguntarás: «¿De verdad ocurrió todo eso?». Pero a veces, estando en la carretera o en mitad de la selva, al echar la vista atrás a la vida que abandonaste te haces la misma pregunta.

A un ritmo de noventa y ocho kilómetros a la semana, a los cuarenta y dos años Matt Krause cruzó Turquía a pie. El viaje duró seis meses, terminó en la frontera con Irán, y Matt fue un auténtico peregrino. Todos los días caminaba una media de catorce kilómetros: un ritmo uniforme, pero que le dejaba abundante tiempo libre para empaparse de la experiencia. ¿Por qué andar? Ando —escribió en su diario— para desafiarme a tener menos miedo al mundo.» Y seguía diciendo:

> Andar es someterme al mundo. Cuando ando, reduzco la velocidad y el campo de acción es limitado. No tengo otro remedio que aceptar el mundo tal como existe ante mí. Andar es

una manera fenomenal de ver el país y conocer a sus gentes, pero podría ver el país y conocer a sus gentes viajando en autobús. Andar hace de este viaje una peregrinación personal, una manera de practicar la sumisión al mundo kilómetro tras kilómetro, día tras día, semana tras semana, mes tras mes.

Un día Matt decidió asomarse a un cuartel de la Jandarma, un puesto militar de seguridad encargado de mantener el orden en las zonas rurales alejadas de las grandes ciudades. Había oído decir que los cuarteles de la Jandarma eran en esencia oficinas turísticas de la Turquía rural, que ofrecían un sitio gratuito donde descansar y la oportunidad de recibir información sobre rutas. Pero cuando entró y dijo hola, recibió más que un simple sitio donde descansar. El comandante dio orden a su cocinero de que preparara un desayuno caliente, que se sirvió en unos minutos. Después de hablar durante una hora tomando sucesivos tes y contándose historias de su vida, el comandante le dio el nombre de un amigo que vivía en el pueblo contiguo. Cuando Matt salió de la gendarmería, llevaba el paso ligero y un paquete de bocadillos de queso que el cocinero le había preparado rápidamente para el almuerzo.

El resto del día, caminó por una carretera de dos carriles que bordeaba las montañas próximas al río Göksu. El paisaje era de una belleza sobrecogedora. De alguna manera, le recordaba a su antiguo entorno del Pacífico noroccidental. De regreso a Seattle, sin embargo, nadie le ofreció un desayuno gratis cuando preguntó por alguna dirección, ni la gente tenía por costumbre sentarse de buenas a primeras con un desconocido y pasarse una hora charlando con él. «La gente que conozco en Estados Unidos no entiende al resto del mundo

—pensó Matt—. Si puedo mostrarles al menos una pequeña parte de él, quizá les sirva de algo».

Aquella noche llegó a la aldea que le había mencionado el comandante del puesto de seguridad, y se acordó de la recomendación que le había dado. Aquel amigo del que se habló se llamaba Hoca, y para alegría de Matt, resultó ser el dueño de un pequeño restaurante. Siguiendo la tradición de hospitalidad honrada a través de los tiempos en buena parte del mundo, cuando Matt se presentó y mencionó a su amigo común, recibió al instante una calurosa acogida.

Una vez más, apareció ante él un plato de comida y Hoca y él tomaron juntos toda una docena de tazas de té. Otro cliente del restaurante se presentó y le ofreció un sitio en su hogar para pasar la noche. La norma que Matt se había impuesto para el viaje era «no aceptar ningún ofrecimiento de viajar en coche» —¿qué sentido habría tenido, cuando la misión consistía en cruzar Turquía a pie?—. En cambio, aceptó con gusto el ofrecimiento de un sofá donde dormir, que tan amablemente le había hecho aquel desconocido. Caminaron hasta su casa, y pasaron lo que quedaba de día viendo en la televisión turca un programa para encontrar pareja y sentados alrededor del fuego.

A la mañana siguiente, Matt pensó en las experiencias del día anterior, desde los huevos revueltos y los bocadillos de queso con que le habían obsequiado en el puesto de seguridad hasta la noche que había pasado en el restaurante de Hoca y en el apartamento de aquel desconocido. En ningún momento de todo ello se le presentó la cuenta. Todo el mundo se sorprendía de ver a un extranjero viajando solo por Turquía (¡y a pie!), y se entablaban amistades por todos lados.

Tiempo después, Matt reflexionaba sobre su antiguo cubículo de trabajo en Seattle:

—Detestaba aquel trabajo –me dijo–. Todos los días soñaba con marcharme.

Ahora que había escapado a los caminos abiertos de Turquía, aquel tiempo parecía quedar muy lejos.

Matt se despidió de sus anfitriones y recorrió otros catorce kilómetros en dirección a Irán. El viaje continuaba.

DE VUELTA A BRISBANE

Una semana antes de que la sinfonía estuviera preparada para ejecutarse por primera vez en veintiocho años, Gary Thorpe estaba en el área de llegadas del aeropuerto de Brisbane sosteniendo un letrero que decía simplemente: *Gótica*. Venían desde Inglaterra admiradores y amigos del compositor, emocionados por el gran debut. Todos los demás estaban igualmente emocionados, pero también estaban nerviosos.

Cuando llegó la gran noche, después de haber esperado el momento durante casi tres décadas, Gary se sentía preocupado por que se le hiciera tarde. Considerando todo lo que había salido mal hasta entonces, no le habría sorprendido, por ejemplo, llegar y encontrarse con las puertas del auditorio ya cerradas y no poder entrar, que hubiera un atasco descomunal en la carretera o que le ocurriera cualquier otra desgracia. Pero sucedió algo extraño: todo salió según lo previsto. El espectáculo se representó sin el menor problema, y al terminar recibió una gran ovación, con la sala entera puesta en pie.

La directora del coro, a la que le había preocupado estar quizá poniendo fin a su carrera al haber aceptado dirigir a aquel heterogéneo grupo de coristas, estaba extasiada.

—La hemos clavado –dijo–. Ha sido sensacional estar ahí arriba en el escenario. ¡Estamos tan orgullosos!

Gary dijo que era una obra maestra. Las críticas coincidieron con él, y la prensa internacional definió el concierto como un «triunfo que ha superado todas las expectativas».

¿Por qué producir la sinfonía más colosal de la historia? Se hace por la misma razón que dio John F. Kennedy como respuesta a por qué viajar a la Luna: no porque sea fácil, sino porque es muy difícil. En el caso de la *Sinfonía Gótica*, se hace porque es inmensa, y, además, en una ciudad que no es precisamente conocida por producir obras de arte de gran envergadura. Cuando ni Londres, ni Berlín, ni Nueva York habían sido capaces de producirla en treinta años, ¿por qué asumiría una ciudad de Queensland (Australia), la responsabilidad de embarcarse en tamaña empresa? Por eso precisamente…, por hacer lo que supuestamente no se debía hacer. Hacerlo porque era una empresa abrumadora y grandiosa, descabellada.

Hicieron falta veintiocho años y muchos intentos fallidos, pero la maldición de la *Sinfonía Gótica* se rompió al fin.

RECUERDA

- *La etapa media de una misión puede ser la parte más difícil. Mientras sigas creyendo en la meta, ¡no te pares!*
- *Con que ahorres solamente 2 dólares al día durante unos años, podrás ir al sitio que quieras del mundo.*
- *Si tu aventura depende del reconocimiento externo, asegúrate también de tener suficiente motivación interna.*

CAPÍTULO 14
DESVENTURAS

Cada paso le acerca un poco más a la grandeza… o al desastre.

JODY FELDMAN

LECCIÓN: ELIGE TUS FRACASOS, Y TEN EL TIPO
DE DESASTRES APROPIADO

Mark Boyle salió de Bristol (Inglaterra) con paso ligero y una mochila a la espalda. Se reunieron para despedirle y desearle lo mejor un nutrido grupo de amigos y familiares; había hasta un tipo que tocaba la caracola. Fue una gran fanfarria para una inmensa empresa. No es que Mark fuera a ir caminando desde Inglaterra hasta la India, con todo lo impresionante que eso habría sido de por sí. Él tenía en mente una aventura aún más extraordinaria: quería hacer todo el trayecto sin gastar ni un solo dólar, libra o rupia; quería viajar por el mundo sin dinero, confiando solo en la generosidad de los desconocidos y en que el universo le fuera propicio para procurarse cuanto necesitara durante la marcha.

Mark calculaba que el viaje duraría dos años y medio. En Inglaterra era ya una celebridad local. Se le había hecho abundante publicidad antes de que emprendiera viaje, y él estaba siempre dispuesto a predicar el evangelio de la frugalidad extrema a cualquiera que le quisiera escuchar. Hubo amigos que le echaron una mano mientras caminaba hacia el sur, e incluso gente desconocida de toda Irlanda y Gran Bretaña que le animó en su recorrido. Mark quería dejar bien claro que no era un parásito; era un partidario del movimiento de la «libreconomía», que postula el intercambio de servicios por comida, ropa o un techo.

—A la gente [que encuentre por el camino] le ofreceré lo que sé hacer —dijo en un entrevista de la BBC—. Si recibo comida a cambio, ¡mejor que mejor!

Por desgracia, el plan se fue rápidamente a pique en cuanto dejó atrás la costa de su país. Vivir sin dinero era un reto mayor quizá de lo que había imaginado. Cruzando el canal hacia Francia, Mark descubrió muy pronto que el francés que había aprendido en el colegio se le había borrado de la memoria. No era capaz de decir ni una palabra. Todavía peor, no era capaz de comunicar nada sobre su misión, y los valores que le habían inspirado a dejar su país no despertaban una comprensión tan universal como hubiera esperado. En Inglaterra, su misión se había considerado interesante y honorable, pero en Francia, para la gente era un mendigo. Sin haber pasado ni la frontera siguiente, decidió que la aventura había tocado a su fin. Se dio media vuelta y emprendió el camino de regreso a Inglaterra, y el viaje que supuestamente iba a durar dos años y medio terminó en solo un mes.

FRACASA, CUANTO ANTES MEJOR

Dice John Lasseter, uno de los fundadores de Pixar: «Todas y cada una de nuestras películas fueron la peor película de animación de todos los tiempos en un momento u otro». En el estudio que lanzó al mundo *Toy Story* y otros éxitos cinematográficos, este equipo de creativos trabajadores acoge como inevitables los errores y fracasos, y hace hincapié en que los errores cuanto antes se cometan, mejor. Tan pronto como identifican los errores, pueden subsanarlos...; lo importante es no dejarse amedrentar por el fracaso inicial.[1]

Cuando investigaba para *The $100 Startup*, dediqué mucho tiempo a analizar el éxito nada convencional de muchos nuevos propietarios de empresas. El libro tuvo una buena acogida, pero la pregunta número uno que se me hacía en las conferencia que di era: «¿Y qué me dices de los fracasos? ¿No quiebran la mayoría de los negocios?». La primera vez, la pregunta me sorprendió. No, la mayoría de los negocios no fracasan, y si al principio se dan los pasos precisos, las probabilidades de éxito aumentan. Luego me di cuenta de que sencillamente hay gente que está obsesionada con el fracaso..., o al menos tiene una expectativa general de que un proyecto nuevo tiene más probabilidades de fracasar que de ser un éxito.

Esforzándome por dar con una respuesta convincente a la pregunta, aprendí a diseccionar la idea del fracaso más detalladamente. Si pones en marcha un negocio y va viento en popa durante una serie de años, y luego la productividad baja al empezar a hacer algo distinto, ¿puede considerarse un fracaso? ¿Y si creas un negocio y la idea inicial no funciona,

---

1. «Be Wrong as Fast as You Can», *New York Times*, 6 de enero de 2013.

pero luego le das un giro y empiezas a hacer algo más comercializable..., ¿es eso un fracaso? Yo diría que cualquiera de estas dos experiencias tan comunes es un éxito.

CUÁNDO SEGUIR ADELANTE Y CUÁNDO PARAR

Cuando te embarques en cualquier proyecto que entrañe dificultad, tarde o temprano te cruzará por la mente una pregunta: «¿Debería dejarlo?». Quizá tengas la tentación de desechar la duda de inmediato, de impedir que vuelva a hacer su aparición jamás. ¡Adelante a toda máquina!

Y tal vez tengas razón al hacerlo. Nada que valga la pena es fácil.

Ahora bien, tal vez haya otras ocasiones en que lo sensato sea darle a la empresa una orientación distinta o incluso pararla del todo. ¿Cómo saber cuál es nuestro caso?

Es crucial dar una respuesta satisfactoria a este problema; a la vez, no todo el mundo dará la misma respuesta. De todos modos, hay unos cuantos factores que conviene tener presentes al evaluar esta cuestión tan peliaguda:

- MOTIVACIONES. ¿Por qué iniciaste el proyecto? Es de suponer que había muchas opciones distintas que podías haber elegido para tu misión o aventura, pero, por alguna razón, te decidiste por esta. ¿Sigues teniendo las mismas motivaciones?
- FELICIDAD A LARGO PLAZO. El alivio a corto plazo y la felicidad a largo plazo pueden ser cosas distintas. Cuando Nate Damm avanzaba trabajosamente por Virginia Occidental bajo la lluvia tempestuosa y poniendo con dolor un pie delante del otro, podría haber encontrado

alivio al menos a corto plazo buscando una habitación en algún hotel barato y llamando a un amigo para que fuera a recogerlo. Al menos durante unas horas, quizá se habría sentido feliz si hubiese elegido esa manera de proceder. Pero fue lo bastante inteligente como para darse cuenta de que una solución rápida como aquella no duraría mucho. Tarde o temprano, se tiraría de los pelos por no haber continuado la aventura. En cuanto lo comprendió, siguió adelante.

- RECOMPENSAS. ¿Puedes idear una pequeña recompensa que darte al final del día o al completar una tarea importante? Después de pasar aduanas y controles de inmigración cientos de veces por todo el mundo, empecé a hacer un juego mental que consistía en adivinar cuánto tardaría en vivir todo ello cada vez. Al aterrizar repasaba las variables: «¿Tengo ya el visado? ¿Cuánto tiempo tendré que hacer cola? ¿Espero que algún trámite pueda complicar un poco las cosas?». La «jueguización» de inmigración era extrañamente entretenida, al menos para mí.

- PARTICIPACIÓN DE LOS DEMÁS. Sasha Martin, que prepara una comida de cada país del mundo en su casa de Oklahoma, decía que el temor al fracaso la motivaba…, a veces incluso le daba ánimo. Explicaba la importancia que concedía a no fallarle a la gente que creía en ella: «Tengo siempre en mente a la familia y los amigos, y eso me da fuerzas, sobre todo los días en que nada me gustaría tanto como que una máquina del tiempo me devolviera a los días sencillos que vivía antes de poner en marcha el proyecto», argumentaba.

Si, al final, te das cuenta de que tus motivaciones realmente han cambiado —y ves que hacer un cambio de dirección no te impedirá alcanzar la felicidad a largo plazo—, de que no es cuestión simplemente de idear recompensas que te animen a seguir adelante, no deberías dudar en hacer lo que sientes. Es lo adecuado.[2]

UN DESASTRE A LA MEDIDA DE CADA CUAL

Las mejores anécdotas son las que describen situaciones casi desastrosas, pero eso no significa que en su momento fueran lo que se dice divertidas. Cuando empecé a viajar a distintos sitios del mundo todos los meses, empecé también a cometer una serie de errores estúpidos, como comprar dos pasajes de avión, no reembolsables, con distinto destino para la misma fecha, o presentarme en el aeropuerto a tomar un vuelo para el que, equivocadamente, creía haber hecho una reserva. En algunos aspectos, fui mejorando a medida que adquiría más y más experiencia en viajar. Aprendí a hacer una maleta para dos semanas en veinte minutos, sin por lo general olvidarme de nada importante. En otros, en cambio, me volví más descuidado. Después de haber sobrevivido a la primera debacle de tener hechas dos reservas de avión distintas para la misma fecha, me ocurrió dos veces más.

En las islas Seychelles cometí un error garrafal. Tras una estancia de cuatro noches, me hice un lío con la hora de salida del vuelo de regreso. A pesar de haber usado un reloj con sistema horario de veinticuatro horas desde hacía años, por

---

2. «Cuando las circunstancias cambian, cambio de idea. Cuando la información cambia, modifico las conclusiones», comúnmente atribuido a John Maynard Keynes.

alguna razón se me metió en la cabeza que las veinte horas eran las diez de la noche en vez de las ocho de la tarde. Me presenté obedientemente en el aeropuerto con dos horas de antelación, pero en cuanto llegué a la zona de facturación vi que no había nadie. Era un aeropuerto diminuto del que salían solo unos pocos vuelos al día, y mientras permanecía allí de pie intentando entender qué pasaba, oí de repente un estruendo que llegaba de lo alto. Qué raro, pensé. ¿Era posible que este fuera el último vuelo de la noche que ha despegado diez minutos antes de tiempo? Lo era.

El error era mío y solamente mío, y me sentí muy mal. Sin embargo, a pesar de que era una situación bastante desesperada, sabía también que probablemente podría encontrar una trampilla de salida. Adopté de inmediato la actitud de superviviente de viaje y empecé a parar a la gente que veía para hacerles toda clase de preguntas: ¿había algún otro vuelo? ¿Cuándo era el siguiente? Yo debía haber volado con Etihad Airways a Abu Dabi, pero ¿y si volaba con Qatar Airways a Doha y allí intentaba conectar con algún otro vuelo? ¿Había en el aeropuerto una conexión de Skype que pudiera usar para empezar a llamar a las líneas aéreas? Me volví al hotel y conseguí una habitación para pasar una noche más. Antes de irme a dormir, hice un plan inicial de salir de allí al día siguiente, y por la mañana pude confirmar el vuelo con dos llamadas rápidas.

Al final despegué a bordo de aquel vuelo sin mayores perjuicios, avergonzado de haber cometido un error tan tonto, pero también contento de haber conservado la calma y haber logrado resolverlo todo. Cuando la desventura ataca, puedes asustarte y perder los nervios o puedes encontrar una solución. Una de estas dos respuestas es mejor que la otra.

«VIAJAR A TODOS LOS PAÍSES DEL MUNDO»: CALENDARIO DE DESASTRES, ATOLLADEROS Y GRANDES ERRORES

2004
Desaparece el Land-Rover en una playa de España

2006
Dormí en el suelo en medio de una fiesta que duró la noche entera en Macedonia

2006
Inmovilizado en Japón sin manera de volver a casa

2008
Detenido por la policía de Mauritania

2007
Reserva de vuelo internacional el día equivocado (¡dos veces!)

2007
Debacle italiana con el coche de alquiler

2009
Desalojado de un hostal en Mongolia

2010
Confiscación del pasaporte en Arabia Saudita

2010
Momento de tensión en el control de inmigración en la isla de Kish (Irán)

2012
Sin un centavo en Comoras

2012
Perdí el último avión que salía de la isla

2011
Deportado de Eritrea

LAMENTACIONES

Laura Dekker, la adolescente que dio la vuelta al mundo sola en un velero, dijo que no lamentaba nada.

—Hubo veces en que pensé: «¿Qué diablos hago aquí?» —le contó a un reportero de la CNN al finalizar la travesía—, pero en ningún momento quise parar. Era un sueño y quería hacerlo realidad.

Otra manera de contemplarlo es esta: la lamentación es a lo que más deberías temer. Si ha de haber algo que no te deje dormir, que sea el miedo a no realizar tu sueño. Ten miedo de rendirte.

Cuando Nate Damm se lanzó a cruzar Estados Unidos a pie, le invadió la ansiedad y se lamentó de lo que acababa de emprender casi de inmediato. Lo primero fueron los problemas prácticos: le dolían los pies y estaba casi continuamente mojado. Pero eran problemas fáciles de resolver —si sigues andando, llegará un momento en que los pies se habitúen, ¡y cómprate el paraguas que deberías haber llevado en la mochila ya de entrada!—. Las dificultades más graves eran las que le creaba la cabeza. Antes de emprender su viaje, Nate y su novia habían roto. Como él trabajaba para los padres de ella, lo siguiente fue que se quedó sin trabajo. Su gato y su perro vivían con ella, de modo que... se quedó sin mascotas también. Era como la letra de una melancólica balada: «He perdido a mi chica, he perdido el trabajo, he perdido a mi perro».

Cuando estaba a punto de dejar atrás Virginia Occidental, calado hasta los huesos por la lluvia y con unas ampollas en los pies que le arrancaban muecas de dolor a cada paso, no podía por menos que preguntarse si había tomado una decisión equivocada. En una sola semana, su vida entera se había

EQUIPO DE AYUDA A EMPRENDEDORES AUTOSUFICIENTES

Si siempre has tenido la sensación de que no encajas, una de las experiencias más felices de tu vida será descubrir que hay más gente como tú. La soledad forma parte de muchas misiones, pero eso no significa que siempre tengas que hacerlo todo en solitario.

Algunas personas con las que hablé tenían claro que no querían recibir ninguna ayuda para su aventura. Otras cambiaron de idea sobre la marcha: «Sé receptivo a lo que se te ofrezca —escribió Sandi Wheaton, que recorrió la Ruta 66 después de que la despidieran de General Motors—. Yo antes solía intentar hacerlo todo sola, y luego me di cuenta de que era un error. ¡La gente quiere ayudarte! Deja que te ayuden».

Esa ayuda puede llegar de las más diversas maneras. Estos son ejemplos de la ayuda que algunas personas que aparecen en el libro recibieron en sus viajes:

- Gary Thorpe, que se empeñó en producir la sinfonía más colosal del mundo, contó con la ayuda del equipo de filmación que en un principio no hacía más que documentar el proyecto. En cuanto intervinieron, todo se agilizó.
- Miranda Gibson, que pasó más de cuatrocientos días en la copa de un eucalipto en Tasmania, recibió cientos de correos electrónicos e imágenes apoyándola desde todas las partes del mundo cuando se cumplió un año del inicio de su protesta. Hubo también quienes enviaron donativos o escribieron cartas al Gobierno australiano en su favor.
- Jia Jiang, que durante cien días consecutivos cortejó el rechazo con experimentos en público, confía en su esposa como su mejor «tontímetro». Si se le ocurre una idea descabellada pero que vale la pena poner en práctica, ella le anima. Si se le ocurre una idea

descabellada que es solamente descabellada, ella se lo dice también.

- Howard Weaver, que se puso al frente de un equipo para enfrentarse al principal periódico de Alaska, contó que había recibido ayudas de toda clase. En los comienzos, los amigos se abonaron a suscripciones del periódico que planeaba fundar, y que todavía no existía. Los grupos musicales de la localidad dieron conciertos gratuitos en beneficio de la causa. Otros partidarios vendieron camisetas de puerta en puerta.

- Nancy Sathre-Vogel, matriarca de la «familia en bicicleta» que pedaleó desde Alaska hasta Argentina, decía que prácticamente no había habido un día en los más de veintisiete mil kilómetros de viaje en que no hubiera alguien que les ayudara. Ya fuera que por el camino un desconocido les regalara una bolsa de manzanas o alguien les ofreciera pasar la noche en un albergue u hostal, o los mensajes de correo que recibían de su país, el caso es que la ayuda inesperada pasó a formar parte de lo cotidiano para ellos.

puesto patas arriba. Reflexionó sobre por qué había empezado a andar en un principio. No había sido en busca de fama, de ninguna manera en busca de fortuna, y ni siquiera intentaba demostrar nada. Simplemente tenía que hacerlo…, era una idea disparatada que no le dejaba en paz, y aquella idea disparatada exigía acción. Nate siguió adelante y se fue animando. En la tierra que había dejado atrás nada volvería a ser como era, pero comprendió que todo cambio tiene un lado positivo. El camino se abría ante él lleno de posibilidades.

A un continente de distancia, Mark Boyle se dio cuenta de su equivocación casi en el instante en que salió del muelle de Dover con rumbo a la India sin un penique en el bolsillo. El fracaso se hizo evidente en cuanto comprendió que su misión no podía traducirse en la costa de Francia, y pronto se dio medio vuelta y regresó a Inglaterra desfallecido y avergonzado. De vuelta a casa, vivió las primeras semanas con un sentimiento agridulce. Era estupendo ver a los amigos y a la familia, pero se sentía a la vez culpable por haberse rendido.

—No te preocupes, tío –le dijo un amigo, pero no era tan fácil. Para Mark la misión era importante. Se había sacrificado para prepararla, y le costaba afrontar el hecho de que se había echado atrás.

Pese a todo, siguió aferrado a sus valores y, con el paso del tiempo, empezó a darse cuenta de que eran los valores en sí lo que de verdad importaba: abrazar la «libreconomía» eligiendo vivir sin dinero y animando a otros a salirse también de lo que a su entender era un comercialismo excesivo.

Llegar a la India en autoestop estaba ya borrado de la lista, pero tal vez hubiera otra manera de llevar a la práctica esos valores.

Tras reflexionar y reconsiderar las cosas, se dio cuenta de que quizá no era lo que se dice un viajero. Si tenía interés en caminar hasta la India era por la atracción que habían despertado en él la forma de vida y la filosofía de Gandhi, no porque deseara cruzar Afganistán y otros países potencialmente hostiles. En vez de viajar, por tanto, el plan ahora era sencillamente vivir sin dinero.

Se instaló en una granja dedicada a la agricultura ecológica, intercambiando tres días de trabajo a la semana por un techo Cultivaba lo que consumía, se bañaba en el río e iba en bicicleta a las reuniones que organizaban quienes simpatizaban con sus ideas. Poco a poco empezó a expresarse abiertamente de nuevo, a responsabilizarse de sus errores y a adoptar la postura del aprendiz, y no ya del experto que todo lo sabe.

Su primera misión había sido algo estrictamente personal, pero ahora Mark se había hecho partidario activo de «una vida sin dinero», y usaba un ordenador portátil alimentado con energía solar para escribir artículos para periódicos y blogs. Publicó un manifiesto en el que defendía sus ideas. Creó un foro en el que participaban más de treinta mil miembros y organizó un «Festival de libreconomía» en Bristol al que asistieron cientos de personas llevadas por la curiosidad.

Tras el fracaso del viaje a pie a la India, este defensor de la vida sin dinero decidió de entrada poner en práctica su nuevo experimento durante un año. Más de dos años después, seguía apostando fuerte. La nueva misión sí era la suya.

RECUERDA

- *Hay un tipo de desventuras –las que nos dan información– que pueden fortalecer la confianza.*
- *Si vas a preocuparte por algo, que sea por el precio de no hacer realidad tu sueño.*
- *A veces parar es lo correcto. Cuando te plantees cambiar de planes, pregúntate: «¿Todavía tengo el corazón en esto?».*

PARTE III
LA META FINAL

CAPÍTULO 15

TRANSFORMACIÓN

Cuando has completado el 95% del viaje, estás todavía a medio camino de la meta.

PROVERBIO JAPONÉS

LECCIÓN: AL AVANZAR HACIA UNA PEQUEÑA META, LA GRAN VISIÓN SE EXPANDE

En definitiva, todos los clichés tienen algo de cierto: si no puedes cambiar el mundo, al menos puedes cambiar tú.

Si vuelto atrás a lo que escribí al principio del viaje, mucho de ello suena ingenuo o simplista. ¡Acababa de asumir un reto! ¡Quería ver el mundo entero! El mundo era... grande. Al parecer, no tenía mucho más que decir.

Pero es lo que suele ocurrir. En parte porque nos vamos haciendo mayores y en parte por lo que nos provoca la experiencia en sí. Personalmente me di cuenta de que viajar consistía en buena medida en estar abierto a distintas formas de vida y a cambios sobre los que no tenía ningún control. Cuando en una u otra circunstancia empezaba a invadirme la frustración, lo que la mayoría de las veces ocasionaba el problema eran mis expectativas.

Mientras escribía el primer borrador de este libro, hice un viaje a una isla de Malasia. Pensé que sería un buen lugar que recorrer mientras trabajaba en el manuscrito, y lo fue. Pero cuando les conté adónde iba a unos cuantos amigos que habían viajado mucho, se quedaron espantados.

—Ese sitio es una trampa para turistas. ¿Cómo se te ocurre ir ahí?

Fui porque me gustaba..., de lo cual quizá pueda deducirse otra lección: en lo que a viajes se refiere, debes ser tú quien cree el itinerario en vez de dejar que lo dicten otros.

PROCESO FRENTE A LOGRO (A NANDO'S Y MÁS ALLÁ)

A quien se embarca en una misión, con frecuencia le motivan el logro, el proceso o simplemente creer en la aventura diaria. ¿Cómo influye cada una de estas motivaciones en lo que sucede cuando se acerca el final?

1. La persona motivada por el logro quiere conseguir algo (escalar la ladera, librar al imperio de los invasores, etcétera)

Hay gente a la que le motiva enfrentarse a un reto mensurable que tardará largo tiempo en completar. Mi hermano Ken me envió una vez un enlace a una promoción de Nando's, una cadena de restaurantes de Sudáfrica. Me habían llevado a Nando's cuando viví en África varios años antes, y había estado también en los restaurantes que la cadena tiene en Dubai, Beirut y Singapur. El correo que me envió mi hermano se titulaba: «¡Tu próximo desafío!». Cuando pulsé sobre el *link*, vi a qué se refería: Nando's le ofrecía comidas gratis el resto de su vida a cualquiera que pudiera demostrar que había estado en cada uno de sus restaurantes, repartidos por más de veinte países.

Por un momento, me puse hasta nervioso al pensarlo..., antes de darme cuenta de lo ridículo que era. ¿De verdad iba a plantearme recorrer el mundo para conseguir un pase vitalicio con el que comer en un restaurante de comida rápida donde por término medio un menú cuesta menos de 10 dólares?[1] Sin embargo, allí estaba yo, pensando en todos los establecimientos de la cadena en los que ya había estado y tirándome de los pelos por no haber guardado los tiques.

Una persona a la que le motive el logro se planteará, aunque sea por un momento, visitar cada establecimiento de una cadena global de restaurantes. Todos los demás desecharán la idea de inmediato. Afortunadamente, la mayoría de la gente está llamada a hacer algo más sustancial que ir a la caza de patatas fritas por todo el planeta.

2. La persona a la que le motiva el proceso en sí quiere hacer algo (coleccionar o elaborar paso a paso, emprender un largo viaje, etcétera)

Isabelle Leibler, que domó a un caballo aparentemente indomable, afirma que su motivación fue casi por completo el proceso del adiestramiento. El logro (ganar el campeonato nacional y norteamericano de adiestramiento equino) era secundario. Lo importante cada día era completar el plan de

---

1. Siendo vegetariano, ni siquiera como el pollo peri-peri, plato estrella del menú de Nando's. Sí recomiendo, en cambio, las hamburguesas vegetarianas.

la jornada, evaluar el progreso y elaborar un plan para el día siguiente.

Sasha Martin, que se propuso cocinar una comida de cada país del mundo para su marido y su hija pequeña, señalaba que el proceso constante de «un país a la semana» la impulsaba a continuar. Disponía de un gráfico y había una cuenta atrás. Si no hubiera podido plantearse el proyecto por etapas, ir tachando de la lista un país detrás de otro y hacer planes para el siguiente, asegura que quizá se habría rendido. Muchas otras personas con las que hablé comentaron también la importancia de poder medir el progreso. ¡Descuenta lo que has completado! ¡Táchalo de la lista! Sé consciente del progreso que vas realizando, mientras recorres el camino.

RELATO DE DOS VIAJEROS

Nate Damm y Matt Krause emprendieron los dos aventuras a pie, decididos a cruzar países enteros. Nate recorrió Estados Unidos de punta a punta en siete meses y medio, y Matt cruzó Turquía en seis. Sin embargo, cuando les pregunté si para ellos había sido más importante el proceso o el logro, sus respuestas no hubieran podido ser más dispares. Esto es lo que contestó Nate, que salió de Maine y acabó en San Francisco:

> Decididamente, no es el logro lo que me motiva. Cada día hago lo que me gusta, eso es todo, y parece que como resultado pasan cosas buenas. Rara vez pensaba en llegar a San Francisco y terminar la andadura. Es más, me quedé triste cuando finalmente alcancé la meta, porque significaba que todo había terminado y tenía que volver a casa durante un tiempo. La llegada

al océano representaba la compleción del gran logro, pero en realidad era simplemente una ciudad más. Las experiencias que tuve en un pequeño pueblo de Kansas, por ejemplo, fueron para mí mucho más importantes.

Y esto es lo que dijo Matt, que empezó su viaje en la costa occidental de Turquía y terminó al cabo de dos mil cien kilómetros en la frontera con Irán:

> Me apasiona el resultado, no el proceso. Qué duda cabe de que si disfrutas del proceso, tanto mejor, porque vas a tener que dedicarle mucho tiempo antes de empezar a ver ningún resultado. Pero aun así, al proceso pueden darle una patada en el culo. ¡Al cuerno con todos los procesos, si no dan el resultado que se espera!

¿Qué perspectiva es mejor? Quizá la manera más sensata de contemplarlo sea entender que las dos están inextricablemente entretejidas. No se puede conseguir nada que reporte auténtica satisfacción sin que un prolongado proceso nos haya llevado hasta ello..., y a la vez, un proceso exige que haya una meta. Resulta imposible querer de verdad lo uno sin al menos valorar lo otro.

EL TIEMPO LO CAMBIA TODO

Es inevitable: inicia una misión o pon en marcha cualquier proyecto largo y comprometido y, cuando acabes, no serás el mismo que al empezar. Cuando llegué al final de mi misión, hablé con otros que o habían terminado lo que comenzaron o tenían ya una buena parte del camino hecha. ¿Cómo les había cambiado la aventura a la que se habían lanzado? Hubo unos cuantos elementos recurrentes.

Cambio número uno: independencia y confianza

Isabelle Leibler, que domó a un caballo en un principio indomable, contó cómo el esfuerzo le había dado fuerzas:

> La verdad es que tengo la sensación de ser más inteligente. Antes de proponerme esta misión, a nivel mental era igual que una joven atleta. Era fogosa y dedicada y quería darlo todo en todo momento porque de algún modo eso me aseguraría la victoria. Sin embargo, al trabajar en esa misión día tras día, comprendí que la única fuerza que de verdad puedes necesitar viene de ti y solamente de ti. Como consecuencia de ese trabajo, empecé a ser de verdad independiente y a confiar en mí misma, pues sabía que en definitiva mi mente y mi corazón eran lo único con lo que podía contar cuando estaba en medio de la pista con diez mil personas mirándome. Se trata de abrazar, tensar y luego dejar que todo explote.

Nate Damm, que cruzó Estados Unidos a pie, experimentó un cambio total de personalidad:

> Antes de empezar a andar, era muy callado, tímido, y me sentía incómodo en la mayoría de las situaciones sociales. Lo mejor que me dio caminar fue que me hizo confiar en que sería capaz de superar incluso las pruebas y situaciones más difíciles..., desde llamar a una puerta y preguntarle a un desconocido si podía acampar en su propiedad hasta caminar al borde de una carretera a riesgo de que me atropellaran unos camiones

gigantescos. Cada día planteaba nuevos desafíos, y les estoy de verdad agradecido a todos ellos.

El cantante lírico Gabriel Wyner empezó a estudiar idiomas con el simple deseo de mejorar sus dotes interpretativas. Luego, cuando consiguió dominar varios idiomas difíciles en muy poco tiempo, cambiaron para él las prioridades:

> La misión se apropió de gran parte de mi vida. Empecé a estudiar idiomas con la idea de ser un cantante más expresivo, y terminé con una obsesión que en la actualidad compite con el canto por acaparar mi atención y mi tiempo. Al menos de momento, los idiomas son mi vida. Me paso el día aprendiéndolos y escribiendo y leyendo sobre ellos.

Cambio número dos: madurez

Rita J. King dirige Science House, una comunidad y sala de eventos global que ayuda a las empresas a aportar ideas relacionadas con los seres humanos y la tecnología. Un correo electrónico que me envió con ocasión de un viaje a Italia constituye un buen ejemplo de cómo el camino en sí hacia un objetivo puede crear una perspectiva más sustancial:

> Siempre he sido una persona alegre e inquisitiva, centrada en la ciencia y el arte, lectora ávida, apasionada observadora de la condición humana y participante activa. Pero he madurado: ahora escucho mucho más. Me siento cómoda dejando que las cosas sigan su curso, a pesar de que a la vez mantengo un ritmo de trabajo vertiginoso. Tengo unos conceptos de la identidad mucho más fluidos.

En sus primeros tiempos dedicados al silencio y caminar, John Francis era un rebelde. Que no hablase con nadie y que rechazase de plano todo transporte motorizado eran un acto de rebeldía. Cierto que se trataba de una protesta pacífica, pero John reconoció tiempo después que había estado imbuido del espíritu de «lucha contra lo establecido» en su búsqueda de independencia.

En un episodio de su autobiografía, se enfurece con un hombre que le ha hecho una foto sentado al lado de una gasolinera. El hombre llevaba un vehículo oficial, y John estaba preocupado por que las autoridades del estado de California quisieran aprovecharse de alguna forma de su protesta para beneficio del estado. Fue a ver a un abogado amigo suyo, que le informó de una audiencia pública del ayuntamiento que se celebraba una vez al mes en Sacramento. John fue a la audiencia —a pie, por supuesto— y presentó una demanda valiéndose de un intérprete de lengua de signos. El interventor a cargo de la reunión era un hombre amable y le aseguró que la fotografía en cuestión no le acarrearía ningún problema.

Más adelante John comprendió algo que para todos los demás era obvio: tal vez no fuera para tanto que alguien le hubiera hecho una fotografía. El estado de California tendría ciertamente sus problemas, pero conspirar para utilizar su imagen con fines deshonrosos probablemente no fuera uno de ellos. Además, desde un punto de vista práctico, no tenía sentido alterarse cada vez que alguien quisiera hacerle una foto. John era afroamericano y llevaba una barba descuidada y una gran mochila que le acompañaba a todas partes. Empezó a llevar también un banjo y a tocarlo mientras andaba por la carretera. Uno no se encuentra a diario con alguien que coincida con semejante descripción, sonriente pero que no habla con nadie. Por fuerza habrá quien le haga una foto.

Al final, John cambió más todavía. Decidió empezar a hablar de nuevo, y unos años más tarde, incluso comenzó a montar otra vez en coche. Así es como explica él el cambio:

> Después de haberme pasado veintidós años andando, la decisión de no utilizar vehículos motorizados se había convertido en una cárcel, y el único que podía liberarme de ella era yo. Aunque seguí caminando, decidí empezar a utilizar aviones y otros medios de transporte motorizados para poder hacer trabajos distintos. ¿Qué aprendí? A revisar siempre mis decisiones a la luz de los nuevos conocimientos e información. A no tener miedo de cambiar.[2]

Cambio número tres: pequeña visión → mayor visión

Los primeros viajes que hice fueron en su mayoría excursiones en solitario. Éramos solamente el mundo y yo, y no me importaba estar solo.

Sin embargo, a medida que iba avanzando hacia la meta empecé a conectar con más gente cada vez. Los lectores me saludaban en aeropuertos y cafeterías. Organicé reuniones en todos los continentes, y gracias a ello aprendí mucho más de las culturas locales de lo que habría aprendido con la nariz metida en una guía.

Y luego, cuando estaba ya muy cerca de la meta, empecé a ver con claridad que la siguiente gran aventura sería distinta.

---

2. Esta cita de John está tomada de un perfil suyo en el *Atlantic*. Otras de sus citas están tomadas de su autobiografía, *Planetwalker*, o de las entrevistas que le hice a través del correo electrónico.

No soy el primer ser humano en viajar a todos los países del mundo, y no planeé ni ir a la Luna, ni llegar a las mayores profundidades del océano, ni nada por el estilo. (Tómate la libertad de proponerte cualquiera de estas metas si quieres...: ¡alguien debería hacerlo!)

No era el viajero más célebre del mundo, ni probablemente el más célebre en nada. De lo que me di cuenta, pese a todo, es de que estaba viviendo un cambio, y pasando de las metas de carácter individual a metas de carácter grupal. Buena parte de mi objetivo siguiente, y quizá incluso una misión en sí mismo, sería establecer mayor contacto con la gente interesante que conocí viajando por el mundo y de la que tenía noticia con regularidad a través de Internet.

No era la única persona que había emprendido una aventura y experimentaba un cambio de perspectiva. Mucha gente cuenta que la idea inicial acabó pareciéndoles insignificante una vez que maduraron y creció su confianza en sí mismos.

Sasha Martin, que decidió cocinar en Oklahoma comidas de todo el mundo para su familia, vio expandirse su proyecto rápidamente:

> Yo esperaba que la aventura nos cambiara los hábitos alimentarios, pero no esperaba que influyera en todos los demás aspectos de mi vida. El objetivo no es ya nuestra dieta, que ha mejorado considerablemente, sino compartir un mensaje de paz a través de la comprensión, en colegios, comedores y grandes eventos. Estoy además escribiendo un libro sobre la experiencia que culminará con la celebración de una fiesta llamada «La mesa de doscientos pies».

Tom Allen, que llegó en bicicleta desde Inglaterra hasta Irán, deteniéndose por el camino para enamorarse, vio cómo su inicial aventura de autodescubrimiento se convertía en mucho más que eso:

En vez de completar con resolución una vuelta al planeta y regresar a casa victorioso, como muchos han hecho, me vi reconectarme con la gente gracias a la vida en la carretera. En Armenia conocí a la que hoy es mi esposa y allí me casé con ella, y puse en marcha una serie de proyectos narrativos que ha ido creciendo e inspirando a otras personas. Y a la par que todo esto, continué viajando según el plan original. Después de haber llevado al límite el viajar en bicicleta, de haber recorrido desde el territorio casi impracticable de Mongolia Exterior hasta el Ártico en invierno, y desde el Sahara hasta el desierto de Afar, quiero ver hasta dónde se puede llegar.

Allie Terrell, que se propuso ver cada basílica de Estados Unidos con su novio, Jason, adoptó una postura más activa ante la vida:

Nos ha dado una mayor conciencia y apreciación de las pequeñas cosas. Nos hemos dado cuenta de que hay una inmensa cantidad de arquitectura e historia magníficas esperándonos, la mayor parte de ella en la Norteamérica de los pueblos y pequeñas ciudades, donde se encuentran muchas de las basílicas. Pasamos más tiempo buscando aventuras de camino hacia donde vamos que esperando a que las aventuras vengan a nosotros o haciendo complicados planes para visitar algunas de las ciudades más comunes en que suele buscarse la aventura.

SI NO TE GUSTA EL MENÚ, VETE DEL RESTAURANTE

No te conformes: no termines un libro malo. Si no te gusta el menú, vete del restaurante. Si el camino por el que vas no te convence, salte de él.

Chris Brogan

Una amiga dejó su trabajo de profesora adjunta en una pequeña universidad privada. Impartía solo las clases que quería, y solo de la forma que quería. La administración la apoyaba dándole libertad académica. Tenía un buen sueldo, seguro médico y jubilación asegurada, además de multitud de días libres y vacaciones de verano para dedicarse a otros intereses.

¿Por qué dejar un trabajo así? «Porque había llegado el momento», dijo. Que fuera un buen trabajo no significaba que tuviera que hacerlo el resto de su vida. Todo tiene su momento; hay un tiempo para todo lo que se hace bajo el cielo*

Algunos de nuestros amigos comunes no entendían por qué le cerraba la puerta a una oportunidad tan acorde a sus necesidades. Ella, sin embargo, aseguraba que tenía que dejar aquel trabajo para encontrar algo nuevo. El momento de dejar algo es cuando estás preparado, no cuando otra persona toma la decisión por ti.

¿Es verdad que todo lo bueno se acaba? Ese es un debate para otro libro. Pero cuando algo bueno toca a su fin de un modo natural, no te empeñes en prolongarlo. Si no te gusta el menú, vete del restaurante.

---

* N. de la T.: Eclesiastés 3,1.

Cambio número cuatro: tomar las riendas

Cuando sale el tema del trabajo autónomo, suelo contar lo entusiasmado que estaba un día en Bélgica, hace ya muchos años, por haber ganado 1,26 dólares. Estaba de paso e iba a quedarme un par de días, y por aquel entonces estaba haciendo un experimento en Internet con algunos anuncios nuevos. Había hecho un pequeño test y me fui a pasar el día a Luxemburgo. Cuando volví por la noche, vi que el test había sido un éxito: había conseguido 1,26 dólares de ingresos netos. Ya sé que no era como haber encontrado una veta de oro, pero estaba contento porque sabía que representaba algo de mucha mayor magnitud. Si aquel pequeño test había funcionado, eran muchas las probabilidades de que funcionara a mayor escala. Se trataba del mejor dólar que había ganado jamás.

Sentí algo parecido cuando entré en la recta final de los últimos treinta países. Todavía me quedaban por delante grandes desafíos, entre ellos varios destinos a los que me había resultado imposible llegar durante años, pero tenía pocas dudas de que lo conseguiría: «Puedo tomar el mundo —pensé—. No hay nada que no pueda hacer».[3]

Si no acabas de decidirte a dar la vuelta al mundo, a producir una sinfonía con cientos de intérpretes o a emprender cualquiera de las demás aventuras que he descrito hasta el momento, es importante que recuerdes que los sueños suelen intensificarse cuando empiezas a hacerlos realidad.

Al aumentar la confianza en ti mismo, el «¡puedo hacerlo!» se convierte en «¿qué más puedo hacer?».

Una y otra vez, la gente con la que hablé me decía que su misión les había inspirado una visión más ambiciosa todavía para su siguiente proyecto. Steve Kamb, que rediseñó su vida

---

3. N. de la T.: «Take On the World» [«Tomaremos el mundo»] es una canción de la banda británica de heavy metal Judas Priest, incluida en el álbum Killing Machine de 1978.

siguiendo el modelo de un videojuego, aseguraba que nunca se había sentido más fuerte ni más poderoso:

> Hasta los veintiséis años, me pasaba el día sentado en el sofá enfrascado en juegos en los que mi personaje iba subiendo de nivel para poder explorar tierras lejanas, que eran peligrosas o inaccesibles a un nivel más bajo. ¡Pero ahora estoy haciendo eso mismo en la vida real! Soy el personaje que va creciendo en fuerza y en sabiduría.

A Steve le llegaron esa fuerza y esa sabiduría levantándose del sofá y haciendo de su vida un juego... con muchos más beneficios de los que había experimentado delante de la pantalla del televisor o del ordenador. Continuó subiendo de nivel, asumiendo retos más arriesgados y sintiendo que llevaba las riendas de su vida y de su futuro.

RECUERDA

- *Decidirte a materializar un sueño puede darte mayor confianza en ti mismo y establecer tu independencia.*
- *Quienes asumen un compromiso ven crecer el interés y expandirse la visión según recorren el camino.*
- *«Me alegro de haberlo hecho» es el comentario más común de la gente que ha completado una misión.*

COMUNIDAD

Todo viajero ha vivido al menos una experiencia de hospitalidad y generosidad que excediera lo que podía esperarse. Durante el tiempo que pasé vagando por el mundo, recopilé multitud de esas lecciones de amabilidad. Por cada taxista que intentó timarme, hubo otro que me cobró de menos. Perderme en todos los sitios adonde iba, y sin embargo encontrar siempre el camino de regreso...: en un sentido era prueba de mi independencia, pero en otros hablaba de la buena naturaleza innata de la gente de todas partes. Aquellos buenos samaritanos dejaban lo que estuvieran haciendo para mostrarme el camino de vuelta a la carretera, o a veces incluso me conducían personalmente al hostal con una sonrisa. Pese a mi empecinamiento en hacer las cosas a mi manera, acabé dependiendo de la amabilidad de unos extraños en cada continente al que fui.

En Croacia me alojé con una familia que me traducía los reality shows de la televisión croata. En Kuwait mi anfitrión fue Haider Al-Mosawi, un bloguero kuwaití que me había escrito con antelación diciéndome que era un «kuwaití inconformista» y quería enseñarme el país.

Incluso en lugares con reputación de peligrosos u hostiles, casi siempre se me acogió con calidez y se me trató como a un invitado. En Somalia, el aeropuerto estaba a tres horas, por una carretera llena de baches, de la ciudad principal. Sin hacer caso de mis protestas, se me cedió el asiento de honor en el microbús abarrotado, en la parte delantera, al lado del conductor. En Libia, justo antes de que en el país estallara la revolución que derrocó a Muamar el Gadafi, mis anfitriones me enseñaron Trípoli, me señalaron la arquitectura islámica y me hicieron comentarios circunspectos sobre la dictadura que tenía a la mayor parte del país en vilo. Cuando paramos a tomar un café, no me dejaron pagar.

En las Comoras, un pequeño archipiélago independiente cercano a la costa sureste de África, me quedé sin nada de dinero. Había cometido muchos errores, que me llevaron a semejante situación: desde calcular por lo bajo el coste del visado que tendría que pagar a mi llegada hasta calcular por lo alto las pro-babilidades de encontrar un cajero automático. En pocas pala-bras, no tenía dinero suficiente, así que el agente de inmigración se quedó con mi pasaporte. Accedió a dejarme visitar el país y quedarme dos noches, pero para recuperar el pasaporte y salir de la isla, tendría que pagar lo estipulado.

Llegó la mañana en que debía marcharme y seguía sin ha-ber conseguido el dinero, y estaba estresado. Probé todo lo que se me ocurrió, entre otras cosas una carrera desesperada a la otra punta de la isla en busca del único cajero en funcionamien-to..., que no funcionaba.

Al final me salvó, no mi ingenuidad, sino la providencial apa-rición de un desconocido que me prestó dinero. A cambio de su confianza, le di todo lo que me quedaba (alrededor de 30 dóla-res en moneda de distintos países), un ejemplar de un libro que había escrito (This is me!) y la promesa de devolverle el dinero como fuera. Me dio 60 dólares en moneda local, pidió que se me devolviera el pasaporte y me despidió con la mano.

Una y otra vez a lo largo del viaje, aprendí y reaprendí una importante lección de humanidad. La primera vez que salí de Estados Unidos, en un viaje de verano a China, regresé con la perspectiva típica del deslumbrado viajero novel: «¡La gente es igual en todos sitios!».

Pero la experiencia me fue enseñando que no era así, en ab-soluto. Claro que un extenso sector de la humanidad tiene unas cuantas cosas en común: vayas adonde vayas, la mayoría de los padres y madres quieren a su descendencia, y la mayoría de la gente desea ser feliz a su manera. Pero, por lo demás, no debería sorprendernos que las distintas culturas den lugar a formas de vida y creencias diferentes..., y es precisamente esto lo que hace del viaje y la exploración algo tan embriagador. Al recorrer los templos budistas de Bután, una pequeña nación asiática que recibe mucho menos turismo que sus vecinas, India y Nepal..., al visitar la Gran Mezquita al atardecer en la ciudad vieja de Damasco... o al tomar un tren nocturno a Tiflis, en Georgia, y hablar con otro viajero de otro país, en vez de juzgarlo todo basándome en mis ideas preconcebidas y mis preferencias, aprendí a apreciarlo todo por lo que era y por el valor que tenía en sí mismo.

Al acercarme al final de la aventura, intenté prestar más atención a cuanto me rodeaba. Aunque tener una meta era importante –¡yo creía en la lista!–, el objetivo de la misión nunca había sido conquistar una agrupación arbitraria de países, sino desafiarme a mí mismo a alcanzar una gran meta... y permitirme cambiar a medida que avanzaba.

CAPÍTULO 16
LA VUELTA A CASA

Casa es el sitio al que vas cuando te quedas sin casas.

JOHN LE CARRÉ

LECCIÓN: HAZ UN PLAN PARA EL PASO SIGUIENTE

En la antología *Once Upon a Galaxy*, la escritora de ciencia ficción Josepha Sherman narra la larga historia que hay detrás de los cuentos ancestrales y muestra cómo sirven de modelo a las fábulas de nuestro tiempo. Como hemos visto en este libro, hay misiones muy diferentes que sin embargo tienen una serie de elementos en común.

En los cuentos que la antigüedad nos ha legado es frecuente que haya una búsqueda de un objeto mítico (un collar sagrado, el Santo Grial) o la necesidad de recuperar algo que ha sido robado. La figura de un «anciano sabio» que prevé las pruebas y dificultades que habrá de superar el personaje valiente aventurero suele darle consejo. Al héroe se le unen amigos y aliados, algunos de los cuales puede que tengan sus propios planes.[1]

Además, hay otras figuras que se hacen sitio en diferentes relatos. Un bebé, destinado a la grandeza, al que se rescata de una barca o una caja (Moisés, Superman). El mundo de la naturaleza hace su aportación de criaturas míticas (águilas, caballos, arañas). Los anillos son a menudo objetos de poder y de magia («Un anillo para gobernarlos a todos»).

Pero entonces sucede algo muy extraño —y no me refiero a la «gran sorpresa» que todos nos hemos acostumbrado a esperar—.

En un cuento tras otro, oímos hablar de grandes aventuras. Y luego, de repente, el cuento se desvanece como el humo, se corta con brusquedad sin muchas explicaciones.

Un caso típico es la epopeya clásica de Jasón y los argonautas. Jasón, hijo y heredero del rey Esón, es raptado en mitad de la noche cuando es solo un bebé. Crece en una tierra extranjera, ignorante de lo que por nacimiento le corresponde. Afortunadamente, su tutor es un sabio anciano que lo educa con rectitud y le informa de su verdadera identidad cuando alcanza la mayoría de edad. Jasón se pone entonces en marcha, dispuesto a reclamar el trono que por derecho le pertenece, para lo cual ha de enfrentarse al rey, que le había arrebatado la corona al padre de Jasón.

El rey es astuto en igual medida que Jasón es ambicioso, de modo que empleando la clásica táctica dilatoria de la vieja escuela, lo envía a una misión muy peligrosa.

---

1. Obi-Wan Kenobi: «Las cosas están cambiando. Y a veces la línea que separa al amigo del enemigo es borrosa. Ahora más que nunca».

—¡Ve y recupera el Vellocino de Oro! —le ordena, sin mencionar nada sobre el monstruo encargado de guardar el tesoro, que muy oportunamente nunca duerme.

Los hechos demostrarán que Jasón es particularmente valiente o temerario, dependiendo de la opinión que tengas de los monstruos que custodian vellocinos. Obedientemente, reúne un equipo de héroes, construye la nave más portentosa que jamás haya surcado las traicioneras aguas del Mediterráneo y zarpa en busca del Vellocino.

¡Pero entonces... empiezan los problemas! El peligro acecha a los aventureros una y otra vez. Están a punto de quedar atrapados en una isla llena de mujeres asesinas, pero consiguen escapar por los pelos. En otra isla los habitantes sufren los tormentos que les infligen los gigantes, y los argonautas son los únicos que pueden acabar con ellos. Una tercera escala pone en su camino criaturas aladas que los atacan desde el cielo. Después hay además grandes rocas mágicas que se aproximan y chocan entre sí cada vez que un barco intenta pasar entre ellas..., y la historia sigue y sigue.

De este modo, Jasón y los argonautas navegan y batallan durante una docena de años de vicisitudes. Al final, llegan a su destino. ¡Aquí estamos! Pero incluso entonces han de seguir superando pruebas. Hay unos toros que echan fuego por la boca a los que han de uncir, unos dientes de dragón que han de obtener y un puñado de guerreros que surgen de la tierra a los que hay que derrotar. Con un poco de ayuda de su nueva novia, Jasón completa finalmente todas las tareas requeridas. Tras escapar en medio de la noche con el Vellocino y la novia, Jasón y sus compañeros argonautas ponen rumbo a casa. ¡Lo han conseguido!

Pero, ¿ahora qué? ¿Qué pasa después de tantos esfuerzos? ¿Qué ocurrió con el trono que Jasón quería reclamar?

Josepha Sherman cuenta el relato como la historia lo ha transmitido, con algunas variaciones pero con el mismo final: «Muchas más aventuras le esperaban a Jasón. Si algunas fueron heroicas, otras fueron trágicas. Pero el futuro siempre era el futuro».

¿Y ya está? ¿«El futuro era el futuro»?

En fin, eso es todo lo que se nos cuenta.

Después de tantos esfuerzos, es normal que nos quedemos decepcionados…, pero así son las cosas. En las misiones, no siempre se atan todos los cabos.

SALVAR EL MUNDO… ¿Y YA ESTÁ?

Este modelo de narración no es exclusivo de las epopeyas de antaño. Los videojuegos y las películas tienen muchas veces ese mismo final abrupto. Con fines de investigación, a los veintitantos años dediqué cientos de horas a estudiar los videojuegos. Buena parte de la investigación tuvo lugar en el salón de mi casa, donde mis amigos y yo nos instalábamos para disparar obedientemente en la cabeza a los personajes que aparecían en la pantalla con nuestro rifle de precisión, pero hubo también muchas otras horas de estudio en solitario. Con tan solo una buena provisión de Coca-Cola Light, y de vez en cuando un dónut glaseado como alimento,[2] me abría paso de mazmorra en mazmorra y surcaba el espacio como un rayo a través de galaxias enteras intentando rescatar a una civilización o encontrar el verdadero yo de mi personaje.

---

2. Es importante comer bien cuando se está salvando el mundo.

Ni siquiera con fines de investigación invierte nadie veinte o treinta horas en un juego que es una porquería. Los mejores juegos consiguen crear en el jugador una sensación de desafío que se mantiene a lo largo de sucesivos niveles, misiones y escenas de animación que van haciendo avanzar la historia.

Pero, ¿sabes qué? Que incluso los mejores juegos tienen muchas veces finales muy malos. Mis amigos y yo solíamos hacer con frecuencia un esfuerzo maratoniano por completar el último juego del mercado, y aunque el viaje era apasionante, el final era un bajón. A veces llamaba a mi hermano Ken después de haber completado un juego que él ya había terminado victorioso.

—¡Ha sido increíble! —decíamos los dos—. Pero el final —coincidíamos— ha sido raro.

Era como si después de haber creado una estupenda historia y de hacer pasar al protagonista por peripecias sin fin, los diseñadores del juego de repente se hubieran rendido. «¡No sabemos lo que pasa al final! ¡Nuestro trabajo era solo hacer que la historia avanzara!», parecían decir.

¿Es este el principio que late también de fondo en las misiones de nuestros días? Por desgracia, a veces lo es.

«¿CÓMO HA SIDO?»

Durante siete largos días en 2009, y luego de nuevo en 2010 y 2012, Meghan Hicks corrió la Maratón des Sables, una carrera de doscientos cuarenta kilómetros a través del Sahara. Todos los años se desplazan desde Marruecos al menos ochocientos corredores para participar en esta carrera, y, como cuenta Meghan, todo el que se decide a hacerlo es un poco raro..., pero algunos corredores son más raros que otros.

Meghan era una corredora con experiencia que sabía en lo que se metía, la clase de corredora cuyo mayor problema era el exceso de entrenamiento. Le encantaba correr por los senderos de su Utah natal y había conseguido dar con una forma de vida que le permitía pasar al aire libre todo el tiempo posible. Para mantener el intenso programa de entrenamiento durante los meses de invierno, llegó a improvisar una sauna en su casa. El efecto sauna lo conseguía instalando un radiador en el cuarto de baño y abriendo a continuación el grifo de agua caliente de la ducha. Luego embutía una bicicleta estática entre el lavabo y el inodoro para ejercitar las piernas.

A pesar de todo lo que Meghan se había entrenado para la competición de 2012, y a pesar de haber participado en ella ya antes, el momento de salir a correr aquella primera mañana en el Sahara le causó un impacto inesperado. Todos los días durante la siguiente semana luchó por abrirse camino por la arena, soñando con las judías verdes deshidratadas que la estarían esperando al final de la jornada. (Cuando se está desnutrido y deshidratado después de haber corrido decenas de kilómetros por el desierto, al parecer son un estupendo tentempié.)

Pese a la dificultad extrema, Meghan acabó por aclimatarse a la rutina de correr por la arena kilómetro tras kilómetro y consiguió ponerse a la cabeza del pelotón. Habría encontrado un espíritu afín en Nate Damm, que contó que cruzar Estados Unidos a pie había sido «bastante sencillo», porque lo único que tenía que hacer era poner un pie delante del otro.

En el caso de Meghan, tenía que hacer eso mismo a 38 ºC en medio del desierto. Terminó la carrera de 2012 en quinta posición entre las mujeres y en el puesto 47 de la clasificación general. Fue una inmensa victoria.

Y después volvió a casa. Todo el mundo le hacía la gran pregunta: «¿Cómo ha sido?».

Había quien de verdad quería saberlo, pero había también quien solo trataba de ser educado. Esto es lo que Meghan dijo al respecto:

> Hacen una pregunta compleja, pero quieren que les responda con una sola frase. Es como si alguien te dijera: «En menos de siete palabras, describe tu relación con Dios». Así que contestas: «La carrera fue estupenda» y «Me encantó» y «Es una experiencia que espero no olvidar». Todas estas frases son verdad, pero es como extender un difuso y edulcorado velo sobre el Sahara entero. No se puede responder a esa pregunta con cuatro palabras.

Cuando lo has dado todo por lograr algo trascendente, es difícil soltar un par de frases rápidas sobre «cómo ha sido».

Al regresar de Noruega, me sentí como Meghan. «¿Cómo es haber estado en todos los países del mundo?», me preguntaba todo el mundo.

La gente tiene la expectativa de que ahora has de ser una persona sumamente sabia, que misteriosamente has debido de adquirir el conocimiento de un millar de civilizaciones con solo ser un extranjero que ha estado de paso en todos esos países. Esperan que regreses a casa con una especie de perspectiva alterada de la realidad y algo muy profundo y trascendental que compartir.

Conquistar el planeta Tierra como explorador moderno es verdaderamente fascinante. Pero llegar al final de tamaña aventura es también complicado.

«Viajar a todos los países del mundo» había sido mi identidad durante mucho tiempo. Incluso cuando me dedicaba a otros proyectos, la misión constituía una importante ancla. Cuando a final de año sopesaba planes para el año entrante, siempre los contemplaba teniendo presente la prioridad de viajar al menos a una docena de nuevos países. Y de repente, una vez cumplida la misión, sabía que seguiría viajando, pero no con el mismo carácter imperativo. Ahora era libre de elegir... y la libertad se me antojaba abrumadora.

Igual que Meghan Hicks en su experiencia pos-Sahara, tuve que hacer frente a dos grandes desafíos: el aspecto público y el aspecto interior. Para el aspecto público, acabé dando con una respuesta clara: no intentes explicarlo todo, pero cuenta alguna anécdota divertida. Para el aspecto privado, aprendí a reflexionar..., y también a considerar el futuro.

Primera parte: céntrate en las experiencias

Una vez terminado el viaje, participé en varios programas de radio en los que invariablemente el presentador empezaba haciendo al menos una afirmación falsa o engañosa:

—¡Chris ha estado en más de trescientos países! (Ejem, no hay tantos.)

—¡Chris es la primera persona de todos los tiempos que lo ha hecho!» (No es verdad.)

—¡Chris solo tiene veinticinco años! (Ojalá.)

Luego, tras un largo preámbulo para ganarse la embelesada atención de los oyentes, empezaba el interrogatorio:

—Así que cuéntanos, ¿cómo ha sido, Chris?.

Sí..., ¿cómo fue? Tómate tu tiempo.

Como Meghan, no sabía qué responder.

—Fue fabuloso –contestaba, consciente de lo banal que sonaría–. Fue un sueño hecho realidad. –Lo cual era cierto, pero sonaba también como una memez.

Por lo general, titubeaba un rato antes de encontrar una respuesta. En uno de los programas, un entrevistador veterano me recordó que no tenía por qué resumir ciento noventa y tres países y diez años de viajes en unas pocas frases.

—Basta con que nos cuentes una experiencia –me dijo.

Eso es, aquellas experiencias. Ya lo recuerdo... ¿Te acuerdas de cuando hace solo unos meses –me decía a mí mismo– pasaste la noche en el suelo del aeropuerto de Dakar? Era una situación tan espantosa que da risa, pero conseguiste salir airoso de ella y llegar al último país.

¿Te acuerdas de cuando ibas caminando por la playa a medianoche en Sri Lanka, el país número cien?

¿Te acuerdas de aquellas puestas de sol..., de aquellos momentos prodigiosos..., de los desafíos, el proceso, las esperas? Eso es. En eso consistía el viaje. Cuando estés atravesando por un momento de duda, vuelve a las experiencias.

Segunda parte: *procesa y reflexiona*

Miranda Gibson había vivido en un árbol más de un año. Cuando bajó, se sentía desbordada. Escribió en su blog:

En el curso de las últimas semanas he intentado muchas veces escribir contándoos cómo ha sido bajar del árbol, adaptarme al mundo en tierra firme. Pero cada vez que me siento a escribir, no sé qué decir. Es tan desbordante todo lo que ha pasado y todo lo que he pensado y sentido estos últimos meses que me ha resultado imposible saber por dónde empezar. Hoy os he contado la experiencia de volver a poner los pies en el suelo, pero ahora que he empezado a escribir, hay tantas experiencias más que pugnan por salir...: ¡del incendio, del último día que pasé en el árbol, del primer día nuevamente en una casa!

Aproximadamente al mismo tiempo, Alicia Costarello regresaba a California después de haber recorrido cuarenta y ocho de los cincuenta estados de su gira «la aventura de las citas». Todavía le quedaban Hawái y Alaska, pero estaba casi al final. Por primera vez desde hacía meses, no tenía un objetivo para el día siguiente. No solo eso, sino que como había dejado el apartamento para dedicarse al proyecto de recorrer el país, no disponía ya de un sitio donde vivir. Tenía amigos que le podían dejar un sofá, y una cama en casa de sus padres a unos cuarenta y cinco kilómetros, pero cualquiera de estas soluciones le parecía un paso atrás. ¡Había hecho tantos kilómetros, había aprendido tanto!, y ahora estaba allí sentada en su coche —que por extraño que pareciera le resultaba el entorno más familiar después de meses de conducción—, haciendo esfuerzos para no llorar.

En el cuento *La caseta mágica*, de Norton Juster, un clásico de la literatura infantil, a Milo y sus compañeros les sale al paso un hombre alto y delgado que les asigna tareas triviales y tediosas. Al ser un muchacho amable, Milo accede a realizarlas, pero pronto descubre que el hombre es en realidad el demonio, que disfruta desviando a la gente del camino que cada cual ha elegido.

Alicia pensó en este cuento cuando empezó un nuevo trabajo de ayudante de producción en una empresa dedicada a la organización de eventos, una labor a la que iba a tener que dedicar diez horas al día y que le exigía concentración total. Era el trabajo ideal para alguien que estuviera dispuesto a invertir cantidad de energía en una nueva profesión, pero no para alguien que acababa de terminar un largo viaje por todo el país intentando encontrarse a sí misma. Se sintió como Milo. Se había desviado, y los largos días de trabajo no le dejaban tiempo para procesar la intensa experiencia que acababa de vivir. La experiencia entera se le antojaba extraña e incompleta.

Lección: no te olvides de dejar reposar la experiencia, examinarla en detalle y sacar conclusiones. Quizá necesites proponerte otra meta en algún momento, pero asegúrate de que has asimilado la que acabas de vivir antes de volver a lanzarte al trabajo de lleno.

Tercera parte: ¡decide la siguiente aventura!

Si una misión o aventura te han tenido embelesado durante años pero ahora han llegado a su fin y has tenido ya tu momento de gloria (o incluso tu momento de calma), tarde o temprano necesitarás emprender un nuevo proyecto. Como aprendió Alicia, tal vez no sea buena idea lanzarte a otro de inmediato, pero tampoco deberías esperar demasiado.

Scott Young dedicó un año completo a preparar los cuatro años de la carrera de ciencias informáticas del MIT. Cuando terminó, trabajó en otros proyectos durante un tiempo, pero vio que echaba de menos avanzar día a día hacia una gran meta. Aunque el año de estudio había sido principalmente una rutina sin muchas variaciones, le había resultado desafiante y estimulante. Decidió aplicar el mismo enfoque a algo distinto: esta vez, dedicaría un año completo a aprender distintos idiomas. Como elemento extraordinario (siempre hay un elemento extraordinario) no hablaría ni una palabra de inglés en todo el año. Antes de tener tiempo de echarse atrás, se subió a un avión con rumbo a Valencia a pesar de no hablar español. Cuando desembarcara, hablaría solo español y cualquier otro idioma que no fuera el inglés. Un año entero sin hablar tu lengua materna... ¿es eso una misión? Como poco, no cabe duda de que es todo un desafío.

POBRE DE MÍ, TODO ESTÁ PERDIDO, ETCÉTERA

En una de las primeras escenas de *Cadena perpetua*, Brooks Hatlen sale de la cárcel después de haber estado encerrado cincuenta años. Y se ahorca, porque no soporta la vida en el exterior.

Hace más de ciento sesenta años, John Stuart Mill escribió sus reflexiones sobre lo efímero de la felicidad:

«Supón que todos los objetivos que tienes en la vida se cumplieran, que todos los cambios institucionales y de opinión que tanto anhelas se efectuaran por completo en este instante: ¿sería para ti motivo de gran alegría y felicidad? Y una irreprimible consciencia de la realidad respondió inequívocamente: «¡No!». Al oírlo se me encogió el corazón: se hundieron los cimientos sobre los que había edificado mi vida entera. Era en el esfuerzo continuo por alcanzar dicha meta donde creía que encontraría toda mi felicidad. El fin acababa de perder todo su atractivo, ¿y cómo iba a poder volver a tener ningún interés en los medios? Sentí que no me quedaba nada por lo que vivir.

Ya, suena un poco deprimente. ¿Nada por lo que vivir? ¿Colgarse justo después de haber salido de la cárcel?

Tal vez estas no sean las respuestas definitivas, o al menos no deberían serlo.

Howard Weaver pasó, de intentar en vano perseguir a los mafiosos y, tras una larga sesión de copas, arrojar piedras contra el edificio del *Anchorage Times*, a convertirse en el protagonista indiscutible de una batalla épica por poner en entredicho el sistema establecido e inclinar en sentido contrario al habitual la balanza de la conversación política en Alaska. Los primeros años fueron muy difíciles, y le llevaron a dos divorcios y a problemas con el alcohol.

Para cuando ocupó el puesto de editor en el *Daily News*, rival del *Times*, había dejado de beber, tenía pareja estable y se había centrado en abatir al enemigo. La etapa final de la batalla duraría doce años, pero como decía Howard, finalmente venció la verdad. Cuando el *Times* cerró definitivamente sus puertas en 1992, la victoria tan esperada era una realidad.

Pero a la vuelta de la esquina, sin embargo, le esperaba a Howard una cuestión más difícil aún de resolver que las que había tenido que afrontar durante la airada guerra entre periódicos: ¿y ahora qué? «Estaba cansado y desorientado —escribió—. Aunque habíamos ganado la que pensaba yo que sería una seguridad duradera para el *Daily News* y su independencia periodística a ultranza, la ausencia del *Times* había dejado un vacío inquietante. Una parte importante de cómo me había definido a mí mismo sencillamente había desaparecido.»

Era algo más que una sencilla crisis existencial; realmente Howard no sabía qué hacer a continuación. Pidió un año de excedencia y se fue a Inglaterra. Allí hizo un máster, pensando en volver a tomar el timón del periódico, pero cuando regresó a Alaska después del año sabático vio que las cosas eran muy distintas. Estaba al mando un nuevo editor, de ideas notablemente diferentes.

Desde el primer momento, ambos chocaron; discrepaban en cuanto a la postura de los editoriales e incluso el estilo informativo, que se había establecido con conocimiento de causa en el curso de muchos años.

Al final Howard se dio cuenta de que aquella situación no iba a cambiar en el futuro inmediato. Tenía suficientes agallas para continuar batallando a diario por la cuestión de las editoriales, pero estaba cansado después de haber librado la gran guerra.

Él, que era alguien natural de Alaska y que había vivido allí casi toda su vida, se trasladó a regañadientes a California para empezar un nuevo trabajo. Después de ganar la guerra contra el *Times*, nada volvió a ser como antes. Ni siquiera su salida del *Daily News* fue como esperaba: el editor se negó a contratar a un buen amigo de Howard al que este había propuesto como sucesor suyo. La voz de los editoriales se oponía cada vez más a la filosofía por la que Howard había luchado con tanto denuedo, y acabó por sentir una mezcla de resignación y pesar al dejar el periódico atrás y comenzar el nuevo trabajo.[3]

---

3. En su autobiografía, Howard cita a H. G. Wells: «Es la debilidad universal de la humanidad de nuestro tiempo creer que aquello que se nos ha dado para administrar nos pertenece».

LA VUELTA A CASA

PERO ¿DÓNDE ESTÁ LA PROPIA CASA, REALMENTE?

Después de pasar ocho años viajando por el mundo, Benny Lewis se considera un «humanista», queriendo decir con ello que le encanta la gente y la valora por encima de todo lo demás. Benny se crió en Irlanda, un país predominantemente católico, y al acabar la universidad empezó a viajar y a expandir así poco a poco su perspectiva del mundo.

He estado con él en tres continentes hasta el momento. El primer encuentro fue en Tailandia, y a continuación recorrimos juntos la región de Escandinavia. Hace poco quedamos en una cafetería de Oregón, y fue entonces cuando me habló de su conversión al humanismo. No era una rebelión contra su fe, me dijo, sino la simple consecuencia de haber tomado una conciencia general del resto del mundo.

Conversamos sobre cómo los dos habíamos adoptado hábitos de distintas culturas al ir viajando de un lugar a otro. Yo me había hecho vegetariano justo antes de ir por primera vez a la India, y la comida del sur de Asia no tardó en ser mi favorita. Aunque me seguía gustando Estados Unidos y la mayor parte del tiempo disfrutaba viviendo allí, me sentía más un ciudadano del mundo. Mi identidad no la determinaban los datos distintivos de un pasaporte, sino mis experiencias y principios.

Cuanto más nos atrevemos a experimentar lo que existe fuera de lo conocido, más se abre nuestra mente... Aunque esta perspectiva del mundo puede ser también un poco enajenante, sobre todo para los que nos esperan en casa. Otra amiga, Shannon O'Donnell, salió de su hogar a los veinticuatro años en un viaje de autodescubrimiento. En principio puso rumbo a Los Ángeles, lo más lejos de su Florida natal que pudo imaginar inicialmente. Luego, un amigo que había pasado varios meses en la India la inspiró a mirar más lejos, y se preparó para viajar fuera del país.

El objetivo de Shannon a corto plazo era pasar un año en el extranjero, un viaje enriquecedor a nivel personal pero no exageradamente fuera de lo común. Recorrió con una mochila a la espalda Australia y el sudeste asiático, pasando por casi diez países, y luego recorrió varios más en Europa.

—El camino que había seguido en el pasado no funcionaba —diría después—, así que pensé que un cambio radical de ritmo me permitiría vivir una vida con más sentido. Quería aprender de la gente y de los lugares que conociera en mis viajes.

Definía el año que había pasado en el extranjero como un «campo de entrenamiento para la vida», y contaba que había hecho un curso de meditación de diez días en Nepal a pesar de tener muy poca experiencia previa en esta práctica. El curso había sido todo un desafío, a nivel tanto mental como físico, y le habían quedado pocas ganas de continuar una vez que terminó, pero aunque la meditación intensiva no era lo suyo, la experiencia le había servido para valorar cómo encuentran la felicidad otras personas.

Shannon ha sido propensa a enfermar desde que era pequeña, y en Laos estuvo muy enferma de disentería. En un momento de desaliento, sintiendo que tal vez no llegaría a la mañana siguiente, hizo un trato con el universo: «Si me pongo bien, me comprometo a llevar una vida más tradicional. Me subiré a un avión y me esforzaré por conseguir las cosas que la mayoría de la gente quiere: una casa, un marido y unos hijos».

Solo que las cosas que la mayoría de la gente quería no eran las que quería ella, al menos no de inmediato. Shannon

sobrevivió a una noche muy larga, y cuando estaba restable-
ciéndose se acordó del trato que había hecho y comprendió
lo insensato que era:

—En su momento, se me antojó que la propia idea de
vagar sin rumbo era la culpable de la enfermedad, pero cuando empecé a curarme me di cuenta de que la enfermedad era
un contratiempo, no una señal de que me había equivocado
de camino.

El viaje que en principio iba a durar un año hse ha prolongado ya más de cinco, y gran parte del tiempo ha ido acompañada de su sobrina de once años, que se unió a ella en Asia para
la que sería una experiencia de inmersión sin igual.

EL MUNDO REAL ES LO QUE TÚ HAGAS DE ÉL

Quizás lo más difícil de readaptarse a la vida de «casa»,
dondequiera que esté tu casa, es comprender que eres diferente de cuando empezaste. Has adquirido experiencia y has
visto cosas que otros no han visto. Citando las palabras de Steve Kamb, que utilizó la analogía de un videojuego para descri-
birme su misión, has «subido de nivel». Al igual que el primer
nivel de un juego puede acabar volviéndose aburrido y repeti-
tivo, una vez que has subido de nivel, quizá no puedas ya volver
atrás a los mismos hábitos y la misma forma de vida.

Varias personas con las que hablé para escribir este libro
contaban que, después de terminar sus misiones respectivas,
habían oído a sus amigos y a su familia pronunciar cierta frase. La frase era «la vida real» o «el mundo real», y las palabras
se expresaban a veces sin un ápice de sensibilidad. «Supongo
que ahora tendrás que volver a la vida real», por ejemplo, o
«Eso jamás funcionaría en el mundo real». Otras veces esta

clase de frases se pronunciaban con más inocencia, tal vez de boca de alguien que sencillamente no podía hacerse una idea de lo que había ocurrido durante la aventura.

Tom Allen decía respecto a la gente que aplicaba esta clase de lógica que, en realidad, ocurría a la inversa.

—La vida en la carretera era el mundo real –reflexionaba–. De vuelta a Inglaterra, era la sociedad moderna la que parecía ser un sitio de aislamiento y abstracciones.

¿Cómo se vuelve a lo anterior? En muchos aspectos, no se vuelve. Es imposible.

En el caso de Tom, estaba además un poco decepcionado por que al menos una parte de su misión hubiera estado influida por su propia institucionalización. Lo que empezó siendo una aventura de autodescubrimiento se había convertido en una empresa global, con patrocinadores que esperaban sus artículos y medios informativos que estaban ansiosos por entrevistarle. Al final tuvo que deshacer lo que había creado, «desinstitucionalizar a la bestia» y volver a centrarse en el viaje sin compromisos que había deseado y echado de menos desde el principio.

RECUPERACIÓN

Para salir del bajón posmisión, empiezas por darte cuenta de que el mundo real es lo que hagas de él. Has madurado, has cambiado, no puedes volver atrás. No eres el mismo, así que no esperas que los demás sean tampoco los mismos.

A continuación, empiezas otra vez. Necesitas un nuevo compromiso y una nueva misión.

Al pie de las montañas de California central, ondea una bandera sobre un pequeño rancho. Esa es la casa de Howard

Weaver, el editor que se enfrentó a un gigante y venció. La bandera había sido propiedad del *Anchorage Times*. ¿Es una mezquindad que ondee en tu casa la bandera del rival al que derrotaste? Hay quien quizá diría que sí..., pero Howard guarda esa bandera como recordatorio de la lucha que su ética le obligó a entablar en favor de la verdad y la justicia en su Alaska natal.

En un apartamento de un edificio histórico de San Francisco, a un par de horas al norte del rancho de Howard, Alicia Ostarello volvió a establecerse en la vida como redactora publicitaria. Había guardado un solo recuerdo de su viaje: una postal de Dakota del Sur, que había pegado al espejo de su habitación. Había puesto la mente en otras cosas, para recuperarse de lo que emocionalmente supone que una gran aventura toque a su fin, pero de cuando en cuando, al ver la postal se acordaba de cómo había sido conducir kilómetro tras kilómetro por todo el país, tachando estados de la lista y conociendo a gente nueva cada vez que paraba.

Alicia y Howard se habían recuperado los dos bastante bien.

Mientras tanto, Meghan Hicks terminó su cuarta Maratón des Sables y empezó a planear la siguiente. Siguió entrenando todos los días.

RECUERDA

- *A veces una aventura no termina como hubiera sido de esperar. A veces el final es muy difícil.*
- *Si te cuesta explicar una aventura en su totalidad, céntrate en unas pocas experiencias.*
- *El mundo real es lo que tú hagas de él. Una vez completada una misión, los siguientes pasos dependen de ti.*

CAPÍTULO 17
FINAL

Hay que saber cuándo algo ha llegado a su fin. Poner fin a un ciclo, cerrar una puerta, concluir un capítulo; da igual cómo lo llamemos, lo que importa es que dejemos atrás esos momentos de la vida que ya han terminado.

PAULO COELHO

LECCIÓN: EL FIN ES EL PRINCIPIO

¿Qué sintió Nate Damm cuando llegó al océano Pacífico después de haber cruzado Estados Unidos a pie? Fue una sensación increíble, claro. Todo aquel oleaje de la bahía de San Francisco, toda aquella gente dándole la bienvenida en persona y enviándole felicitaciones a través de Internet... Pero él siempre había sido un tipo discreto, y todo aquel despliegue de efusividad a su llegada le causó una sensación agridulce. La misión le había dado esperanza, identidad y una tarea recurrente: cada día, lo único que tenía que hacer era levantarse y caminar. En cuanto metió los pies en el agua fría de la bahía, supo que ya no tendría que volver a hacerlo.

En una de las conversaciones que mantuvimos, llegó a usar la palabra *enfadado* refiriéndose al final…, como si estuviera disgustado por que la aventura que le había consumido la vida durante los últimos siete meses hubiera terminado.

¿Qué sintió Gary Thorpe, el apasionado de la música clásica australiano, al ver la producción de la *Sinfonía Gótica* hecha realidad? Al reflexionar sobre la representación justo después de que terminara, se mostró efusivo:

—Es un monumento imperecedero, como las pirámides o Stonehenge –dijo–. Ha sido impresionante, y el público ha respondido exactamente como siempre había esperado.

Estaba emocionado por que hubiera sucedido, y no habría podido sentirse más feliz.

Pensé en Nate y Gary cuando puse el pie en Oslo, la capital de Noruega, tras un vuelo muy corto desde el aeropuerto londinense de Heathrow. No estoy seguro de que el momento fuera equiparable a las pirámides, pues no había una sección de cuerda con doscientos músicos esperando a comenzar la ejecución. En vez de eso, el agente de inmigración me tomó el pasaporte para pasarlo por el escáner y me hizo una pregunta sin mirarme a la cara.

—¿Por qué ha venido a Noruega?

Decidí que era mejor omitir la versión larga de la historia, así que le contesté con una corta pero que era verdad:

—Siempre he querido venir.

Después de algunos percances en algunos de los últimos países, había llegado sin problema a Guinea Bissau y Kiribati, los penúltimos destinos. De hecho, empecé la visita a Kiribati el día de Año Nuevo, tres meses antes de viajar al último país, Noruega. Tal vez fuera lo oportuno que acabara retenido en Kiribati, cuando el avión que volaba dos veces por semana a Fiji tuvo problemas mecánicos y hubo de dar la vuelta, dejándonos a otros seis pasajeros y a mí varados en la clásica situación de no tener manera de salir de la isla.

Kiribati no es uno de los países de «visita obligada» en las listas de viajes, y yo estaba deseando volver a Fiji y luego a casa. Me recordé la cualidad más importante cuando se viaja (por encima de todo, el viajero debe aprender a esperar) y me di cuenta de que aquella sería la última vez que me quedaría varado, al menos en este viaje concreto que había comenzado hacía diez años. Al final arreglaron el avión y saltamos a bordo preparados para las tres horas de vuelo. Así de sencillo; hecho. ¡Solo un país más!

En el curso de los meses siguientes pensaba a menudo en que la aventura estaba a punto de concluir. Solo me faltaba ir a Noruega, y era de suponer que no sería difícil. Pensé en esos dos versos de «Viaje a Ítaca» que dicen: «Llegar allí es tu destino, mas no apresures nunca el viaje». No me apresuré, y cuando llegó el momento de embarcar con rumbo a Heathrow y luego hacer la conexión desde allí a Oslo, me sentía tranquilo.

Toda misión tiene un final. El fin de la historia llegó cuando hube pasado el control de inmigración y salí a tomar el tren que pronto me depositaría en la ciudad.

O quizá la historia terminó cuando emprendí una gira de cuarenta y ocho horas por Noruega con mi familia y unos cuantos amigos íntimos. O tal vez el día después de eso, cuando llegaron casi doscientas personas más a la celebración «Fin del mundo» que organizamos para todo el que quisiera venir.

La fiesta fue una buena demostración de cómo habían evolucionado mi vida y la misión en sí a lo largo de los años. Había empezado solo, un viajero que andaba por ahí en solitario haciendo un viaje independiente, y terminé rodeado de buenos amigos y otra gente interesante. Se presentaron lectores de todas las partes del mundo. Un chico había hecho el viaje en autoestop desde Portugal, sus propias tres semanas de aventura, y llegó a Noruega en el momento justo de entrar en nuestra fiesta «Fin del mundo» con la mochila todavía a la espalda. Había gente que había venido expresamente a felicitarme, y pensar que habían cruzado fronteras y comprado pasajes de avión solo para eso era una lección de humildad.

Pero, afortunadamente, no todo trataba sobre mí. Para entonces la aventura se había expandido y trataba también sobre otra gente, y muchos de los que asistieron a la fiesta estaban ocupados haciendo realidad sus sueños y entablando conexiones entre sí.

Después de aquel «Fin del mundo» en el país de Noruega, fui a Hong Kong, apurando otro billete de vuelta al mundo para el largo viaje de regreso a mi casa de Portland. Cuando el avión de la compañía Cathay Pacific tocó tierra y empecé a caminar por la terminal, tenía todo el tiempo del mundo. Era un billete flexible... Al día siguiente podía ir a Bangkok como tenía previsto, o podía quedarme en Hong Kong todo el tiempo que quisiera.

Pasé el control de inmigración, tomé el tren hasta la ciudad y empecé a buscar el hotel. No sé cómo pero me perdí. Llovía cada vez más y volví a equivocarme de calle, cargado con el equipaje e intentando en vano encontrar un taxi. Me enfadé conmigo mismo por haberme vuelto a perder; a la vez, me hacía gracia imaginar el titular: «Hombre recorre todos los países del mundo; incapaz de encontrar el hotel en el que ha estado ya una docena de veces». Típico.

Al final lo encontré, como me ocurre siempre. A la mañana siguiente salí a la calle y deambulé por Nathan Road, un sitio que he ido conociendo cada vez mejor en las sucesivas visitas a Hong Kong que he hecho desde aquel primer viaje hace ya muchos años. Aquella vez tomé el autobús desde el aeropuerto y me bajé en Cameron Road, delante de una serie de hoteles baratos que había encaramados en las alturas, sobre la ciudad, en edificios residenciales.

Me paré a mirar allá en lo alto la Star Guest House, donde me había alojado en un viaje hacía años. Me acuerdo de que me quedé dormido a las dos de la tarde y no me desperté hasta ya entrada la noche —una de las primeras veces que cometí aquel error—, pero al final resultó bien porque me pasé gran parte de la noche vagando por las calles. Un cálido día de abril siete años más tarde, Kowloon era un hervidero de vendedores que ofrecían insectos fritos y tartas de huevo portuguesas.

Había llegado al fin del mundo, pero Hong Kong era el mismo de siempre. La gente seguía ocupada en sus asuntos, pensando cada cual en sus cosas y viviendo su vida. En la zona financiera de la ciudad, se veía a hombres y mujeres trajeados que salían de trabajar con prisa para comer cualquier cosa y regresar rápidamente a sus mesas de trabajo.

Al día siguiente fui a Bangkok y me asaltaron recuerdos similares de las primeras veces que había viajado a Tailandia. El montaje me era familiar: los monjes en el metro, la barahúnda del tráfico callejero y los angostos callejones que conectaban gran parte de la ciudad.

Finalmente, puse rumbo a Portland pasando por el manicomio que es el aeropuerto internacional de la ciudad de Los Ángeles. ¡Una vuelta a casa más! Solo que, esta vez, no había a continuación ningún otro sitio al que ir. No había que enviar ninguna solicitud de visado a la embajada de Sudán del Sur ni que comprar ningún pasaje de Air Moldava. El viaje se había completado.

Hace más de doscientas páginas, decía que este libro no era solo un estudio de lo que otra gente ha hecho. El mensaje esencial es que una misión puede dar propósito y sentido a tu vida también.

¿Por qué proponerse metas? Porque cada uno en nuestra vida estamos escribiendo nuestro relato, y solo tenemos una oportunidad de hacer que ese relato valga la pena. Piensa en las palabras de Alicia Ostarello, que se recuperó de la ruptura de su relación emprendiendo una misión que fue simultáneamente incómoda y enriquecedora. Esto es lo que dijo una vez que la aventura terminó:

—Este es mi relato. Nadie puede arrebatármelo. Y eso es lo que ha hecho que de verdad todo haya valido la pena.

A la edad de sesenta y ocho años, Phoebe Snetsinger había aminorado el frenético ritmo de viaje de los últimos años, pero siguió haciendo expediciones. La siguiente parada en su itinerario era Madagascar, un país al que viajaba por cuarta vez. En las estancias anteriores, había visto la inmensa mayoría de las especies de aves locales, así que este era el viaje definitivo en busca de las veinte aproximadamente que hasta el momento le habían resultado imposibles de localizar. Habían transcurrido diecisiete años desde que le dieron aquel diagnóstico «fatal», y aunque tenía una salud más delicada que antes, correteaba por los senderos incluso con un esguince en un tobillo. Tenía además muchos otros achaques debidos a la edad; sin embargo, las notas del viaje están repletas de descripciones detalladas de las nuevas especies que había visto, así como de varias tareas que habría de completar en futuros viajes.

La mañana del 23 de noviembre de 1999, Phoebe y el resto del grupo viajaban en una camioneta en dirección a otra reserva natural. Ella se echó en el asiento a dormir un poco. En algún momento, el conductor debió de quedarse también dormido, o por lo que fuera perdió la concentración. Viajaban a toda velocidad y la camioneta chocó contra un poste de cemento y luego cayó de lado. Los demás pasajeros sufrieron lesiones de poca importancia y estaban aturdidos, pero Phoebe se llevó la peor parte del impacto al volcar la camioneta. Murió al instante.

Por desequilibrada que fuera quizá la segunda mitad de la vida de Phoebe, lo cierto es que la vivió como quiso. Lo mismo que muchos que emprenden misiones y grandes aventuras, había aprendido a pensar en el riesgo de una forma nueva. Como escribió en sus memorias: «Cada día tengo más claro que si hubiera vivido intentando evitar cualquier riesgo potencial, me habría perdido la mayoría de las cosas que han compuesto los mejores años de mi vida».

«El juego en realidad no acaba nunca —seguía diciendo en la última página de su autobiografía antes del viaje final a África—. Es solo una cuestión de perspectiva. Mientras sigamos vivos, siempre hay nuevos sitios a los que viajar, algo emocionante que descubrir.» Sin embargo, para Phoebe la misión tocó a su fin en Madagascar. Había dedicado casi dos décadas a ver la mayor cantidad de aves que nadie hubiera visto jamás, había logrado su objetivo de establecer el récord mundial... y habría seguido adelante si hubiera podido.

Querido lector:

Gracias por acompañarme en la pequeña aventura de leer este libro. Si has disfrutado con el viaje, me encantaría que compartieras tu relato con nuestra comunidad en www.findthequest.com. También puedes escribirme entrando en www.chrisguillebeau.com.

Espero encontrarte en algún punto del camino.

CHRIS GUILLEBEAU
#FindtheQuest

LECCIONES DE VIAJE

Tanto de mi viaje a ciento noventa y tres países como de los relatos de mucha otra gente que amablemente ha querido compartir su vivencia con nosotros, he intentado extraer y luego transmitir las lecciones que pueden aprenderse de las misiones y aventuras de nuestros días. Las experiencias de cincuenta personas entregadas a la consecución de una gran meta varían inmensamente, pero hay una serie de lecciones que son casi universales:

- La INFELICIDAD PUEDE DAR LUGAR A NUEVOS COMIENZOS. Si no estás contento con tu vida, o incluso si sientes la necesidad de hacer algo diferente, presta atención a la insatisfacción. Plantéate otras posibilidades. Pregúntate: «¿Y si intentara hacer realidad ese sueño o idea? ¿Qué pasaría si hiciera ese cambio tan enorme?». El descontento puede ser fuente de evolución e inspiración.

- TODOS ESTAMOS HECHOS PARA LA AVENTURA. Puedes tener la vida que quieres seas quien seas. Hay una aventura esperando a que la encuentres, la reclames o la crees.
- TODOS TENEMOS UNA VOCACIÓN. Déjate llevar por lo que a ti te apasiona. Presta atención a las cosas que te motivan y a las que te preocupan. Acuérdate de Jiro Ono, el chef japonés de *sushi* que hablaba del sentimiento de triunfo que le invadía cuando conseguía un buen atún, y de Miranda Gibson, que vivió más de un año en la copa de un árbol en protesta por la tala ilegal. Es posible que tu pasión no le importe a nadie más, pero te importa a ti: no la ignores.
- CADA DÍA CUENTA. Ser conscientes de nuestra mortalidad puede ayudarnos a tomar la decisión de trabajar en pos de una meta. Todos vamos a pasar un tiempo limitado en la Tierra. Quienes en su vida son activamente conscientes de esta realidad tienen más probabilidades de descubrir lo que quieren hacer y avanzar hacia ello. O dicho de otro modo: todos morimos, pero no todos vivimos de verdad.
- NO HACE FALTA QUE TODO EL MUNDO CREA EN TU SUEÑO, PERO TÚ SÍ HAS DE CREER EN ÉL. El apoyo y la comprensión por parte de los demás variará. No importa lo que nadie piense sobre tu aventura, pero si tú no tienes motivación suficiente para llevarla a término, el camino va a ser muy difícil.
- ANTES DE INICIAR UNA MISIÓN, CALCULA LOS COSTES. Cuando empecé el viaje a todos los países del mundo, una persona me criticó diciendo que lo único que hacía falta para llevar a cabo algo así era tiempo y dinero. Poco

después me di cuenta de que esta perspectiva podía en realidad serme de ayuda. Si entendía de verdad lo que suponía exactamente «ir a todos los países», y si empezaba luego a trabajar en cada parte de ese objetivo paso a paso, dejaba de resultarme desbordante. Elijas lo que elijas, calcula el coste tanto como te sea posible.

- NOS MOTIVAN EL AVANCE Y EL LOGRO. Es una sensación estupenda tachar cosas de la lista. Las listas son a la vez divertidas y motivadoras. Disfrutamos descomponiendo las tareas en pasos sucesivos y conquistando progresivamente grandes empresas.

- NO SIEMPRE PODEMOS SALIRNOS DE LO RUTINARIO, PERO PODEMOS ELEGIR LA FORMA QUE ADOPTA. Ulises luchó contra los monstruos marinos y escapó de la isla en la que estaba cautivo, pero tuvo que soportar también muchos días de aburrimiento en altamar. La mayoría de las misiones consisten en una serie de objetivos intermedios que se tarda tiempo en alcanzar. Para seguir en la brecha, elige el movimiento de avance..., continúa tomando decisiones que te acerquen a la meta, incluso aunque te parezca que no vas a llegar nunca.

- EL ESFUERZO ES LA RECOMPENSA. Si evalúas el éxito basándote en las opiniones de los demás, te habrás abocado definitivamente al fracaso. En cambio, si lo evalúas atendiendo a tu esfuerzo, poniendo la atención en lo que consigues y aportas, cualquier alabanza o notoriedad añadidas serán un beneficio adicional. El trabajo en sí puede ser tu propia motivación.

- HAY AVENTURAS QUE DEBEN COMPARTIRSE. Tom Allen decía que «un sueño puede tener un solo dueño». Pero algunas metas se pueden alcanzar en compañía, e incluso aunque tu misión no sea de entrada un trabajo en equipo, es muy probable que al avanzar hacia su compleción participen en tu sueño un número variable de personas.

- LOS INFORTUNIOS GENERAN CONFIANZA. Quedarte retenido en un lugar, que te detengan, no poder entrar en donde quieres o llegar con retraso nunca es divertido, pero son experiencias que necesariamente forman parte del viaje. Cuando algo sale mal, trata de aceptarlo como una inversión en aprendizaje. Con un poco de suerte, no cometerás el mismo error dos veces..., o al menos no lo seguirás cometiendo una y otra vez.

- AL AVANZAR HACIA UN PEQUEÑO OBJETIVO, LA VISIÓN GLOBAL SE EXPANDE. Mucha de la gente que aparece en este libro empezó por un pequeño objetivo que fue aumentando de magnitud a medida que se fue haciendo factible. Si de entrada te cuesta concebir un inmenso logro, empieza por uno que te resulte factible. (Y cuando por el contrario te lances a la consecución de un inmenso logro, ten cuidado: el siguiente puede ser aún mayor.)

- LAS AVENTURAS NO SIEMPRE DEJAN SOLO UN SENTIMIENTO DE SATISFACCIÓN. A veces el final es glorioso, y a veces agridulce. En ambos casos, tómate el tiempo de asimilar todo lo que has vivido. Cuando llegue el momento, elige una nueva aventura.

ELENCO DE PERSONAJES

NOMBRE	MISIÓN	CATEGORÍA	ESTADO DE LA MISIÓN
Tom Allen	Recorrer el mundo en bicicleta	Atlética	Reestructurada
Marc Ankerbauer	Zambullirse en todos los lagos de dos de los parques nacionales más extensos de Estados Unidos y Canadá (un total de 168 lagos)	Atlética	Completada
Izzy Arkin	Hacerse maestro de karate en Kioto (Japón) como primer paso para ser un ninja	Atlética	Completada
Ron Avitzur y Greg Robbins	Colarse en las instalaciones de Apple durante meses para crear un *software*, que después se instalaría en todos los ordenadores	Creativa	Completada

NOMBRE	MISIÓN	CATEGORÍA	ESTADO DE LA MISIÓN
Elise Blaha	Crear una vida orientada en torno a proyectos de «artesanía en serie»	Creativa	Completada
Mark Boyle	Viajar desde Gran Bretaña hasta la India sin dinero	Activismo	Reestructurada
Nate Damm	Cruzar Estados Unidos a pie	De exploración	Completada
Rasanath Dasa	Dejar Wall Street para vivir en un monasterio de Manhattan	De autodescubrimiento	Completada
Laura Dekker	Dar la vuelta al mundo en un velero de 11,5 metros, siendo la marinera más joven del mundo en hacer la travesía en solitario	De exploración	Completada
Robyn Devine	Tejer a mano 10.000 gorros de punto o de ganchillo	Creativa	En curso
Tina Roth Eisenberg	Publicar toda su obra para promocionar el diseño innovador	Creativa	En curso
Travis Eneix	Comprometerse a hacer un cambio de vida radical en beneficio de su salud, anotando todo lo que comió durante 1.000 días	De autodescubrimiento	Completada
Nicholas Felton	Documentar su vida con una detallada serie de informes personales anuales	De documentación	En curso

NOMBRE	MISIÓN	CATEGORÍA	ESTADO DE LA MISIÓN
John Francis	Abstenerse de utilizar transporte motorizado y mantener voto de silencio durante 17 años	Activismo	Completada
Miranda Gibson	Protestar contra la tala ilegal subiéndose a un árbol de Tasmania y viviendo en él más de un año	Activismo	Completada
Seth Godin	Desafiar el estatu quo publicando continuamente nuevas ideas	De documentación	En curso
Kristen Goldberg	Hacer realidad la lista de deseos que escribió a los 16 años; prohibido hacer modificaciones	De autodescubrimiento	En curso
Scott Harrison	Fundar una organización benéfica para suministrar agua potable a todos los habitantes del mundo	Activismo	En curso
Thomas Hawk	Hacer, retocar y publicar 1 millón de fotos	De documentación	En curso
Meghan Hicks	Correr la Maratón des Sables	Atlética	Completada
Josh Jackson	Asistir a un partido en todos los estadios de la Liga Nacional de Béisbol de Estados Unidos y Canadá	De exploración	En curso

NOMBRE	MISIÓN	CATEGORÍA	ESTADO DE LA MISIÓN
A. J. Jacobs	Leer la *Enciclopedia Británica* entera en un año	Académica	Completada
Jia Jiang	Practicar la «terapia del rechazo» 100 días seguidos y publicar los resultados en YouTube	De autodescubrimiento	Completada
Julie Johnson	Adiestrar personalmente a su perro guía	Independencia	Completada
Steve Kamb	«Subir de nivel» su vida en una «búsqueda épica de lo extraordinario»	De autodescubrimiento	En curso
Stephen Kellogg	«Escalar posiciones en la dirección apropiada» entregándose a una carrera de músico independiente	Creativa	Completada
Juno Kim	Dejar atrás la vida tradicional de Corea del Sur y convertirse en defensora de las viajeras asiáticas	De autodescubrimiento	Completada
Rita J. King	Crear la Science House y una serie de «tarros de misterio»	Académica	Completada
Steven Kirsch	Encontrar la cura para una rara enfermedad de la sangre	De activismo	En curso
Matt Krause	Cruzar Turquía a pie hasta la frontera con Irán	De exploración	Completada
Isabelle Leibler	Domar a un caballo indomable	Atlética	Completada

NOMBRE	MISIÓN	CATEGORÍA	ESTADO DE LA MISIÓN
Jay Leno	Dominar el arte del monólogo humorístico	Creativa	En curso
Sasha Martin	Cocinar una comida de cada país del mundo	Creativa	En curso
Mark McDonough	Capturar con una cámara la locomotora Rio Grande Heritage Unit (entre otras)	De documentación	Completada
Shannon O'Donnell	Viajar por el sudeste asiático con su sobrina de 11 años	De exploración	Completada
Jiro Ono	Dedicar su vida a perfeccionar la preparación de *sushi*	Creativa	Completada
Alicia Ostarello	Concertar 50 citas en los 50 estados de Estados Unidos	De relaciones	Completada
Martin Parnell	Correr 250 maratones en un año (entre otros objetivos)	Atlética	Completada
Hannah Pasternak	Trasladarse a vivir a Israel y recorrer el Sendero Nacional	De exploración	Completada
Bryon Powell	Establecer una comunidad centrada en las ultramaratones	Atlética	Completada
Jerry Seinfeld	Dominar el arte del monólogo humorístico	Creativa	En curso

NOMBRE	MISIÓN	CATEGORÍA	ESTADO DE LA MISIÓN
Mani Sivasubra-manian	Crear una fundación que ofrezca atención sanitaria a los niños de la India con escasez de ingresos	De activismo	Completada
Phoebe Snetsinger	Establecer el récord mundial de avista-miento de aves	De exploración	Completada
Allie Terrell	Visitar cada basílica de Estados Unidos	De exploración	En curso
Gary Thorpe	Producir la sinfonía más colosal del mundo	Creativa	Completada
Helene van Doninck	Defender el uso de la munición sin plomo	De activismo	Completada
John y Nancy Vogel	Viajar en bicicleta desde Alaska hasta la Patagonia con sus gemelos de 10 años	De exploración	Completada
John *Maddog* Wallace	Establecer el récord mundial por haber corrido maratones en el máximo núme-ro de países (más de 100)	Atlética	Completada
Adam Warner	Cumplir cada objeti-vo de la lista de vida de su difunta esposa Meghan	De autodescu-brimiento	En curso
Howard Weaver	Entablar una batalla épica para devolver el periódico de Alaska a sus habitantes	De activismo	Completada

NOMBRE	MISIÓN	CATEGORÍA	ESTADO DE LA MISIÓN
Sandi Wheaton	Recorrer y fotografiar la Ruta 66 después de un despido inesperado	De documentación	Completada
Gabriel Wyner	Dominar al menos cinco idiomas para ayudar a su carrera operística	Académica	Completada
Scott Young	Completar los 4 años de carrera de ciencias informáticas del MIT en 1 año	Académica	Completada
Stephanie Zito	Donar cada día durante un año 10 dólares a una organización sin ánimo de lucro distinta	De activismo	Completada

UNA MISIÓN PARA TODO EL MUNDO

Es admirable descubrir algo que te apasiona y hacer de ello el único foco de atención durante un período prolongado, como hizo mucha de la gente que aparece en este libro. Pero si todavía no tienes la certeza de qué es lo que de verdad te apasiona hacer, plantéate experimentar con pequeños aspectos de grandes metas.

¿Que no quieres correr cien maratones? ¿Que ni siquiera te apetece correr ni un metro? No pasa nada; sal y camina veinte minutos.

¿Que no deseas viajar a todos los países del mundo? Estupendo. Renueva el pasaporte y vete a un país dentro de los próximos seis meses.

A continuación encontrarás otras diecinueve ideas, extraídas todas de las misiones de este libro.

BAZAR DE MISIONES

GRAN MISIÓN	QUIÉN LA REALIZÓ	PÁGINA DEL LIBRO	ALTERNATIVA AFÍN
Trasladarse a Kioto (Japón) para adquirir maestría en karate y ser un ninja	Izzy Arkin	62	Recibe clases de karate, taekwondo u otro arte marcial.
Circunnavegar el planeta en solitario a bordo de un pequeño velero	Laura Dekker	100	Haz una travesía en solitario (el pequeño velero es opcional).
Practicar taichí y anotar todo lo que se come y bebe durante 1.000 días	Travis Eneix	47	Registra todas tus actividades durante una semana, prestando atención a lo que comes y a cuánto ejercicio haces
Pasar cientos de horas documentando la vida y crear un informe personal anual detallado cada año	Nicholas Felton	152	Dedica unas horas a hacer una evaluación definiendo las prioridades de tu vida y proponiéndote metas para cada año
Hacer voto de silencio y observarlo durante 17 años	John Francis	57	Estate un día entero sin hablar
Encaramarse a un árbol en protesta por la tala y permanecer en él 400 días	Miranda Gibson	221	Busca algo que te preocupe; luego ten un pequeño gesto que mejore la situación para beneficio de los demás
Viajar a todos los países del mundo	Chris Guillebeau		Viaja a un país que no conozcas

GRAN MISIÓN	QUIÉN LA REALIZÓ	PÁGINA DEL LIBRO	ALTERNATIVA AFÍN
Procurar agua potable a todos los habitantes del África subsahariana	Scott Harrison	55	Abastece de agua potable a un poblado de África. Bastan 6.000 dólares para subvencionar un proyecto completo que procure agua, educación y visitas de seguimiento. Entra en www.water.org/donate.
Hacer, retocar y publicar 1 millón de fotos	Thomas Hawk	81	Aprende a retocar las fotos que tomes con el móvil o la cámara. Comprométete a publicar una foto al día durante un año
Leer la *Enciclopedia Británica* en un año	A. J. Jacobs	155	Lee cada día durante un año una entrada distinta de la Wikipedia
Practicar 100 días de «terapia del rechazo» haciendo solicitudes insólitas en parques de bomberos, restaurantes y otros establecimientos	Jia Jiang	94	Practica la terapia del rechazo un solo día. Pide algo inusual que no esperes que se te vaya a conceder. Presta atención a cómo te sientes al pedirlo
Ser James Bond durante un fin de semana como parte de una «búsqueda épica de lo extraordinario»	Steve Kamb	158	Decide cómo «subir tu vida de nivel» a tu manera. ¿Hay algo que puedas aprender, hacer o ser?

GRAN MISIÓN	QUIÉN LA REALIZÓ	PÁGINA DEL LIBRO	ALTERNATIVA AFÍN
Recorrer a pie un país o un continente enteros	Matt Krause (y otros)	14	Vete caminando a todos los sitios durante una semana, o al menos unos días. Encuentra una forma creativa de evitar el transporte motorizado
Cocinar una comida de cada país del mundo	Sasha Martin	110	Amplía tus horizontes culinarios. Prepara una comida de alguna cocina regional que no hayas probado o vete a un restaurante de cocina regional de otro país
Dedicar la vida entera a elaborar el mejor *sushi* posible	Jiro Ono	63	Vete a un buen restaurante de *sushi* y pide el «estilo «omakase». El chef preparará un surtido de platos a su elección con los mejores ingredientes del día.
Visitar cada basílica de Estados Unidos para comprender mejor su religión	Allie Terrell	116	Visita un edificio religioso, de tu propia religión o de otra.
Aprender a hablar con soltura cuatro idiomas o más en beneficio de su carrera operística	Gabriel Wyner	145	Aprende a hablar con soltura un idioma. Al principio, todo el mundo es un principiante

GRAN MISIÓN	QUIÉN LA REALIZÓ	PÁGINA DEL LIBRO	ALTERNATIVA AFÍN
Completar la carrera entera de ciencias informáticas del MIT en un solo año	Scott Young	137	Inscríbete en un solo curso por Internet (del MIT o cualquier otro centro docente) y asiste al menos a dos de sus conferencias
Donar durante un año 10 dólares diarios a una organización sin ánimo de lucro diferente cada día	Stephanie Zito	226	Dona 100 dólares a una nueva organización benéfica, y luego comprométete a obtener más información sobre su funcionamiento en el curso del año siguiente

ÍNDICE TEMÁTICO

SOBRE EL AUTOR

Chris Guillebeau es empresario, viajero y escritor. En su vida de trabajador autónomo, de la que dedicó cuatro años a colaborar como ejecutivo voluntario en África occidental, ha viajado a los ciento noventa y tres países del mundo antes de su treinta y cinco cumpleaños.

Durante la mayor parte de su vida de adulto ha sido claro ejemplo de la conocida definición de un empresario: «Alguien dispuesto a trabajar veinticuatro horas al día para él con tal de no trabajar ni una hora al día para otro».

El primer libro de Chris, *The Art of Non-Conformity*, se ha traducido a más de veinte idiomas. Su segundo libro, *The $100 Startup*, fue un éxito inmediato del que se han vendido cientos de miles de ejemplares por todo el mundo.

Todos los veranos Chris organiza en Portland (Oregon), la World Domination Summit, una reunión de gente creativa e interesante. Puedes ponerte en contacto con él en Twitter

(@chrisguillebeau), escribirle a través de su página web www.chrisguillebeau.com o saludarle en la sala de espera de vuelos internacionales del aeropuerto que más te guste.

www.chrisgillebeau.com
#FindtheQuest

ÍNDICE